한 학기 한 권
무엇을 읽을까

한 학기 한 권 무엇을 읽을까

사서교사가 뽑은
초등 한 학기 한 권 읽기 **추천도서 100**

북토크톡 서울 초등 사서교사 연구모임 지음

일러두기
- 1장 수업 흐름도에서 💡 표시는 생각 나누기, 📄 표시는 참고자료이며 활동지가 있습니다.
- 본문에 수록된 활동지는 수업에 바로 활용할 수 있도록 학교도서관저널 홈페이지(www.slj.co.kr)에서 파일로도 제공해드립니다.

여는 글

함께 책 읽는 추억을
쌓는 시간

서울사대부설초등학교 사서교사 박은하

최근 국민 독서 실태 조사 등 각종 통계에서 보면 성인 연 평균 독서량은 10권을 채 넘기지 못한다. 하지만 이보다 더욱 문제인 것은 긴 호흡의 글을 읽어내지 못한다는 것이다. 웹 소설이나 베스트셀러 도서를 보면 이런 현상을 더욱 여실히 느낄 수 있다. 글이 조금만 길어져도 앞뒤 문맥과 상황을 파악하지 못하는 사람들이 많다. 문해력이 없는 것이다.

이 문제점을 정확히 진단한 교육부는 2018년부터 시행된 2015 개정 교육 과정에서 초등학교 3학년부터 고등학교 3학년까지 '한 학기 한 권 읽기'를 국어 교과에 넣었다. 본래 이 교육 과정은 책을 전혀 읽지 않는 중고등학생을 위한 교육 과정이기에 초등학생에게 적용하기 위해서는 재해석이 필요했다. 초등학생의 독서량은 상대적으로 많기 때문이다. 그러나 초등학생은 긴 호흡으로 책을 읽는 데 익숙지 않다. 따라서 우리는 긴 호흡으로 책을 읽을 수 있는 능력을 키우는 것에 초점을 두기로 했다. 더불어 완독하는 기쁨과 성취감을 맛볼 수 있도록 계획하였다.

한 학기 한 권 읽기 교육 과정에서 교사에게 가장 어려운 점은 책을 선택하는 일이다. 긴 호흡으로 책을 읽어야 하기 때문에 교육적인 의미를 강조하는, 소위 권장 도서로는 학생들의 호기심을 끌기 어렵다. 한 학기 한 권 읽기는 일단 학생들에게 흥미와 재미를 유발해야 한다. 그래야만 끝까지 읽을 수 있다. 우선 각 학교에서 대출이 많은 책을 모았다. 대출이 많은 도서는 학생들이 선호한다는 의미이기 때문에 이를 중심으로 교육적인 의미가 있거나 다른 교과와 융합이 가능한 책을 선정하였다.

1장에서는 한 학기 한 권 읽기 수업 진행 방법을 자세하게 다룬 15종, 2장에서는 아이들에게 친숙한 문학 65종, 3장에서는 과학, 미술, 역사 등 다른 과목과 연계가 가능한 비문학 20종, 총 100종을 다루었다. 필자들은 지난 1년 동안 학교에서 직접 독서 수업을 진행했다. 학생들이 재미없어 하는 경우도 있고, 대상 학년을 잘못 선택한 경우도 있었다. 교사가 수업을 이끌기에 너무 어려운 책도 있었고, 교사가 준비할 것이 많지만 학생들이 아주 좋아하는 책도 있었다. 직접 수업해본 경험을 바탕으로 심사숙고하여 책을 골랐다. 또한 선정 도서마다 더 깊은 독서를 유도하기 위해 '함께 읽으면 좋은 책'을 실었다. 성취도 기준을 넣어 교사들이 책을 고르는 데도 도움이 될 수 있도록 했다.

일반적으로 3~4학년은 8차시, 5~6학년은 10차시로 수업을 구성하는 것이 가장 적당하다. 그렇지만 학생의 수준에 따라 차시 증감이 필요할 수도 있다. 수업의 순서는 독서 전 활동, 독서 중 활동, 독서 후 활동으로 나누었다. 독서 전에는 책을 읽기 전에 알면 좋을 배경지식이나 호기심을 자극하는 활동을 한다. 독서 중에는 교사가 책을 가지고 있다가 책 읽는 시간에만 나누어주는 방법을 통해 다음 내용이 궁금하게끔 했다. 책을 읽는 방법은 시간마다 다르게 구성해 표지부터 마지막 장까지 꼼꼼히 읽을 수 있게 하였다. 그리고 중요한 내용이 나올 때는 생각 나누기를 진행해 학생들이 서로 이야기를 하며 더 깊이 이해할 수 있도록 했다. 독서 후에는 내용을 정리할 수 있는 독서 후 활동을 하며 마무리하였다.

"저 혼자 읽었으면 절대 처음부터 끝까지 읽지 못했을 거예요. 이렇게 꼼꼼하게 읽으니 더 재미있어요."

"한 번도 이렇게 긴 책을 다 읽어본 적이 없는데 친구들과 함께 읽으니 다 읽을 수 있었어요. 앞으로 다른 책도 이렇게 읽고 싶어요."

"한 자 한 자 꼼꼼하게 읽으니 생각했던 것보다 더 많은 의미가 숨어 있다는 것을 알게 되었어요."

실제로 수업을 한 아이들의 후기다. 아이들은 큰 성취감을 느꼈으며 우리가 소개하는 함께 읽으면 좋은 책을 찾아 읽었다. 이때 도서관에서 함께 읽으면 좋은 책을 따로 배치하여 학생들이 책을 찾을 때 도움을 주면 좋다.

이 책을 집필한 '북토크 톡' 모임은 Book Talk Teacher Of Korea의 약자로 '책을 이야기하는 대한민국의 교사들'이란 뜻이다. 서울 지역의 사서교사 9명이 속해 있다. 처음엔 서평 쓰기를 위해 모였다가 교과 관련 도서 목록 작업으로 발전하여 웹진 「북토크 톡톡톡」을 배포하였다. 서울형 토론이 도입되자 토론하기 좋은 책 목록과 논제를 뽑아 자료를 만들었고 한 학기 한 권 읽기 목록과 수업 연구에까지 이르렀다. 북토크 톡은 올해로 10년을 맞는다. 그동안 200회가 넘는 모임을 갖고 아이디어를 나누며 연구한 우리의 열정은 쉽게 식지 않을 것이다. 어린이들이 다른 매체보다 책을 최애最愛하는 그날까지 공교육 발전을 위해 노력할 것이다.

우리의 열정을 담은 이 책이 아이들과 재미있는 한 학기 한 권 읽기 시간을 보내는 데 조금이나마 도움이 되었으면 좋겠다. 책을 함께 읽으면 교사와 학생은 래포를 형성할 수 있고, 더욱 의미 있는 시간을 보낼 수 있다. 이번 교육 과정이 아이들에게 소중한 시간이 되길 바란다. 선생님과 친구들과 같은 책을 읽으며 이야기를 나눈 경험, 함께 고민하고 공감했던 추억이 그들의 인생에 비타민이 되길 바란다.

차례

여는 글   함께 책 읽는 추억을 쌓는 시간 _05

1장
한 학기 한 권 읽기,
어떻게 읽을까? _10

2장
한 학기 한 권 읽기,
무엇을 읽을까? - 문학 편 _142

3장
한 학기 한 권 읽기,
무엇을 읽을까? - 비문학 편 _340

맺는 글   아이들에게 이정표가 되어줄 인생 책 _403

부록   추천 도서 100 _406
       찾아보기 _410

한 학기 한 권 읽기, 어떻게 읽을까?

'한 학기 한 권 읽기' 수업의 목표는 여러 가지이지만, 무엇보다 아이들이 책 읽는 즐거움을 느낄 수 있었으면 좋겠습니다. 책을 읽고 생각을 나누며 표현하는 즐거움 말입니다. '즐거움'이라는 요소야말로 계속 집중하며 참여할 수 있게 하는 강력한 동기이자 원동력입니다. 즐겁게 독서할 수 있는 환경을 만드는 것이 가장 중요합니다. 그래서 가장 시간을 많이 들인 부분이 책 선택과 수업 구성입니다.

좋은 책을 고르는 것, 그것이 좋은 독서 수업의 8할입니다.
- 독자의 입장에서 재미있게 읽을 수 있고 학생들의 성장을 고려한 책
- 배경지식과 경험을 활성화시킬 수 있는 책
- 사고 기술을 적용한 생각 나누기와 토론 거리가 다양한 책
- 소리 내어 읽기 좋은 책

독서 수업은 독서 전, 중, 후로 구성했습니다. 2015 개정 교육 과정에서 한 학기 한 권 읽기는 3~4학년 8차시 이상, 5~6학년 10차시 이상을 권장하고 있어 되도록 그 차시에 맞춰 수업안을 짰습니다. 수업의 여러 상황을 고려하여 차시 증감이 충분히 가능함을 염두에 두고 수업을 설계하시기 바랍니다.

독서 전 활동은 작품에 대한 흥미와 관심 유발, 작품 이해를 위한 배경지식을 활성화하는 것입니다. 책에 대한 호기심을 불러일으키기 위해 책을 전체적으로 훑어보는 시간으로, 제목과 표지를 통해 내용 예측하기, 지은이 살펴보기, 목차 살펴보기 등의 활동을 합니다.

독서 중 활동은 내용을 파악하고 의미를 내면화하는 시간입니다. 20~30분 읽기와 10~20분 독후 활동, 교사가 읽어주기, 교사-학생 번갈아 읽기, 학생끼리 교대로 읽기 등 다양한 읽기 방법으로 진행하며, 중간중간에 내용과 관련된 발문과 활동으로 생각을 나누고 사고를 확장하게 돕습니다.

독서 후 활동은 생각 나누기와 표현하기에 집중하였습니다. 한 학기 한 권 읽기는 단순히 책만 많이 읽는 양적 독서에서 벗어나 질적으로 깊이 있는 독서를 하고 생각을 자라게 하며 과정 중심 독서를 지향하기 때문에 지나치게 독서 결과물만으로 평가하지 않도록 유의해야 합니다.

책을 다 읽고 마무리 활동으로 작가와의 만남을 적극 추천합니다. 수업을 시작하면서 학생들에게 미리 작가와의 만남에 대해 예고하면 더 집중해 책을 읽을 수 있는 동기 부여가 됩니다. 책을 읽는 동안 궁금한 점을 기록하고 작가에게 직접 질문할 수 있는 기회를 제공하는 것은 무엇보다 뜻깊은 활동입니다. 책이 선정되면 해당 출판사나 책씨앗(bookseed.kr) 등을 통해 작가와 연락해 일정을 조율하고 만남을 진행할 수 있습니다.

001 상대를 생각하는 마음으로 상상하기

『오늘은 글자 수프 먹는 날』

호세 A. 라미레스 로사노 지음,
파블로 오테로 그림, 정미화 옮김,
책속물고기, 72쪽, 2014

#요리사 #레시피 #맞춤형 요리
#먹기만 해도 알 수 있는 글자
#고민이 사라지는 음식

글자로 신기한 음식을 만드는 요리사

토토 무르베는 비록 마드리드 거리를 떠돌아다니는 소년이지만, 세상에서 가장 맛있고 특별한 요리를 만들겠다는 꿈을 갖고 있다. 까막눈이던 토토는 어느 날 갑자기 글자를 읽을 수 있게 된 자신을 발견한다. 매일 밤 마드리드의 한 레스토랑 주인이 신문지에 고기를 사서 토토에게 주곤 했는데, 고기에 붙어 있던 신문의 글자까지 다 먹다 보니 저절로 글을 깨우친 것이다. 게다가 종이에 레시피를 적어서 먹기만 해도 맛있는 요리를 즐길 수 있는 놀라운 일이 벌어지는데…….

우리에게 친숙하지 않은 스페인 동화지만 다양한 생각을 던져준다. 토토가 요리를 설명하는 감각적인 표현에 집중하면 한층 더 재미있게 작품을 즐길 수 있다. 또한 끝까지 자신의 꿈을 이루기 위해 노력하고 요리를 통해 사람들의 마음을 치료해주는 토토의 모습을 보며 꿈의 중요성과 진정한 의미를 고민해볼 수 있다.

성취 기준

[4국05-01] 시각이나 청각 등 감각적 표현에 주목하며 작품을 감상한다.
[4도01-03] 최선을 다하는 삶을 위해 정성과 인내가 필요한 이유를 탐구하고 생활 계획을 세워본다.

수업 방향

- 글 분량이 적지만, 고민해볼 만한 철학적인 내용이 많아 읽다가 멈칫하기 활동을 통해 내용을 확인해가며 읽는다.
- 토토의 레시피에는 토토의 철학이 담겨 있으므로 그냥 지나치지 말고 하나하나 찬찬히 읽어본다.
- 토토가 자신의 특별한 레시피를 통해 말하고자 한 것은 무엇일지 생각하며 읽는다.

수업 흐름도

독서 단계	차시	읽은 분량	주제	학습 내용
독서 전	1	-	맛 상상하기	• 여러 가지 맛이 섞여 있는 과자, 젤리빈 등을 골라 먹어보고 어떤 맛인지 이야기해보기 • 제목에서 '글자 수프'를 지운 책 표지를 보여주고 알맞은 제목을 상상해보기 📄-① • 제목에 대해 이야기 나누기
독서 중	2	7~21쪽	꿈	• 토토의 꿈에 대해 이야기해보기 💡 • 내가 토토라면 어떻게 했을까? 💡
	3	22~36쪽	짝꿍 요리법	• 내 짝꿍을 관찰해서 짝꿍의 특징을 살린 요리 제목 만들어보기 📄-②

	4	37~51쪽	공부에 도움이 되는 요리	• 공부에 대한 나의 고민을 해결해줄 수 있는 요리 이름 만들어보기 💡📄-③
	5	52~67쪽	욕심	• 욕심을 부려서 일을 망쳤던 경험 이야기해보기 💡 • 욕심과 관련 있는 동화 찾아보기 💡
독서 후	6	-	그림으로 표현하기	• 토토의 요리법을 읽은 후 완성된 요리를 상상하여 그림으로 표현해보기 📄-④
	7	-	레시피 만들기	• 3차시와 4차시에서 구상했던 요리의 레시피 만들기 📄-⑤

세부 수업 TIP

| 1차시 |

음식의 맛을 표현해본다.

책을 읽기 전 상자 안에 과자, 다양한 맛의 젤리빈, 초콜릿 등을 넣어 하나씩 꺼내 먹어본 후 그 맛에 대해 이야기한다. 맛을 이야기할 때는 '여름에 시원하게 내리는 소나기 같은 맛', '짜증 날 때 먹으면 기분이 확 풀리는 맛' 등 은유적으로 표현해볼 수 있도록 지도한다.

책 표지에 대해 이야기해본다.

표지의 제목 중 '글자 수프'라는 단어를 지우고 보여준다. 표지를 보며 어떤 내용일지 생각해보고 지워진 부분에 어떤 말이 들어갈지 이야기 나눈다. 아이들이 잘 맞히지 못할 경우 글자의 초성 자음을 힌트로 준다.

'글자 수프'의 뜻을 생각해본다.

책의 제목을 모두 보여주고 제목에서 '글자 수프'가 무슨 뜻일지, '글자 수프'는 어떤 맛일지 생각하며 책의 내용을 추측해볼 수 있도록 한다.

| 3차시 |

친구에게 어울리는 음식을 상상해본다.

토토의 가게에 찾아온 경찰관에게 토토는 경찰관 '입맛에 딱 맞는 콧수염 쿠키'를 선물한다. 토토가 경찰관에게 필요한 요리를 만들어준 것처럼, 친구에게 딱 맞는 요리를 상상해보고 어울리는 이름을 적어보도록 한다. 짝꿍끼리 해도 좋고 제비뽑기로 친구를 정해도 좋다. 친구의 특징을 살린 요리 이름이 좋다. 친구가 들었을 때 기분 나쁘지 않도록 주의하며 친구를 유쾌하게 해줄 수 있는 요리를 찾아보도록 한다.

| 6차시 |

레시피를 보고 음식을 상상해 그려본다.

토토의 레시피를 읽은 후 음식을 그림으로 표현해보는 활동이다. 그림으로 표현함으로써 생각을 시각적으로 구체화할 수 있다. 토토의 레시피를 책에서 찾아본 후 활동지에 요리 이름과 완성된 음식을 그려보도록 한다.

함께 읽으면 좋은 책

『만복이네 떡집』 김리리 지음, 이승현 그림, 비룡소, 56쪽, 2010

『캡슐 마녀의 수리수리 약국』 김소민 지음, 소윤경 그림, 비룡소, 88쪽, 2012

『한밤중 달빛 식당』 이분희 지음, 윤태규 그림, 비룡소, 84쪽, 2018

『할머니의 레시피』 이미애 지음, 문구선 그림, 아이세움, 210쪽, 2009

 생각 나누기

차시	2차시	읽은 분량	7~21쪽
오늘의 학습 주제	꿈		
오늘의 질문	1. 토토의 꿈은 이루어질 수 있을까요? 2. 토토는 사장님이 화를 내자 레시피를 적은 종이를 꼭꼭 씹어 삼켜버렸는데, 나라면 이 상황에서 어떻게 했을까요? -『오늘은 글자수프 먹는 날』 20쪽 참고		
나의 생각			

*이 활동지는 차시별로 정해진 분량을 읽고 아이들이 생각을 간단히 정리하는 학습지입니다. 차시, 읽은 분량, 오늘의 학습 주제, 오늘의 질문 내용만 다르게 채워 매 차시 사용합니다. 학교도서관저널 홈페이지에서 다운받아 사용하세요.

차시별 생각 나누기

차시	오늘의 질문
4	공부와 관련된 나의 고민은 무엇인가요?
5	1. 토토는 욕심을 부리다 결국 실패하고 맙니다. 나의 실패 경험에 대해 이야기해봅시다. 2. 욕심을 부리다 잘못된 이야기를 담고 있는 동화(『흥부놀부』, 『황금알을 낳는 거위』 등)도 찾아봅시다.

참고 자료 ①

제목과 내용 추측하기

이름: 학년   반

1. 책의 앞표지입니다. 그림을 보고 네모 칸 안에 어떤 글자가 들어갈지 추측해 봅시다.

2. 책 제목과 표지를 보고 어떤 내용일지 상상해봅시다.

_____
_____
_____
_____

참고 자료 ②

친구를 위한 요리

학년   반
이름:

요리를 만들어줄 친구를 한 명 정하고, 어떤 요리를 해주는 게 좋을지 생각해 봅시다. 토토의 요리처럼 친구를 위로하고 응원하거나, 고민을 해결해줄 수 있는 요리를 떠올려봅시다.

요리를 만들어줄 친구 :

요리 이름 :

요리 이름을 그렇게 정한 이유

_____
_____
_____
_____
_____

요리에 대한 설명

_____
_____
_____
_____
_____

참고 자료 ③

공부에 도움이 되는 요리

이름:　　　　　학년　　　반

토토는 공부에 도움이 되는 요리를 개발하여 큰 인기를 얻습니다. 여러분도 공부에 대한 고민이 있다면 고민을 해결해줄 요리를 만들어봅시다.

나의 공부 고민 :

요리 이름 :

요리 이름을 그렇게 정한 이유

요리에 대한 설명

참고 자료 ④

요리 그림 그리기

이름:　　　　　학년　　　반

토토의 레시피를 책에서 찾아 읽어보고 완성될 요리를 그림으로 표현해봅시다. 가장 마음에 드는 요리 네 가지를 골라 그려보세요.

참고 자료 ⑤

레시피 만들기

이름:　　　　학년　　　반

이전 시간에 친구에게 만들어주었던 요리, 공부에 도움이 되는 요리 중에서 하나를 골라 구체적인 레시피를 만들어봅시다.

*레시피 적을 때 주의사항: 토토의 레시피처럼 재료, 그 요리를 먹으면 어떤 효과가 있는지, 먹을 때 주의 사항 등이 잘 드러나도록 적어주세요.

요리 이름 : _____

요리 방법

_____
_____
_____
_____
_____
_____
_____
_____
_____
_____
_____
_____
_____
_____
_____

002 아픈 기억을 극복하는 방법

『한밤중 달빛 식당』

이분희 지음, 윤태규 그림, 비룡소,
84쪽, 2018

#죽음 #나쁜 기억의 진짜 용도 #맛있는 음식
#신기한 식당 #가족 #관계 회복

나쁜 기억을 맛있는 음식으로 바꿔주는 달빛 식당

엄마가 없는 연우는 항상 술에 취해 있는 아빠와 함께 있는 것이 거북하고 싫다. 한밤중 집을 뛰쳐나온 연우는 언덕 위 '한밤중 달빛 식당'을 발견하게 된다. 그 식당은 나쁜 기억을 팔면 맛있는 음식을 주는 신기한 식당이었다. 연우는 나쁜 기억이 사라지면 행복해지리라 생각하고 맛있는 음식으로 바꿔 먹지만 그다지 행복해지지 않는다. 그러던 어느 날 달빛 식당에 팔아버린 나쁜 기억을 꺼내 쉐이크를 만드는 과정에서 엄마의 죽음이라는 나쁜 기억과 함께 엄마의 사랑이 담긴 기억까지 되살아난다. 그 후 연우는 아내를 잃은 아빠를 이해하게 되고, 아빠 역시 연우를 헤아리고 보살핀다.

누구나 나쁜 기억이 있다. 그 나쁜 기억이 과연 인생에 좋지 않은 영향만 미칠까? 이 책은 나쁜 기억을 통해 반성할 수도, 행복한 기억을 떠올릴 수도, 다른 사람을 이해할 수도 있다고 말한다. 이처럼 나쁜 기억을 딛고 스스로 한층 더 성장할 수 있음을 알려준다.

성취 기준

[4국02-01] 문단과 글의 중심 생각을 파악한다.

[4국05-02] 인물, 사건, 배경에 주목하며 작품을 이해한다.

[4국05-05] 재미나 감동을 느끼며 작품을 즐겨 감상하는 태도를 지닌다.

[4도02-01] 가족을 사랑하고 감사해야 하는 이유를 찾아보고, 가족 간에 지켜야 할 도리와 해야 할 일을 약속으로 정해 실천한다.

수업 방향

- 책이 비교적 얇아 6차시 수업으로 구성하였다. 서울형 토론을 추가한다면 7차시 수업도 가능하다.
- 중학년 수업이므로 매 차시 읽기만 하면 자칫 지루하게 느낄 수 있어 활동을 많이 넣었다.
- 책의 형태나 분량은 3~4학년이 읽기에 적당하지만 3학년 1학기에는 내용이 어렵다. 최소한 3학년 2학기에 읽는 것을 추천한다.
- 책의 내용이 고학년에게도 생각거리를 줄 수 있어 5~6학년 대상 수업도 가능하다.

수업 흐름도

독서 단계	차시	읽은 분량	주제	학습 내용
독서 전	1	-	책 내용 추측하기	• 표지와 제목을 보고 내용을 추측해보기 • 북 트레일러를 보고 다시 내용 추측하기 • 모둠별로 추측 내용 발표하기

독서 중	2	5~19쪽	주인공의 마음 공감하기	• 주인공이 집으로 가지 않고 걸었던 이유 생각해보기 💡 • 집에 가기 싫었던 경험 이야기하기 💡
	3	20~35쪽	나쁜 기억	• 자신의 나쁜 기억을 종이에 써서 캡슐 혹은 유리병에 보관하기 (여기서 나쁜 기억이란 기분이 나빴던 것만 일컫는 것이 아니라 슬픔, 외로움, 분함 등 마음이 아팠던 기억임을 알려준다.)
	4	36~59쪽	행복	• 본문의 한 부분을 발췌하여 자신의 생각을 글로 표현하기 • 좋은 기억만 남는다면 행복할지 생각 나눠보기 💡
	5	60~77쪽	회복	• 가족들에게 화가 나거나 실망한 경험 나눠보기 💡 • 벌어진 사이의 관계 회복을 위해서 노력한 적이 있는지 이야기해보기 💡 • 친구의 고민을 듣고 조언하기
독서 후	6	-	나쁜 기억 쉐이크	• 나쁜 기억에 따른 메뉴 만들기 📄-① (슬플 때, 짜증날 때, 화가 날 때, 불안할 때, 억울할 때 등 상황을 주고 메뉴를 고르고 그림을 그린다.) • 나쁜 기억 범벅 쉐이크 만들기

| 1차시 |

책 읽기 전 내용을 추측해본다.

먼저 제목과 표지로 책 내용을 추측한다. 『한밤중 달빛 식당』의 북 트레일러 영상(https://www.youtube.com/watch?v=Hz3_Eji6KVo)을 보여주고 내용을 다시 추측하게 하여 모둠별로 발표한다. 나중에 책 읽기가 끝날 때 어느 모둠이 가장 비슷하게 추측했는지 발표하는 것도 학생들에게 흥미를 더할 수 있다.

| 3차시 |

나쁜 기억을 종이에 적어 병에 담는다.

작은 종이에 나쁜 일이나 기억을 쓴다. 종이를 돌돌 말아 유리병에 담는다. 이 병의 처리 방법은 학생들과 논의한다.

| 6차시 |

기분이 나쁠 때 먹으면 좋은 음식으로 메뉴판을 만든다.

나쁜 기분 중 하나를 선택해 그 기분일 때 먹으면 기분이 풀어질 만한 음식들을 정해 메뉴판을 완성한다. 음식 이름 밑에 기분이 풀리는 이유를 함께 쓰면 더욱 좋다.

나쁜 기억 쉐이크 범벅을 만든다.

믹서기, 우유, 얼음, 과일 약간, 과일 시럽이나 꿀, 미숫가루, 컵 등을 준비한다. 독서 중에 미리 작성하여 유리병에 담은 나쁜 기억을 얼음으로 얼렸다고 말한다. 믹서기에 과일과 우유를 넣고 학생들의 나쁜 기억인 얼음을 하나씩 넣어 보인다. 미숫가루는 달빛 가루, 시럽(또는 꿀)은 달빛 시럽이라고 소개한다. 학생들이 미리 준비한 컵에 따라 준다.

함께 읽으면 좋은 책

『캡슐 마녀의 수리수리 약국』 김소민 지음, 소윤경 그림, 비룡소, 88쪽, 2012
『만복이네 떡집』 김리리 지음, 이승현 그림, 비룡소, 56쪽, 2010
『시간 가게』 이나영 지음, 윤정주 그림, 문학동네, 204쪽, 2013

생각 나누기

차시	2차시	읽은 분량	5~19쪽
오늘의 학습 주제	주인공의 마음 공감하기		
오늘의 질문	1. 주인공은 왜 집으로 들어가지 않고 계속 걷기로 했을까요? 내가 주인공이 되어 혼잣말을 하는 것처럼 생각을 써봅시다. 2. 집에 가기 싫었던 경험이 있었나요? 그 이유는 무엇이었나요?		
나의 생각			

*이 활동지는 차시별로 정해진 분량을 읽고 아이들이 생각을 간단히 정리하는 학습지입니다. 차시, 읽은 분량, 오늘의 학습 주제, 오늘의 질문 내용만 다르게 채워 매 차시 사용합니다. 학교도서관저널 홈페이지에서 다운받아 사용하세요.

차시별 생각 나누기

차시	오늘의 질문
4	책 속에서는 나쁜 기억을 잊은 아저씨가 행복해 보이지 않습니다. 나쁜 기억을 지우고 좋은 기억만 남긴다면 과연 행복해질까요? -『한밤중 달빛 식당』 48쪽 참고
5	1. 가족들에게 화가 나거나 실망한 적이 있다면 누구와 어떤 일로 그랬는지 이야기해봅시다. 2. 멀어진 사이의 관계 회복을 위해서 노력한 적이 있나요?

참고 자료 ①

나쁜 기억을 지우는 메뉴판 만들기

이름:　　　　학년　　　반

요리 이름 :

기분이 풀리는 이유 :

요리 그림

003 5학년 아이들의 학교생활

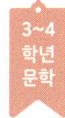

『꼴뚜기』

진형민 지음, 조미자 그림, 창비,
156쪽, 2013

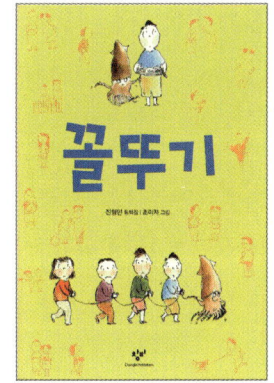

#따돌림 #별명 #첫사랑 #벼룩시장
#소중한 생명

서로 눈치 보며 아무도 먹지 못하는 꼴뚜기

5학년 아이들을 주요 인물로 등장시켜 학교 이야기를 전개해나가는 진형민 작가의 책이다. 별명으로 시작된 왕따 사건을 다룬 「꼴뚜기」, 풋풋한 사랑 이야기를 다룬 「사랑 사랑 누가 말했나」, 고학년과 저학년 학생들 간의 관계를 그린 「축구공을 지켜라」, 벼룩시장을 배경으로 한 「뛰어 봤자 벼룩」, 생명을 존중하는 인성 교육을 위한 교장 선생님의 특별 수업 「오! 특별 수업」 등 아이들이 충분히 관심을 가질 만한 주제를 담은 여섯 편의 단편이 들어 있다. 아이들이 책을 읽으면서 소리 내어 웃을 정도로 재미있는 표현이 가득하다. 그러나 재미있기만 한 게 아니라 생명, 왕따, 편견 등에 대한 깊은 생각을 이끌어낸다.

또한 독도와 관련한 수업도 가능하다. '독도는 우리 땅' 노래를 외

위보는 활동을 통해 독도를 왜 지켜야 하는지, 일본이 독도를 빼앗기 위해 어떤 행동을 하는지 알려주며 애국심도 키울 수 있다. 책의 주제인 학교생활에 대해 생각을 나누어보며 원만한 학교생활을 이끌어낼 수도 있다.

성취 기준

[4국05-02] 인물, 사건, 배경에 주목하며 작품을 이해한다.

[4도02-02] 친구의 소중함을 알고 친구와 사이좋게 지내며, 서로의 입장을 이해하고 인정한다

[4도04-01] 생명의 소중함을 이해하고 인간 생명과 환경 문제에 관심을 가지며 인간 생명과 자연을 보호하려는 태도를 가진다.

수업 방향

- 여섯 개의 단편으로, 학생들이 각 이야기의 제목을 보고 마음에 드는 것을 고르도록 하면 호기심을 불러일으킬 수 있다.
- 학생들의 이야기로 공감을 이끌어내기 위해 학교생활과 관련된 이야기를 많이 하도록 유도한다.
- 왕따, 생명 존중, 독도 교육과 융합하여 지도 가능하다.

수업 흐름도

독서 단계	차시	읽은 분량	주제	학습 내용
독서 전	1	-	내용 추측하기	• 자신의 별명을 지어보고 설명해보기 • '꼴뚜기' 사진을 보여주며 설명하기 • 책 표지 보며 책의 내용을 추측하기

독서 중	2	「꼴뚜기」 (7~30쪽)	속담	• 속담 알아보기 ① 꼴뚜기가 들어간 속담의 뜻을 알아보기 ② 속담 스피드 퀴즈 대회 열기 ③ 우승팀에게 상품 주기 • 「독도는 우리 땅」 노래 외우기
	3	「인생 최대의 위기」 (31~54쪽)	도서관	• [모둠 활동] 구주호에게 보물 창고 같았던 도서관의 좋은 점, 나쁜 점, 할 수 있는 것 등의 내용을 바탕으로 「뽀롱뽀롱 뽀로로」 노래 개사하기 -①
	4	「사랑 사랑 누가 말했나」 (55~80쪽)	이성 친구	• 초등학생이 이성 친구를 사귀는 것에 대한 자신의 생각 말하기 • 뒷이야기 쓰기(200자~400자)
	5	「축구공을 지켜라」 (81~104쪽)	학교 생활	• 학교에서 만나는 사람들과 관계에 대해 토론하기 • 길이찬에게 조언하기 혹은 친구들이 말한 조언 중에서 가장 좋은 조언을 하나 골라보기
	6	「뛰어 봤자 벼룩」 (105~128쪽)	벼룩시장	• 아나바나, 알뜰 시장의 개념 알려주기 • 자신의 물건 중 팔고 싶은 물건을 정하고 소개하는 광고지 만들기 -② • 전시 후에 사고 싶은 물건에 스티커 붙이기
	7	「오! 특별 수업」 (129~152쪽)	소문	• 『감기 걸린 물고기』를 읽고 「오! 특별 수업」과 비교하여 토론하기 • 148쪽의 대화를 발췌문으로 제시하고 소문에 대해 토론하기 • 소문이 날 때 나는 어떻게 해야 할지 생각해보기
독서 후	8	-	토론하기	• 『꼴뚜기』의 책 표지 바꾸기 (가장 인상 깊은 이야기로 책표지를 바꾼다. 의견이 같은 사람끼리 모여 줄거리나 소재를 담은 책 표지를 만든다.) -③ • 각 단편의 뒷이야기 쓰기(단원이 끝날 때마다 해도 좋고 다 읽은 후 쓰고 싶은 단원을 골라 써도 좋다.) -④

세부
수업
TIP

| 1차시 |

별명을 정하고 꼴뚜기에 대해 조사한다.

각자 스스로 별명을 정하고 명패에 써서 수업 중 항상 자신 앞에 두도록 한다. 왜 이런 별명으로 불리고 싶은지 별명의 뜻을 설명하는 발표를 한다. 한 권 읽기를 하는 시간에는 서로를 이름 말고 별명으로 부르도록 지도한다.

꼴뚜기에 대하여 교사가 조사하여 학생들에게 알려준다. 도서관 활용 시간에 꼴뚜기에 대해 학생들이 조사 학습을 할 수도 있다.

| 8차시 |

새로운 표지를 만들어본다.

여섯 가지 이야기 중 가장 재미있는 이야기 하나를 골라 그 이야기를 잘 표현할 수 있는 표지를 구성해본다. 이때 자신의 이름을 지은이가 아닌 표지 디자이너로 적어야 함을 강조한다. 저작권의 개념과 올바른 표시 방법을 교육할 수 있다.

함께 읽으면 좋은 책

『감기 걸린 물고기』 박정섭 지음, 사계절, 56쪽, 2016

『수상한 학원』 박현숙 지음, 장서영 그림, 북멘토, 208쪽, 2016

『댓글왕 곰손 선생님』 양승현 지음, 이갑규 그림, 소원나무, 124쪽, 2018

『아홉 살 첫사랑』 히코 다나카 지음, 요시타케 신스케 그림, 유문조 옮김, 스콜라, 128쪽, 2017

『사랑에 빠진 개구리』 막스 벨튀이스 지음, 이명희 옮김, 마루벌, 32쪽, 1995

『사랑이 훅!』 진형민 지음, 최민호 그림, 창비, 144쪽, 2018

『그 소문 들었어?』 하야시 그린 지음, 쇼노 나오코 그림, 김소연 옮김, 천개의바람, 64쪽, 2017

+ 영화

「꼬마 니콜라」 Le Petit Nicolas, 2009

「마틸다」 Matilda, 1996

생각 나누기

차시	2차시	읽은 분량	7~30쪽
오늘의 학습 주제	속담		
오늘의 질문	1. 다음 속담의 뜻을 써봅시다. • 꼴뚜기보다 어물전 • 망둥이가 뛰면 꼴뚜기도 뛴다. • 생선 망신은 꼴뚜기가 시킨다. • 어물전 털어먹고 꼴뚜기 장사한다. 2. 위의 속담에서 꼴뚜기는 어떤 이미지인가요? 3. 꼴뚜기란 별명을 갖게 된다면 기분이 어떨까요? 이유도 함께 써보세요.		
나의 생각			

*이 활동지는 차시별로 정해진 분량을 읽고 아이들이 생각을 간단히 정리하는 학습지입니다. 차시, 읽은 분량, 오늘의 학습 주제, 오늘의 질문 내용만 다르게 채워 매 차시 사용합니다. 학교도서관저널 홈페이지에서 다운받아 사용하세요.

차시별 생각 나누기

차시	오늘의 질문
4	초등학생이 이성 친구를 사귀는 것에 대한 자신의 생각을 찬성 혹은 반대 입장에서 말해봅시다.
5	만약 길이찬에게 조언을 해준다면 나는 어떤 말을 하고 싶나요?
7	1. 『감기 걸린 물고기』 관련 질문 　왜 물고기들은 위험에 처했을까요? 　소문을 옮기는 사람에게는 책임이 있을까요? 2. 「오! 특별 수업」 관련 질문 　흔히 사람들은 소문을 듣거나 남에게 전할 때 곰곰이 생각해보지 않습니다. 소문을 들었을 때 나는 어떻게 행동해야 할까요? -『꼴뚜기』148쪽 참고

참고 자료 ①

「뽀롱뽀롱 뽀로로」 개사하기

이름:　　　　　　학년　　　반

도서관의 좋은 점, 나쁜 점, 도서관에서 할 수 있는 것 등 도서관에 대한 내용으로 「뽀롱뽀롱 뽀로로」의 가사를 바꾸어봅시다.

제목 :

참고 자료 ②

판매할 물건 광고지 만들기

학년   반
이름:

알뜰 시장에서 내가 팔고 싶은 물건을 광고하는 글을 적어봅시다.

알뜰 시장

일시 :
장소 :

참고 자료 ③

책 표지 새로 만들기

이름:　　　　학년　　　반

『꼴뚜기』의 여섯 가지 단편 중 가장 마음에 드는 이야기를 선택해서 책 표지를 다시 만들어봅시다.

참고 자료 ④

뒷이야기 쓰기

이름:　　　　학년　　　반

『꼴뚜기』에 실린 단편 중에서 가장 마음에 드는 이야기를 선택해 그 뒷이야기를 이어 써봅시다.

내가 선택한 단편 제목 :

004 난관을 헤쳐나가는 방법

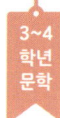

『조금만, 조금만 더』

존 레이놀즈 가디너 지음, 마샤 슈얼 그림,
김경연 옮김, 시공주니어, 94쪽, 2001

#할아버지의 좌절 #세금 #부탁의 어려움
#개 썰매 경기 #교통수단

얼음 거인을 제치고 썰매 대회에서 우승하자

1900년대 미국 와이오밍 주에 사는 윌리는 지혜로운 할아버지와 똑똑하고 헌신적인 개, 번개와 함께 가난하지만 행복한 하루하루를 보낸다. 그러던 어느 날, 갑자기 할아버지가 삶에 대한 의지를 놓아버리고, 마음의 병을 앓게 된다. 그 이유가 500달러나 되는 세금인 것을 알게 된 윌리는 세금을 내고 농장을 되찾을 방법을 궁리하다 '얼음 거인'이라는 막강한 우승 예정자가 참가하는 개 썰매 경기에 도전한다. 윌리는 번개와 함께 최선을 다해 달리지만, 결승선을 앞두고 번개가 숨을 거두고 만다. 냉정하고 단호하기만 했던 얼음 거인이 윌리가 우승할 수 있도록 도와주며 이야기가 마무리된다.

1900년대라는 시대와 미국이라는 장소가 생소하기는 하지만, 개

썰매라는 박진감 넘치는 경기와 정체가 모호한 얼음 거인 덕분에 손에 땀을 쥐며 읽게 된다. 3학년 사회 〈교통수단과 통신수단의 변화〉 단원과 연계해 한 권 읽기를 할 수 있으며, 한 챕터에 페이지가 많지 않아 한 권 읽기에 익숙하지 않은 3학년에게 적당하다.

성취 기준

[4국02-01] 문단과 글의 중심 생각을 파악한다.
[4국03-05] 쓰기에 자신감을 갖고 자신의 글을 적극적으로 나누는 태도를 지닌다.
[4국05-02] 인물, 사건, 배경에 주목하며 작품을 이해한다.
[4국05-05] 재미나 감동을 느끼며 작품을 즐겨 감상하는 태도를 지닌다.
[4사01-05] 옛날과 오늘날의 교통수단에 관한 자료를 바탕으로 하여 교통수단의 발달에 따른 생활 모습의 변화를 설명한다.
[4도02-02] 친구의 소중함을 알고 친구와 사이좋게 지내며, 서로의 입장을 이해하고 인정한다.

수업 방향

- 『조금만, 조금만 더』의 시대적 배경과 공간적 배경에 대한 배경지식을 가지고 책을 읽는다.
- 이 책의 중요한 소재인 '개 썰매'와 연계해 3학년 사회 '교통수단의 발달'에 관한 내용도 함께 탐구한다.

수업 흐름도

독서 단계	차시	읽은 분량	주제	학습 내용
독서 전	1	-	배경지식과 내용 추측하기	• 책 내용 예측하기 • 이야기 속 배경 파악하기 • 100쇄 기념본을 보여주며 '100쇄'에 대해 설명하기
독서 중	2	9~29쪽	마음의 병, 친구	• 할아버지가 마음의 병이 생긴 원인 생각해보기 • "갚을 수 없을 때는 도움을 받는 게 아니다. 특히 친구의 도움은 그렇단다."라는 할아버지의 말씀과 '친구'에 대해 생각해보기
	3	30~45쪽	좋은 질문	• 책에 관한 질문 만들고, 친구와 서로 답해주기 (하브루타) -①
	4	46~66쪽	꿈, 개썰매, 세금	• 올 한 해 나의 꿈에 대해 생각해보기 • 다양한 교통수단을 조사하고, 미래의 교통수단 상상해 보기 -② • 세금을 어디에 사용하는지 생각해보기 -③
	5	67~81쪽	응원	• 윌리를 응원하는 말을 바나나 카드를 활용해서 표현하기
	6	82~94쪽	인터뷰	• 번개, 윌리, 얼음 거인, 할아버지를 핫시팅 기법으로 인터뷰하기 • 윌리가 개 썰매 경주에서 승리할 수 있었던 세 가지 가치 생각해보기 (버츄 카드, 가치 카드 활용)
독서 후	7		뒷이야기 이어 쓰기	• 뒷이야기 이어 쓰고 발표하기
	8		명언 카드	• 기억에 남는 문장으로 명언 카드 만들기

세부 수업 TIP

| 1차시 |

책을 읽기 전 흥미를 유발한다.

1차시에 미리 8차시 '명언 카드 만들기'의 준비 작업으로 책을 읽으면서 기억에 남는 문장이나 가장 마음에 드는 문장을 포스트잇으로 표시하도록 지도한다.

오래전에 번역된 책이어서 책 속 등장인물의 어투가 조금 어색한 부분이 있으므로, 그런 부분은 교사가 구어체로 실감 나게 읽어주는 것을 추천한다.

교실 상황과 시간을 고려해 1차시는 아래 활동 중에서 하나를 선택해 진행할 수 있다.

1) 내용 예측하기

제목과 표지를 보고 내용을 예측해보고, 책의 원제인 'Stone Fox'에 대해 이야기 나누어볼 수 있다. 책을 다 읽고 난 후에는 '내가 만약 이 책의 작가라면 어떤 제목을 붙였을까?' 생각해보는 마무리 활동도 추천한다.

2) 배경 파악하기

시간적 배경인 1900년대 초, 공간적 배경인 미국 와이오밍 주에 대한 배경지식을 쌓을 수 있도록 설명한다. 책에 대한 흥미를 높이기 위해 1900년대 초 우리나라에서는 어떤 일이 있었는지 교사가 자료를 제시해주고, 미국 지도에서 와이오밍 주를 찾아보는 활동도 할 수 있다.

3) 100쇄 기념본

이 책은 2001년 1쇄를 발행하고, 2019년 100쇄 발행 기념본을 출간했다. 어린이들에게 '쇄'에 대한 개념과 100쇄의 의미에 대해 설명해주면, 한 권 읽기 동기 유발에 도움이 될 수 있다.(연합뉴스 2019년 11월 5일자 기사 등 관련 자료 참고)

| 2차시 |

수신호를 이용한 스무고개 게임을 해본다.

어린이들이 즐거워할 만한 활동으로 책에 등장하는 수신호로 스무고개 게임을 할 수 있다. 할아버지가 말을 못하게 되자 윌리는 할아버지와 손바닥을 위로 해서 '네', 손바닥을 아래로 해서 '아니오'란 의미로 소통했다. 학생들도 모둠별로 수신호를 정해 책에 나오는 등장인물 혹은 중요한 소재 등으로 스무고개 게임을 하며, 책의 내용을 깊이 이해할 수 있다.

| 6차시 |

핫시팅 인터뷰를 진행한다.

번개, 얼음 거인, 윌리, 할아버지의 입장에서 핫시팅을 활용한 인터뷰를 할 수 있다. 각각 어떤 마음이었는지 아래와 같이 이야기 나눠볼 수 있다.

선생님 "이제 이 의자에 앉은 ○○이 번개, □□이 윌리의 역할을 할 거예요. 여러분이 궁금했던 것들을 물어보세요!"

학생 "번개님! 감자밭을 갈 때 힘들지 않았나요?"

번개 "힘들었지만, 윌리와 할아버지를 위해서 한 일이었어요. 우리는 가족이니까요."

학생 "윌리님! 번개가 죽었을 때 어떤 마음이었어요?"

윌리 "'괜히 개 썰매 경주에 참가했나?'라는 생각이 들었어요. 마음이 너무 아팠어요."

| 7차시 |

뒷이야기를 상상해서 써본다.

열린 결말로 마무리되는 이야기이므로, 학생들이 결말을 상상해 뒷이야기 이어 쓰기 활동을 할 수 있다. 유튜브에서 드라마 〈Stone Fox〉의 마지막 장면을 참고 자료(www.youtube.com/watch?v=qTIN26sI1bQ)로 제시할 수 있다.

함께 읽으면 좋은 책

『플란다스의 개』 위다 지음, 손인혜 옮김, 더모던, 180쪽, 2019

『돌아온 진돗개 백구』 송재찬 지음, 이혜란 그림, 대교북스주니어, 188쪽, 2018

『백구』 김민기 지음, 권문희 그림, 사계절, 34쪽, 2002

『나의 친친 할아버지께』 강정연 지음, 오정택 그림, 라임, 144쪽, 2014

『괴물 이빨과 말하는 발가락』 정승희 지음, 김미경 그림, 바람의아이들, 112쪽, 2017

 생각 나누기

차시	2차시	읽은 분량	9~29쪽
오늘의 학습 주제	마음의 병		
오늘의 질문	1. 할아버지는 삶에 대한 의지를 놓아버리고, 마음의 병을 갖게 됩니다. 할아버지가 편찮으신 이유에 대해 이야기 나누어봅시다. 2. '갚을 수 없을 때는 도움을 받는 게 아니다. 특히 친구의 도움은 그렇다'는 할아버지의 말씀은 무슨 의미일까요? 여러분도 친구에게 도움을 받았던 경험이 있었나요? 좋은 친구란 어떤 친구라고 생각하나요? -『조금만 조금만 더』 26쪽 참고		
나의 생각			

*이 활동지는 차시별로 정해진 분량을 읽고 아이들이 생각을 간단히 정리하는 학습지입니다. 차시, 읽은 분량, 오늘의 학습 주제, 오늘의 질문 내용만 다르게 채워 매 차시 사용합니다. 학교도서관저널 홈페이지에서 다운받아 사용하세요.

차시별 생각 나누기

차시	오늘의 질문
4	얼음 거인의 꿈은 인디언 보호 구역에 사는 인디언들이 고향으로 돌아갈 수 있도록 땅을 사는 것이고, 윌리의 꿈은 세금을 다 갚고 할아버지가 건강해지시는 것입니다. 나의 올 한 해 나의 꿈은 무엇인가요?
6	윌리는 어려운 상황에서도 개 썰매 경주에서 승리했습니다. 윌리가 승리할 수 있었던 세 가지의 가치는 무엇일까요? 버츄 카드와 가치 카드를 활용해서 이야기 나누어봅시다.

질문을 만들어요

이름: 학년   반

1. 할아버지는 윌리에게 선생님, 할아버지에게 질문해도 답을 찾지 못하고 책에서도 답을 찾지 못한다면 정말 좋은 질문이라는 말을 합니다. 우리도 책 내용과 관련한 좋은 질문을 만들어봅시다. 별 한 개짜리 질문부터 다섯 개짜리 질문까지 하나씩 만들어보고 모둠원과 질문하고 대답하는 활동을 해보세요.
-『조금만 조금만 더』31~32쪽 참고

별 한 개 ☆: 답이 딱 한 개이고, 바로 답이 나오는 질문

예) 이 책의 주인공은 누구인가요?

별 두 개 ☆☆: 답이 정해져 있지만, 정보를 찾아야만 나올 수 있는 질문

예) 번개의 생김새는 어떠했나요?

별 세 개 ☆☆☆: 두 가지 측면을 생각해보는 질문

예) 윌리가 개썰매 대회에 참가해서 얻은 것과 잃은 것은 무엇인가요?

별 네 개 ☆☆☆☆: 이유를 묻는 질문

예) 할아버지는 왜 마음의 병을 얻게 되었나요?

별 다섯 개: ☆☆☆☆☆: 상황을 가정해 묻는 질문

예) 내가 만약 작가라면 결말을 어떻게 쓸까요?

별 한 개 ☆ 질문:

친구의 대답:

별 두 개 ☆☆ 질문:

친구의 대답:

별 세 개 ☆☆☆ 질문 :

친구의 대답:

별 네 개 ☆☆☆☆ 질문 :

친구의 대답:

별 다섯 개 ☆☆☆☆☆ 질문 :

친구의 대답:

2. 우리 모둠에서 가장 좋은 질문을 선정해 발표해보세요.

우리 모둠에서 가장 좋은 질문 :

그렇게 생각한 이유 :

참고 자료 ②

교통수단	학년 반
	이름:

1. 과학 기술이 발전하면서 교통수단도 변했습니다. 아래 그림에 나온 교통수단 외에 또 어떤 것이 있을까요?

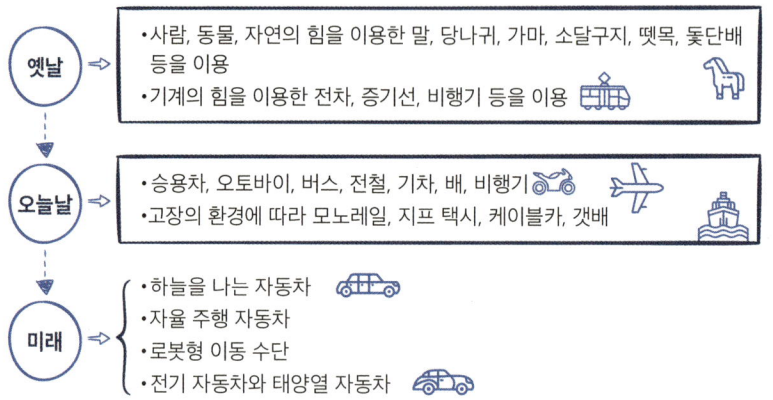

사람, 동물, 자연의 힘을 이용한 교통수단:

기계의 힘을 이용한 교통수단:

2. 미래에는 어떤 교통수단이 발명될까요? 간단한 설계도로 표현해보세요.

참고 자료 ③

세금의 역할

이름:　　　　　학년　　반

1. 세금에 대한 글을 읽은 후 세금을 어떤 곳에 사용하면 좋을지 이야기 나눠 봅시다.

세금이란?
나라 살림에 쓰기 위해 국민으로부터 걷는 돈입니다.

세금이 쓰이는 곳
1) 방위비: 다른 나라의 침략으로부터 국민의 생명과 재산을 보호하기 위해 군대를 유지하고, 군사 장비와 시설을 마련하는 데 사용하는 비용
2) 사회개발비: 국민들의 복지 향상과 안락한 생활 환경을 마련하기 위해 의료 보험, 국민연금, 직업 훈련, 주택 건설, 위생 및 공해 방지 시설 마련에 쓰이는 비용
3) 교육비: 초중등학교의 의무 교육과 학교 시설, 학술 및 예술 기관의 연구 활동을 지원하기 위해 사용하는 비용
4) 경제개발비: 경제를 발전시키기 위해 도로, 항만, 전력, 상하수도 시설 등과 같은 경제 활동의 기반 시설을 마련하는 데 사용하는 비용
5) 행정서비스비: 국민 생활에 필요한 여러 가지 서비스 활동을 제공하는 데 사용하는 비용

[출처: 금융감독원, 즐겁고 신나는 금융경제교실]

2. 내가 구청장이라고 상상해보고 우리 구를 위해 세금을 어떤 일에 쓰면 좋을지 적어봅시다.

005 따뜻한 관심으로 먼저 다가서기

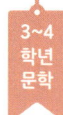
3~4학년 문학

『최기봉을 찾아라!』

김선정 지음, 이영림 그림, 푸른책들,
88쪽, 2011

#사라진 도장 #범인을 찾아라 #관계 맺기
#어린 시절의 상처 #관심이 필요할 때

최기봉 선생님의 도장을 훔친 사람은?

제자가 선물한 최기봉 선생님의 도장이 없어지고 학교 여기저기에 아무렇게나 찍힌 도장 자국이 발견된다. 도장을 훔쳐간 범인을 찾아가는 과정에서 선생님을 비롯한 아이들의 숨은 상처가 하나씩 밝혀지고, 서로에 대한 오해가 조금씩 풀리기 시작한다.

아이들의 공감을 얻을 수 있는 친숙한 주변 인물인 학교 선생님, 친구, 가족 사이의 관계를 '도장 도난 사건'이라는 소재로 참신하게 풀어냈다. 특유의 유머가 가득해 유쾌하고 흥미롭게 읽을 수 있다. 추리 소설의 형식으로 전개되어 재미있을 뿐 아니라 누군가를 깊이 있게 이해하려 노력하면 마음을 나누고 가까워질 수 있다는 교훈도 효과적으로 전하고 있다. 아이들과 관계 맺기에 대한 다양한 이야기를 나눌 수 있는 책이다.

성취 기준

[4국05-02] 인물, 사건, 배경에 주목하며 작품을 이해한다.

[4국05-04] 작품을 듣거나 읽거나 보고 떠오른 느낌과 생각을 다양하게 표현한다.

[4도02-02] 친구의 소중함을 알고 친구와 사이좋게 지내며, 서로의 입장을 이해하고 인정한다.

수업 방향

- 범인이 누구인지 궁금증이 유발될 수 있도록 차시별로 읽는 분량을 잘 조절한다.
- 각각의 등장인물에 대한 깊이 있는 이해가 중요한 책으로, 인물의 특징을 잘 파악할 수 있는 활동을 계획한다.
- '나만의 도장 만들기' 등 다양한 독후 활동을 통해 이야기의 여운이 계속될 수 있도록 한다.

수업 흐름도

독서 단계	차시	읽은 분량	주제	학습 내용
독서 전	1	-	내용 추측하기	• 책 표지를 보며 내용 추측하기 • "선생님" 하면 떠오르는 이미지를 프리즘 카드로 표현하기 📄-① • 가장 기억에 남는 선생님은 누구이며 왜 그런지 이야기해보기 • 범인 찾기 게임인 리더 게임이나 윙크 게임 등으로 흥미 유발하기 📄-②

	2	9~22쪽	상점과 벌점	• 만약 우리 반에 엄지 도장과 울보 도장이 있다면 어떨지 자신의 생각 이야기해보기 💡 • 상벌점 제도에 대한 의견 이야기하기 💡
독서 중	3	23~37쪽	인물의 성격 알아보기	• 주요 등장인물의 성격을 정리해보고 왜 그렇게 생각하는지 책 속 문장이나 대화로 근거 말하기 💡
	4	38~51쪽	범인 찾기	• 용의자 중 내가 범인이라고 생각하는 인물을 이유와 함께 이야기해보기 💡
	5	52~68쪽	힘이 되는 말	• 위로를 받았거나 힘을 주었던 말이 있다면 이야기해보기 💡
	6	69~87쪽	우리 반 최고	• 최근에 상처받았던 말이나 행동이 있다면 무엇이고, 그때 어떤 마음이 들었는지 글로 표현하기 💡 • 최기봉 선생님이 범인에게 벌을 주지 않은 이유 생각해보기 💡 • 우리 반 최고 뽑기(각 분야별로 우리 반에서 최고인 친구 선정하기)
독서 후	7	-	역할극	• 핫시팅 기법 활용(몇 명의 학생에게 등장인물의 역할을 배정하고, 나머지 친구들이 인물과 관련한 질문을 하면 배정받은 친구는 실제로 그 인물이 된 것처럼 대답하기)
	8	-	나만의 도장 만들기	• 지우개 등 다양한 재료를 활용하여 나만의 도장 만들기

세부 수업 TIP

| 1차시 |

책에 대한 흥미를 높이기 위해 여러 게임을 할 수 있다.

책의 주 소재인 '선생님'과 '범인 찾기'와 관련된 활동을 통해 독서 전, 책에 대한 흥미를 가질 수 있도록 한다. 프리즘 카드를 이용한 활동이나, 리더 게임을 할 수 있다. 참고 자료를 이용해 윙크 게임을 해볼 수도 있다.

프리즘 카드 게임

프리즘 카드는 다양한 이미지의 사진을 담아놓은 사진 자료다. 여러 가지 방법으로 활용할 수 있는데 여기서는 두 가지 방법을 제안한다.

① **사진을 먼저 주고 활동할 주제를 이야기하는 방법**

교사는 사진 전체를 지정된 장소에 펼쳐둔다. 정해진 시간(30초 정도) 동안 모둠별로 나가서 마음에 드는 사진을 가지고 온다. 아이들이 사진을 모두 가지고 오면 그 사진을 활용해 활동지를 작성해본 후 발표하거나 "선생님은 ○○이다.(○○에는 사진의 내용이 들어감) 왜냐하면 ~이기 때문이다."를 포스트잇에 써서 사진에 붙이게 한다. 시간 여유가 된다면 모든 학생이 발표할 수 있게 한다. 시간 여유가 되지 않을 경우는 모둠별로 이야기를 나눈 후 가장 재미있거나 참신한 것을 뽑아보도록 하고 선정된 것만 발표하도록 한다. 사진을 먼저 뽑게 하면 주제와 관계 없이 사진을 선택하게 되므로 이야기를 할 때 순발력과 창의력 등을 발휘할 수 있다.

② **주제를 먼저 주고 사진을 골라오게 하는 방법**

교사는 사진 전체를 지정된 장소에 펼쳐두고 '선생님'이라는 주제 단어를 제시한다. '선생님'이라는 단어를 듣고 떠오르는 이미지와 관련된 사진을 가져오게 한다. 마찬가지로 사진을 보고 "선생님은 ○○이다.(○○에는 사진의 내용이 들어감) 왜냐하면 ~이기 때문이다."를 포스트잇에 써서 사진에 붙이게 한다. 주제를 알고 사진을 선택하면 자신의 생각에 맞는 사진을 선택할 수 있으므로 생각을 좀 더 구체적으로 표현할 수 있다.

리더 게임

책상을 밀고 원 모양으로 둘러앉는다. 술래 한 사람을 정해 교실 밖으로 내보낸다. 나머지 사람 중 리더 한 사람을 정한다. 리더는 어떤 한 가지 행동을 한다. (예 : 손뼉치기, 발 구르기, 하트 날리기 등) 모든 사람은 그 행동을 따라 한다. 술래가 들어오고 술래는 학생 중에서 이 행동을 주도하는 사람이(리더) 누구인지 찾아낸다. 술래 모르게 리더는 계속해서 행동을 바꾸고 리더의 행동이 바뀌면 학생들도 모두 바뀐 행동을 따라한다. 술래가 리더를 찾으면 게임이 끝난다.

| 7차시 |

이야기 속 인물이 되어 인터뷰를 진행한다.

핫시팅 기법을 활용하여 각 인물들의 감정에 이입하여 공감하고 소통하는 방법을 배울 수 있다. 핫시팅 기법은 교육 연극에서 활용되는 기법으로 등장인물에 몰입하여 특정 상황에서 인물의 감정은 어땠을지 대화해보는 역할극이다.

먼저 책 속 등장인물에게 하고 싶은 질문을 포스트잇에 적는다. 책 속 등장인물 중 자신이 맡고 싶은 인물을 하나 고르고, 인물별로 나와서 인터뷰를 시작한다. 예를 들면 최기봉 선생님을 하고 싶은 아이들은 모두 앞으로 나와서 앉는다. 이때 한 인물에 너무 많은 아이들이 모이지 않도록 교사가 적당히 배분하는 것이 필요하다. 최기봉 선생님을 하겠다는 아이들이 나와서 의자에 앉으면 나머지 아이들은 최기봉 선생님에게 질문을 한다. 이 경우 몇몇 아이들이 직접 질문해도 좋고 미리 질문을 칠판에 적어 놓은 다음 사회자가 질문해도 좋다. 한 인물이 끝나면 다음 인물을 불러 같은 방식으로 인터뷰한다. 이후에 그 인물이 되어 본 소감을 적으며 활동을 마무리한다.

함께 읽으면 좋은 책

『왕따 선생님 구출 작전』 김하늬 지음, 허구 그림, 채우리, 112쪽, 2009
『나는 소심해요』 엘로디 페로탱 지음, 박정연 옮김, 이마주, 36쪽, 2019
『추리 탐정 학교 1: 어둠을 조심하라』 클레르 그라시아스 지음, 클로트카 그림, 김수영 옮김, 좋은꿈, 64쪽, 2017
『진짜 거짓말』 임지형 지음, 박영란 그림, 고래가숨쉬는도서관, 156쪽, 2017

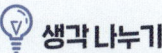 생각 나누기

차시	2차시	읽은 분량	9~22쪽
오늘의 학습 주제	내용 파악		
오늘의 질문	만약 우리 반에 최기봉 선생님 반처럼 엄지 도장과 울보 도장이 있다면 어떨까요? 상벌점 제도의 장단점, 필요성, 문제점 등에 대한 여러분의 생각을 자유롭게 적어봅시다.		
나의 생각			

*이 활동지는 차시별로 정해진 분량을 읽고 아이들이 생각을 간단히 정리하는 학습지입니다. 차시, 읽은 분량, 오늘의 학습 주제, 오늘의 질문 내용만 다르게 채워 매 차시 사용합니다. 학교도서관저널 홈페이지에서 다운받아 사용하세요.

차시별 생각 나누기

차시	오늘의 질문
3	주요 등장인물의 성격을 정리해보고 왜 그렇게 생각하는지 책 속 문장이나 대화를 근거로 말해봅시다.
4	용의자 중 내가 범인이라고 생각하는 인물을 이유와 함께 이야기해봅시다.
5	위로를 받았거나 힘을 주었던 말이 있다면 그때 경험을 이야기해봅시다.
6	1. 최근에 상처받았던 말이나 행동이 있다면 무엇이고, 그때 어떤 마음이 들었는지 글로 표현해봅시다. 2. 최기봉 선생님은 범인이 밝혀졌지만 벌을 주지 않았습니다. 왜 이렇게 행동했을지 내가 생각하는 이유를 적어봅시다.

참고 자료 ①

프리즘 카드로 이야기하기

프리즘 카드는 다양한 이미지로 이루어진 사진 자료입니다. 먼저 선생님이 펼쳐둔 사진 중에서 마음에 드는 사진을 30초 안에 가지고 옵니다. 가져온 사진을 활용해 이야기를 만들어봅시다.

1. 가져온 카드는 무슨 사진인가요?

2. 선생님이 말해주는 키워드를 듣고 카드를 이용해 이야기를 만들어봅시다.

참고 자료 ②

범인을 찾는 윙크 게임

『최기봉을 찾아라!』는 도장을 훔쳐간 범인을 찾는 이야기입니다. 모둠별로 윙크 게임을 진행해 우리도 범인을 찾아봅시다.

윙크 게임 방법
① 모둠별(1모둠 4인)로 게임을 진행합니다.
② 아래 종이를 잘라 글자가 보이지 않도록 접습니다.
③ 접은 종이를 가운데 놓고 한 장씩 가지고 갑니다.
④ '윙크'라고 적힌 종이를 가져가는 사람이 술래가 됩니다.
⑤ 술래는 3명 중 1명을 제외한 2명에게 윙크를 날립니다. 술래는 다른 사람이 눈치채지 못하게 윙크를 날려야 합니다.
⑥ 윙크를 받은 사람은 자신의 종이를 내려놓습니다. 술래는 아무 때나 종이를 내려놓을 수 있습니다.
⑦ 윙크를 받은 2명과 술래가 모두 종이를 내려놓으면 윙크를 받지 못한 한 사람이 술래를 찾으면 됩니다.

윙크	눈빛
게임	눈치

006 전쟁을 지나온 평범한 사람들의 역사

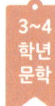

『그 여름의 덤더디』

이향안 지음, 김동성 그림, 시공주니어,
124쪽, 2016

#6.25 전쟁 #늙은 소 #피난길 #우정
#새로운 용기 #희망

도망가지 않는 나의 친구, 늙은 소 덤더디

1950년 여름 6.25 한국 전쟁을 배경으로 쓴 이야기다. 시골에서 평화롭게 지내던 탁이네 가족은 전쟁이 터져 급하게 피난길에 나선다. 탁이에게 가족이자 친구인 '덤더디'라는 늙은 소도 함께 떠난다. 탁이네 피난길은 불행의 연속이다. 배고픔과 죽음의 두려움 속에 형수는 유산하고, 포악하다고 생각한 북한군과도 마주치게 된다.

역사적 소용돌이 속에서 소시민의 삶은 어떠했는지 알 수 있는 책이다. 전쟁에서도 빛난 탁이와 덤더디의 우정이 뭉클하고, 작가의 아버지가 겪었던 일을 바탕으로 썼기 때문에 그 시대 분위기를 생생하게 느낄 수 있다. 남북 분단을 겪은 사람들의 아픔을 알게 되고 전쟁 없는 평화로운 일상의 소중함을 깨닫게 해준다.

성취기준

[4국05-02] 인물, 사건, 배경에 주목하며 작품을 이해한다.

[4도03-03] 남북 분단 과정과 민족의 아픔을 통해 통일의 필요성을 알고, 통일에 대한 관심과 통일 의지를 기른다.

수업 방향

- 수업 전에 6.25 전쟁에 대해 조사하여 배경지식을 쌓는다.
- 인물이 처한 상황을 생각하며 감정을 실어 읽는다.
- 평화의 소중함을 깨닫는다.

수업 흐름도

독서 단계	차시	읽은 분량	주제	학습 내용
독서 전	1	-	내용 추측하기	• 책 표지를 보고 시간적 배경과 내용 추측하기(그림 속 아이의 옷, 풀, 우거진 나무, 모내기 하는 사람을 보며 계절이 여름임을 알 수 있다.) • 계단책 만들기
독서 중	2	1~25쪽	피난 준비	• 삽화를 보여주고 내용 예측하기 • 시대적·장소적 배경과 등장인물 정리하기 • 피난 가기 전 구들장에 숨기고 가고 싶은 물건 생각해 보기 📄-① • 가장 마음에 드는 구절과 이유 말해보기 💡
독서 중	3	26~47쪽	피난	• 모르는 단어 뜻 찾기(모둠 친구들과 해결 후 반 전체로 해결), 목숨이 위험한 상황에서 덤더디를 두고 갈 건지 데리고 갈 건지 이야기해보기 📄-② • 6.25 관련 동영상 보기(설민석의 『국제시장 1부: 6.25 전쟁과 흥남철수』)
독서 중	4	48~67쪽	이야기 나누기	• 54쪽 마지막 부분을 읽고 다음에 일어날 일 말해 보기 💡 • 가장 마음에 드는 구절 적고 모둠원과 나누기

	5	68~89쪽	문장 뽑기	• 가장 중요한 문장 허니콤 보드에 적기 (예시: "빨갱이는 무서운 짐승이라고 생각했지만 실제로 만난 인민군은 어린 청년이었다.") • 투표로 오늘의 문장 뽑기 • 역할 낭독극하기
독서 중	6	90~108쪽	나눠 읽기	• 모둠을 A, B로 나누고 파트를 나눠 읽기(A는 90~100쪽, B는 101~108쪽) • 자기가 읽은 부분 상대방에게 이야기해주기 • 독서 퀴즈(교사가 진행)
	7	109~121쪽, 작가의 말	편지 쓰기	• 덤더디에게 편지 쓰기 -③ • 작가에게 질문하기(작가와의 만남)
독서 후	8		삽화 살피기	• 책 속 삽화를 이용해 카드를 만든 후 이야기 순서대로 카드 배열해보기 • 가장 마음에 남는 장면 뽑아 이야기 나누기

세부 수업 TIP

| 1차시 |

표지를 보고 책의 내용을 유추해본다.

『그 여름의 덤더디』는 내용에 어우러지는 삽화가 훌륭한 작품이다. 먼저 책 표지 그림을 보고 시대적 배경, 장소, 나오는 인물을 짐작해볼 수 있다. 표지의 주인공 표정을 보며 어떤 마음을 표현하고 있는지 생각해보기를 추천한다.

| 2차시 |

사투리를 실감 나게 소리 내어 읽어보고, 피난 가기 전 숨기고 싶은 물건을 생각해본다.

경상도 사투리를 소리 내 실감 나게 읽어야 재미있다. 선생님이 읽다가 반 아이들에게 넘겨주는 방식으로 골고루 모두 읽을 수 있게 한다. 주인공 탁이는 국어책과 공책을 구들장 아래에 숨기고 피난을 준비한다. 나라면 어떤 물건을 구들장에 숨기고 피난을 떠날지 생각하는 활동지를 적어본다. 이 활동을 통해 책 속 인물의 상황에 공감할 수 있으며 지금 나에게 중요한 물건이 무엇인지 알 수 있다.

| 5차시 |

중요한 문장을 선별해본다.

해당 차시에 읽은 부분 중 각자가 생각하는 가장 중요한 문장을 허니콤 보드에 적는다. 모둠끼리 문장을 나누고 하나의 문장을 뽑아 칠판에 붙인다. 뽑힌 문장을 뽑은 이유와 함께 발표 후 그중에서 오늘의 문장을 뽑는다.

| 8차시 |

삽화를 이용해 카드를 만든다.

책 삽화 전체를 스캔 후 카드로 만든다. 모둠에 한 세트씩 주고 삽화 카드를 이야기 순서에 맞게 맞춘다. 줄거리를 다시 생각해볼 수 있는 활동으로 마지막에 정리하기 좋다.

함께 읽으면 좋은 책

『엄마에게』 서진선 지음, 보림, 42쪽, 2014

『온양이』 선안나 지음, 김영만 그림, 샘터사, 44쪽, 2010

『비무장지대에 봄이 오면』 이억배 지음, 사계절, 48쪽, 2010

『왜 6·25 전쟁이 일어났을까?』 김광일, 박지현 지음, 남기영 그림, 자음과모음, 160쪽, 2012

생각 나누기

차시	2차시	읽은 분량	16~25쪽
오늘의 학습 주제	피난 준비		
오늘의 질문	책 속에서 가장 마음에 드는 구절과 이유를 적어봅시다.		|„

나의 생각

*이 활동지는 차시별로 정해진 분량을 읽고 아이들이 생각을 간단히 정리하는 학습지입니다. 차시, 읽은 분량, 오늘의 학습 주제, 오늘의 질문 내용만 다르게 채워 매 차시 사용합니다. 학교도서관저널 홈페이지에서 다운받아 사용하세요.

차시별 생각 나누기

차시	오늘의 질문
4	54쪽 마지막 부분을 읽고 다음에 일어날 일을 말해봅시다.
5	1. 모둠이 뽑은 오늘의 문장은 무엇인가요? 2. 반 전체가 뽑은 오늘의 문장은 무엇인가요?
6	읽은 부분에서 중요한 단어를 적고 그 단어를 참고해 줄거리를 전달해봅시다.

참고 자료 ①

내가 주인공이라면?

이름: 학년   반

1. 구들장이란 무엇인지 적어봅시다.

2. 전쟁이 나서 탁이네 가족은 피난을 떠나게 됩니다. 피난을 떠나면서 귀중한 물건은 구들장 밑에 숨겨두고 가는데요. 만약 여러분이 피난을 떠나야 하는 상황이 된다면 어떤 물건을 숨겨두고 가고 싶나요? -『그 여름의 덤더디』 21~22쪽 참고

숨길 물건:

이유:

참고 자료 ②

단어 정리하기

이름:　　　　　학년　　　반

1. 책에서 모르는 단어를 적고 그 뜻을 찾아봅시다.

모르는 단어	뜻

2. 전쟁통 피난길에서 탁이는 덤더디를 끝까지 데리고 가고 싶어 하고, 형은 사람의 생명도 보장할 수 없는 급박한 상황이니 덤더디는 두고 가자고 합니다. 내가 탁이라면 이런 상황에서 어떻게 할 것인가요? -『그 여름의 덤더디』 43쪽 참고

참고 자료 ③

덤더디에게 편지 쓰기

이름: 학년 반

주인공 탁이의 입장이 되어 친구이자 가족이었던 덤더디에게 하고 싶은 말을 편지글 형식으로 적어봅시다.

007 힘이 큰 말, 올바르게 사용하기

3~4 학년 문학

『우리 반 욕 킬러』

임지형 지음, 박정섭 그림, 아이세움,
140쪽, 2016

#욕 #상처를 주는 말 #언어 습관
#학급 규칙 #칭찬의 효과

욕 하려면 돈을 내세요!

남철이는 반에서 욕을 제일 잘하는 욕 킬러다. 얼마나 잘하는지 친구가 대신 해달라고 부탁까지 한다. 그러던 어느 날 학급에 이상한 규칙이 생겼다. 욕을 하려면 돈을 주고 그 기회를 사야 한다. 만약 그렇지 않으면 돈을 내야 한다. 욕을 해야만 속이 시원해지고 기분이 풀리는데, 욕을 마음대로 할 수 없다니 남철이는 이런 상황이 답답하기만 하다. 그런데 이제는 욕 이자까지 생겨 욕을 하지 않고 칭찬을 하면 돈을 받을 수 있다. 남철이는 엑스맨까지 되어 더더욱 욕을 참아야만 한다.

왜 욕을 해서는 안 되는지를 뻔한 이야기가 아닌 아이들의 입장에서 재미있고 설득력 있게 풀어낸다. 돈을 내야지만 욕을 할 수 있는 상황을 통해 자신의 언어 습관을 돌아볼 수 있고, 또 처음에는 어색

했던 칭찬하기가 관계에 활력을 주고 좋은 영향을 미칠 수 있음을 자연스럽게 느낄 수 있다. 언어 개선을 주제로 학급 회의를 하며 규칙을 정할 때 함께 읽어보고 이야기하면 좋을 책이다.

성취 기준

[4국05-02] 인물, 사건, 배경에 주목하며 작품을 이해한다.
[4국05-04] 작품을 듣거나 읽거나 보고 떠오른 느낌과 생각을 다양하게 표현한다.
[4도02-03] 예절의 중요성을 이해하고, 대상과 상황에 따른 예절이 다름을 탐구하여 이를 습관화한다.

수업 방향

- 이야기 전개의 궁금증이 유발될 수 있도록 차시별로 읽은 분량을 잘 조절한다.
- 책 내용과 관련한 생각 나누기 활동으로 자신의 의견을 잘 표현할 수 있도록 한다.
- '우리 반의 칭찬 스타 뽑기' 등의 독후 활동을 통해 책이 전하는 메시지를 다시 한 번 떠올릴 수 있도록 한다.

수업 흐름도

독서 단계	차시	읽은 분량	주제	학습 내용
독서 전	1	-	내용 추측하기	• 책 제목을 보고 어떤 뜻인지 내용 상상하기 📄-① • 말과 관련한 속담 찾아보기 📄-②
독서 중	2	7~21쪽	그림으로 표현하기	• 혜진이의 행동에 대한 생각 나누기 💡 • '욕'을 그림으로 표현하기 📄-③
	3	22~49쪽	욕을 하지 않는 방법	• 욕을 하지 않는 방법 생각해보기 💡 • 욕을 사고파는 행위에 대해 이야기 나누기 💡

독서 중	4	50~74쪽	엑스맨이 된 이유	• 친구들끼리 서로 감시하는 것에 대해 생각해보기 • 남철이가 엑스맨을 자청한 이유에 대해 이야기 나누기
	5	75~93쪽	입장 정리하기	• 욕 이자에 대한 혜진이의 입장 정리해보기
	6	94~112쪽	칭찬 차림표	• 우리 반 칭찬 차림표 만들기 -④
	7	113~135쪽	칭찬 스타 뽑기	• 우리 반의 칭찬 스타 뽑기
독서 후	8	-	동영상 보기	• 욕과 관련된 동영상 보고 이야기 나누기(https://www.youtube.com/watch?v=xrX7aM-dpYQ '욕의 반격' 참고)

세부 수업 TIP

| 1차시 |

읽기 전 내용을 추측해본다.

책 표지로 내용 추측하기 활동과 책의 주 소재인 말과 관련된 활동을 통해 독서 전, 책에 대한 흥미를 가질 수 있도록 한다.

| 2차시 |

욕에 대해 이야기해본다.

책에서는 욕을 선인장으로 표현하였는데 그 이유에 대해 먼저 생각해본다. 그 후 자신만의 또 다른 이미지로 욕을 표현해보고 이를 통해 욕에 대한 생각을 함께 나눌 수 있도록 한다.

| 3~4차시 |

욕에 대한 여러 주장에 대해 근거를 생각해본다.

이야기가 중반부로 흐르면서 다양한 사건이 등장한다. 단원별 내용과 관련된 생각 나누기 활동을 통해 읽은 내용을 점검하고 자신의 주장에 대한 근거를 제시하는 방법을 배울 수 있다.

| 6~7차시 |

우리 반 칭찬 차림표를 만들어본다.

우리 반의 칭찬 차림표를 만들고 칭찬 스타를 뽑는 활동을 통해 책 내용처럼 '욕하기'라는 부정적인 행동이 '칭찬하기'라는 긍정적인 행동으로 자연스럽게 전환될 수 있도록 구성한다.

| 8차시 |

욕을 주제로 한 다른 자료를 감상해본다.

누군가를 공격하기 위해 욕을 하면 내가 가장 먼저 듣고, 가장 먼저 읽어 스스로 자신의 뇌에 상처를 입히게 된다는 내용의 동영상 시청을 통해 책에서 발견한 메시지를 확인하고 생각을 나누도록 한다.

함께 읽으면 좋은 책

『욕 시험』 박선미 지음, 장경혜 그림, 보리, 59쪽, 2009

『욕괴물』 송보혜 지음, 장여희 그림, 파란정원, 140쪽, 2016

『우리 반 욕 반장』 박선희 지음, 조은애 그림, 책읽는달, 76쪽, 2019

『말하기 수업』 이정호 지음, 원정민 그림, 푸른날개, 160쪽, 2019

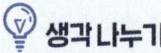 생각 나누기

차시	2차시	읽은 분량	7~21쪽
오늘의 학습 주제	내용 파악		
오늘의 질문	혜진이는 남철이에게 대신 욕을 해달라고 합니다. 여러분은 혜진이의 행동에 대해 어떻게 생각하나요? -『우리 반 욕 킬러』 8쪽 참고		
나의 생각			

*이 활동지는 차시별로 정해진 분량을 읽고 아이들이 생각을 간단히 정리하는 학습지입니다. 차시, 읽은 분량, 오늘의 학습 주제, 오늘의 질문 내용만 다르게 채워 매 차시 사용합니다. 학교도서관저널 홈페이지에서 다운받아 사용하세요.

차시별 생각 나누기

차시	오늘의 질문
3	1. 학급 회의를 통해 아이들은 욕을 하는 이유와 자주 하는 욕, 그리고 욕할 때의 기분에 대해 이야기를 나누었습니다. 또 욕을 하지 않도록 방법을 만들었는데요. 우리도 욕을 하지 않는 방법에 대해 생각해봅시다. 2. 학급에서 욕을 돈으로 사고파는 것에 대해 어떻게 생각하나요? -『우리 반 욕 킬러』 29쪽 참고
4	1. 친구들끼리 서로 감시하는 것에 대해 어떻게 생각하나요? 2. 남철이가 엑스맨을 자청한 이유는 무엇일까요?
5	만약 내가 혜진이라면 선생님께서 사비를 사용하시게 하는 것 외의 다른 좋은 방법이 있을까요?

참고 자료 ①

내용 추측하기

이름:　　　　학년　　　반

책의 앞표지입니다. 책의 제목은 어떤 뜻일지, 또 책은 어떤 내용일지 상상해서 적어봅시다.

참고 자료 ②

말과 관련한 속담 찾아보기

이름:　　　　　학년　　　반

'말'과 관련한 속담을 찾아보고 속담과 그 뜻을 적어봅시다.

속담	속담의 뜻
예) 가는 말이 고와야 오는 말이 곱다	내가 남에게 잘해야 남도 나에게 잘한다는 뜻

참고 자료 ③

'욕'을 그림으로 표현하기

이름:　　　　　학년　　　반

『우리 반 욕 킬러』에서는 '욕'을 '선인장' 그림으로 표현합니다. 만약 나라면 욕을 무엇으로 표현할지 그림으로 그려보고 그 이유도 적어봅시다.

참고 자료 ④

우리 반 칭찬 차림표 만들기

이름: 학년   반

『우리 반 욕 킬러』에서는 욕 차림표를 만들었지만, 우리는 '칭찬 차림표'를 만들어봅시다. 친구들이 가장 좋아하는 칭찬을 조사해보고, 칭찬을 할 때마다 칭찬 스티커를 받는 칭찬 차림표를 만들어보세요.

008 서로 다른 입장에서 문제 해결하기

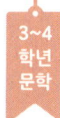

『절대 딱지』

최은영 지음, 김다정 그림, 개암나무,
128쪽, 2016

#임대 아파트 #지름길 #등굣길
#어른들의 이기심 #차별 #딱지치기

학교까지 빨리 갈 수 있는 지름길을 두고 돌아가야 한다면?

선표네 아파트 옆에 임대 아파트가 생겼다. 그래서 아파트 부녀회에서는 이웃 아파트 사람들이 마음대로 지나다닐 수 없도록 후문에 철문을 만들었다. 새로 전학 온 성화는 철문을 지나다니지 못해 10분이나 더 돌아 학교에 간다. 선표는 어려운 상황에서도 밝고 꿋꿋한 성화야말로 진짜 친구라고 생각한다. 그래서 자기가 사는 아파트 후문에 설치된 철문을 성화가 마음껏 다닐 수 있게 해주고 싶어 방법을 생각한다.

친구의 소중함을 알고 사이좋게 지내며, 서로의 입장을 이해하고 인정하는 중학년 도덕 시간에 읽고 이야기 나누기 좋은 책이다. 또한 다루고 있는 문제가 최근 우리 주변에 많이 벌어지고 있으므로 선표

네 아파트 문제를 어떻게 해결하면 좋을지 토론해보기 좋다.

성취 기준

[4국05-02] 인물, 사건, 배경에 주목하며 작품을 이해한다.

[4도02-02] 친구의 소중함을 알고 친구와 사이좋게 지내며, 서로의 입장을 이해하고 인정한다.

[4국01-02] 회의에서 의견을 적극적으로 교환한다.

수업 방향

- 책의 내용과 관련된 영상을 시청하여 더욱 현실감 있게 책에 몰입할 수 있도록 한다.
- 등장인물의 입장이 되어 출입문 사건을 해결할 수 있는 최선의 방법이 무엇인지 생각해본다.
- 바람직한 친구 관계를 생각해보고, 나의 경우와 비교해본다.

수업 흐름도

독서 단계	차시	읽은 분량	주제	학습 내용
독서 전	1	-	이웃과 잘 지내기	• 뉴스 동영상을 보고 나의 생각 이야기하기 📄-①
독서 중	2	9~42쪽	친구 관계	• 혁우의 카톡을 보고 나라면 어떻게 할지 이야기 나누기 💡 • 전학 온 아이에 대한 혁우의 반응을 보고, 혁우 엄마와 혁우의 성격 유추해보기
	3	43~77쪽	차별	• 아파트 길 출입 금지에 대한 미니 찬반 토론하기 📄-② • 선표 엄마의 친구 선택 기준을 생각해보고 자신의 생각 덧붙이기 💡

	4	78~128쪽	문제 해결	• 등장 인물 중 한 사람에게 충고하기(혁우, 혁우 엄마, 선표 엄마 등), 등장 인물 중 한 사람에게 칭찬하기 (성화, 선표, 선표 아빠, 선생님 등) 💡 • 아파트 출입에 대해 또 다른 해결 방법 논의해보기 💡
	5	-	논제 정하기	• 서울형 토론하기 📄-③
	6		토론하기	• 대표 논제 하나를 정해 반 전체 토론하기
독서 후	7	-	역할극	• 아파트 안과 밖 사람들로 나누어 역할극하기 📄-④
	8	-	딱지 접어 딱지치기	• 딱지 접기, 딱지치기, 절대 딱지 뽑기

세부 수업 TIP

| 1차시 |

임대 아파트 관련 뉴스 영상을 본다.

1차시는 책을 읽기 전에 책 속 상황을 알아보는 시간이다. 임대 아파트에 산다고 차별받는 이야기를 시청하고 자기 생각을 정리해본다. 활동지에 기재된 두 가지 영상 중 하나를 선택하여 보여주거나, 시간이 된다면 둘 다 보면 좋겠다. 다른 신문 기사나 영상을 찾아 활용해도 좋다.

| 2차시 |

따돌림하는 행동에 대한 나의 생각과 말과 행동의 중요성에 대해 이야기해본다.

2차시는 온라인에서 은근히 따돌림을 당하는 주인공의 이야기를 자기의 경험이나 주변 사람들 경험을 토대로 이야기하면서 이런 상황에 어떻게 대처하는 것이 좋을지 생각해본다. 실제로 많이 벌어지고 있는 일이므로 현실감 있게 몰입할 수 있다. 또한, 혁우의 말과 행동으로 혁우 엄마와 혁우의 성격이 어떨지 이야기 나눠보고, 말과 행동을 바르게 하는 것이 얼마나 중요한지 생각해본다. 성격 유추 활동은 따로 활동지에 기록하지 않고 간단하게 묻고 답하는 형식으로 진행한다.

| 3차시 |

아파트를 지나가지 못하도록 문을 설치한 것에 대해 이야기를 나눠본다.

이번 차시에 읽은 이야기는 임대 아파트 사람들이 지나다니지 못하도록 아파트 후문에 철문을 만드는 부분이다. 그 길이 막히면 임대 아파트 아이들은 학교를 갈 때 먼 길로 돌아가야 하므로 등하교가 힘들어진다. 어른들의 이기심으로 문을 설치하는 것에 대해 학생들은 어떻게 생각하는지 의견을 듣는 시간이다. 찬반 토론은 먼저 찬성과 반대에 대한 생각을 모두 적도록 하고, 실제 짝꿍과 찬반 토론할 때에는 찬성, 반대를 교사가 정해주어도 좋다. 어떤 상황에서라도 자기 생각에 근거를 댈 수 있도록 하는 방식으로, 하나의 문제를 여러 방향으로 생각해보게 한다. 짝 토론 후 다른 팀의 이야기를 듣고 최종적으로 찬성인지, 반대인지 자기 생각을 정리하는 시간을 갖는다.

| 5~6차시 |

서울형 토론을 진행한다.

서울형 토론을 진행할 때 활동지 1번의 중심 낱말은 교사와 학생이 함께 이야기를 나눈 후 적는 것이 효과적이다. 내용 이해를 위한 질문은 책 속에서 답을 찾을 수 있는 질문을 하도록 한다. 중심 낱말에 있는 단어를 활용하여 질문을 만들어도 좋다. 토론 주제는 답이 정해져 있지 않은 질문으로 만들고, 모둠원과 질문을 만든 이유도 이야기한다. 모둠의 질문 중 토론 거리로 가장 적당한 질문을 하나 선택하여 토론한다.

| 7차시 |

역할극을 해본다.

역할극을 진행할 때 아파트 안과 밖 사람들 역할을 학생들이 모두 경험할 수 있도록 여러 번 진행한다. 양쪽의 상황을 다 경험해서 입장이 한쪽으로 치우치지 않도록 하고, 아파트 밖에 사는 사람들 역할만 맡아 상처받지 않도록 한다.

| 8차시 |

딱지치기를 하면서 공감을 높인다.

딱지 접어 딱지치기는 주인공이 왜 이 놀이를 좋아하는지 경험해보는 시간이다. 실제 딱지치기를 하면서 기분이 어떤지 생각해보고, 딱지가 뒤집힐 때 어떤 기분이었는지 느낌을 나눠보면 좋겠다.

함께 읽으면 좋은 책

『귀족놀이』 원유순 지음, 이예숙 그림, 밝은미래, 160쪽, 2016

『우리 집이 더 비싸거든』 강효미 지음, 마정원 그림, 파란정원, 96쪽, 2010

『놀이터를 돌려줘』 원유순 지음, 조윤주 그림, 라임, 123쪽, 2017

 생각 나누기

차시	2차시	읽은 분량	9~42쪽
오늘의 학습 주제	친구 관계		
오늘의 질문	혁우는 선표를 제외한 다른 친구들과 새로운 카톡방을 만들어 떡볶이집으로 모이라고 메시지를 보냅니다. 태현이는 당연히 선표도 함께 가는 줄 알고 떡볶이 이야기를 하고 선표는 자기만 빼고 카톡방을 만들었다는 사실에 당황합니다. 만약 나에게 이런 상황이 벌어진다면 나는 어떤 기분일까요? 또 앞으로 어떻게 행동할 것 같나요? -『절대 딱지』 15쪽 참고		
나의 생각			

*이 활동지는 차시별로 정해진 분량을 읽고 아이들이 생각을 간단히 정리하는 학습지입니다. 차시, 읽은 분량, 오늘의 학습 주제, 오늘의 질문 내용만 다르게 채워 매 차시 사용합니다. 학교도서관저널 홈페이지에서 다운받아 사용하세요.

차시별 생각 나누기

차시	오늘의 질문
3	선표 엄마는 처음에 성화가 혁우의 과학 경진대회 설계도를 보고 조언을 해주었다는 이야기를 듣고 공부 잘하는 아이와 친하게 지내는 것을 좋아했습니다. 하지만 나중에 임대 아파트 아이라는 것을 알고 태도가 돌변하는데요. 선표 엄마의 친구 사귀기 기준은 무엇인 것 같나요? 이런 선표 엄마에 대한 여러분의 생각을 적어봅시다.
4	1. 『절대 딱지』에는 여러 유형의 인물(혁우, 혁우 엄마, 선표 엄마, 성화, 선표, 선표 아빠, 선생님 등)이 등장합니다. 충고하고 싶은 사람에게 충고를, 칭찬하고 싶은 인물에게는 칭찬을 해줍시다. 충고나 칭찬을 할 때는 이유를 구체적으로 적습니다. 2. 아파트 출입 딱지를 두고 선표는 친구와 딱지치기를 하기로 합니다. 딱지치기에서 진 선표는 출입 딱지를 성화에게 주는데요. 여러분이라면 이런 문제를 어떤 방법으로 해결하고 싶나요?

참고 자료 ①

영상 시청하며 생각 정리하기

이름: 학년 반

- '임대 세대 어린이는 놀이터 사용 금지 논란' 뉴스 동영상

  https://news.sbs.co.kr/news/endPage.do?news_id=N1002657019

- 「EBS 미니 학교의 진실」 임대 아파트 아이들이 다니는 초등학교는 학생 수가 줄어든다.

  1부: https://www.youtube.com/watch?v=KBNSdDw8IP8

  2부: https://www.youtube.com/watch?v=BKLHwxa3Ny4

  3부: https://www.youtube.com/watch?v=5l9jBUalEP8

1. 위의 기사와 영상을 보고 나의 생각을 정리해봅시다.

무슨 일이 일어났나요?	
왜 이런 문제가 생겼나요?	
이런 문제를 일으킨 어른들을 어떻게 생각하나요?	
나라면 이런 상황에서 어떻게 하고 싶나요?	

2. 이웃과 잘 지내기 위해서 우리가 할 수 있는 일은 무엇일까요?

참고 자료 ②

찬반 토론하기

이름:　　　　　학년　　　반

선표네 아파트는 주변의 임대 아파트 아이들이 아파트 안쪽 길을 지나다니지 못하도록 후문에 철문을 설치합니다. 이런 부녀회의 결정에 대해 어떻게 생각하는지 아래 찬반 예시처럼 나의 생각을 찬반의 입장에서 모두 써보고 친구들과 이야기 나눠봅시다.

찬성 : 아파트 안쪽 길은 그 아파트 땅이기 때문에 다른 아파트 사람들이 드나들게 해서는 안 됩니다. 따라서 부녀회의 결정은 옳다고 생각합니다.

반대 : 아파트 길이 아파트 소유의 땅이라고 해도 아이들이 다닐 수 있도록 해주어야 합니다. 가까운 길을 두고 멀리 돌아서 학교를 다니게 하는 것은 너무합니다. 지역 사회에 불화를 조장하는 부녀회의 결정은 옳지 않습니다.

나의 생각

저는 찬성합니다.
왜냐하면,

저는 반대합니다.
왜냐하면,

친구들의 의견을 들은 후의 나의 생각은

참고 자료 ③

서울형 토론하기

학년   반
이름:

1. 책을 읽고 떠오르는 낱말과 내용 이해를 위한 질문을 만들어보세요.

중심 낱말	
내용 이해를 위한 질문	1.
	2.

2. 내가 모둠 친구들과 토론해보고 싶은 토론 주제(질문)와 그 토론 주제(질문)를 선택한 이유를 써보세요.

개인 질문	
질문을 만든 이유	

3. 모둠 친구들의 토론 주제(질문)를 들어보고 그중에서 모둠 대표 논제(질문)를 골라보세요.

이름			
논제 (질문)			
대표 논제			
대표 논제를 선택한 이유			

4. 대표 논제 중 우리 반 전체 논제로 적당한 논제를 하나 선택하여 토론을 진행해봅시다.

토론 주제 (우리반 대표 질문)	
나의 생각과 근거	
최종 정리	

참고 자료 ④

역할극 하기

이름:　　　학년　　반

아파트에 살고 있는 사람들과 다른 곳에 살지만 아파트 안쪽 길을 이용하고자 하는 사람들로 역할을 나누고 각자의 입장이 잘 드러나도록 대본을 만들어봅시다.

등장인물	
배경	
사건	
대본 (시나리오)	

009 남에게 전해 듣는 말의 왜곡

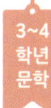

『그 소문 들었어?』

하야시 기린 지음, 쇼노 나오코 그림,
김소연 옮김, 천개의바람, 64쪽, 2017

#소문의 힘 #가짜 뉴스 #진실과 거짓
#어리석음 #말 전하기

욕심 많은 금색 사자와 어리석은 동물들

속담에 "말 한마디로 천 냥 빚을 갚는다."라는 말이 있다. 그만큼 말이 중요하다는 이야기다. 그런데 요즘은 미디어의 발달로 확인되지 않은 말이 빠른 속도로 전달되면서 많은 부작용을 낳고 있다. 『그 소문 들었어?』는 이런 부작용을 단적으로 보여준다. 금색 사자는 어마어마한 부자지만 주변 동물들에게 신임을 얻지 못한다. 반면 은색 사자는 주변 동물들을 도와주며 조용히 살아가는 착한 사자다. 왕이 되고 싶은 금색 사자는 은색 사자에 대한 나쁜 소문을 퍼뜨리고 동물들은 그 소문을 믿고 금색 사자를 왕으로 선출한다.

수많은 정보 속에서 거짓과 진실을 가려내는 일이 얼마나 중요한 것인지 책을 통해 알 수 있다. 관련 도서도 함께 읽으며 소문이 우리 사회에 미치는 영향을 이야기하고 소문이나 가짜 뉴스에 휩쓸리지 않기 위해 어떻게 하면 좋을지 이야기 나눠보기 좋다.

성취 기준

[4국01-04] 적절한 표정, 몸짓, 말투로 말한다.
[4국05-03] 이야기의 흐름을 파악하여 이어질 내용을 상상하고 표현한다.
[4국03-05] 쓰기에 자신감을 갖고 자신의 글을 적극적으로 나누는 태도를 지닌다.

수업 방향

- 책 조각 맞추기를 진행할 때는 서로 협동하여 적극적으로 내용을 의논할 수 있도록 한다.
- 책을 읽을 때 역할과 상황에 맞게 실감 나게 읽으면 내용 이해에 도움이 된다.
- 열린 결말이므로 뒷이야기를 상상하여 쓰기로 마무리하면 좋다.
- 짧은 이야기라 한 차시에 책을 모두 읽고 활동할 수 있도록 구성하였다.
- 책 조각 맞추기는 학생들에게 의논하고 타협할 수 있는 시간을 넉넉하게 주기 위하여 2차시로 구성하였다. 다만, 형편상 시간을 줄여야 한다면 학생들이 조각을 이어 내용을 유추하는 협의 과정을 줄여 1차시로 끝낼 수 있다.

수업 흐름도

독서 단계	차시	읽은 분량	주제	학습 내용
독서 전	1	-	내용 추측하기	• 책 표지 보고 사자가 어떤 인물일지 추측하기 📄-① • [개인] 책 조각 선택 후 읽기 📄-② • [모둠] 책 조각 시간 순서대로 맞춰보기
	2			• [전체] 책 조각 정보 공유하기 • [모둠] 공유한 정보를 모아 내용 추측하기 📄-③ • 추측한 내용 발표하기
독서 중	3	6~61쪽	내용 확인하기	• 속지 그림을 보고 어떤 장면인지 이야기 나누고, 주변 사람들에게 어떻게 설명할지 발표하기 💡 • 다양한 방법으로 읽기(번갈아 읽기, 돌려 읽기, 교사가 읽어주기) • 활동지로 생각 정리하기 📄-④
독서 후	4	-	서울형 토론	• 서울형 토론하기 📄-⑤ • 전체 토론하기
	5	-	뒷이야기 쓰기	• 4쪽 책에 이야기 상상하여 쓰기 📄-⑥ • 출판 발표회 하기

| 1차시 |

책 조각을 나눈다.

책 조각은 학급 인원수에 맞게 조정한다. 조각이 모자란 경우 책을 읽고 추가한다. 본문 내용을 적어 넣고 자른 조각을 모둠 인원대로 나눠주며, 모둠원이 한 조각씩 갖도록 한다. 자기가 가진 책 조각을 읽어주어 모둠원이 어떤 조각을 가지고 있는지 정보를 나눈다. 그 후 책 조각을 순서대로 맞추면서 충분히 의논하여 내용을 정리하도록 한다. 활동지에 책 조각을 그대로 적지 않고 조각을 맞춘 후 간략하게 이야기를 구성하여 적도록 한다. 1차시에 모둠 대표를 정해 모둠의 조각 이야기를 정리하고 2차시의 모둠 정보를 공유할 때 발표자 역할을 한다.

| 2차시 |

책 조각에 대한 정보를 주고받는다.

책 조각 공유하기 시간은 5분(시간이 부족할 경우 3분)으로 제한한다. 자기 모둠을 제외한 다른 모둠 친구들을 만나 자신의 정보를 보여주고 상대방의 정보를 얻어 활동지에 적는다. 제한 시간이 끝나면 자리로 돌아와 공유한 정보를 모둠원과 의논하여 이야기를 만든 후 활동지 3번에 적도록 한다. 완성된 이야기는 모둠판에 적어 발표한다. 자석 모둠판을 이용하면 칠판에 붙여 활용하기 좋다.

※ 주의: 책 조각 정보를 공유하며 자기 조각을 주고 다른 모둠원의 조각을 가지고 오는 학생도 있다. 반드시 자기 조각을 가지고 있어야 함을 시작 전에 알린다.

| 3차시 |

앞 속지 그림으로 내용을 유추해본다.

본문을 읽기 전 앞 속지 그림을 보고 이야기 나눈다. 처음에 두 개의 그림을 보여주고 어떤 점이 다른지 이야기한다. 그 후 첼로를 켜고 있는 그림은 가리고, 새를 안고 있는 그림을 보며 무엇을 하는 장면인지 학생들의 생각을 듣는다. 그 그림을 보고 주변 사람들에게 설명한다면 무엇이라고 전할 것인지 묻는다. 책을 끝까지 읽은 후 뒤 속지 그림을 보고 앞 속지 그림과 달라진 점을 이야기한다. 그리고 작가가 우리에게 이 그림을 보여주는 이유가 무엇일지 생각해본다. 3차시 생각 나누기를 진행할 경우 1~4번까지는 질문에 대한 학생들의 답을 들어보기만 하고, 5번 질문에는 직접 생각을 적어보도록 한다. 5번 질문은 작가가 이 책을 쓴 이유 즉, 주제와 관련 있다는 것을 학생들에게 이야기해준다. 수업에서 학생들이 가장 많이 한 대답은 "눈에 보이는 것이 전부가 아니다.", "내가 직접 본 것이 아니면 믿지 마라. 그렇지만 내가 본 것도 실제로 확인하기 전에는 믿을 수 없다.", "소문은 진짜인지 꼭 확인해야 한다."이다. 그중에서 가장 인상 깊었던 대답이 있다. "앞 속지에는 사람과 동물이 모두 등장하는데, 뒤 속지에는 사람이 없고 그나마 있던 동물도 그림 밖으로 나오고 있어요. 앞 속지는 이야기가 시작되기 전이라 등장인물들이 모두 있는 것 같고, 뒤 속지는 '황폐해진 땅에는 이제, 아무도 없다.'라고 이야기가 끝나고 있으니 사람도 새도 무대에서 퇴장하는 것 같아요. 그래서 아무것도 남지 않게 된 것 같아요."

    책을 읽을 때는 교사와 학생이 번갈아 읽으면 더 효과적이다. 같은 책을 학생 수만큼 준비하지 못하는 경우, 책을 스캔하여 화면으로 읽도록 한다. 다만, 학생이 읽을 때는 실물 책을 주고 해당 페이지를 읽을 수 있게 한다. 학생들이 돌아가면서 읽는 경우에 읽어주는 학생이 실물 책을 읽는 동안, 듣는 학생들은 화면으로 삽화와 내용을 확인해도 좋다.

| 5차시 |

출판 발표회를 진행한다.

친구들이 완성한 '뒷이야기 상상하기' 활동지를 전시한다. 모두 자유롭게 돌아다니며 친구들이 적은 이야기를 읽고 자신이 쓴 이야기와 비교해본다. 이때 간단한 다과를 준비하는 것도 좋다. 또한 읽으면서 잘 썼다고 생각하는 친구에게 스티커를 붙여주어 최우수 작품과 우수 작품을 뽑아 간단하게 선물을 주는 것도 좋다. 선물은 교사가 학급 운영비로 준비하고, 글을 쓰기 전에 미리 공지하면 아이들이 글쓰기에 조금 더 성의를 갖게 될 것이다.

함께 읽으면 좋은 책

『감기 걸린 물고기』 박정섭 지음, 사계절, 56쪽, 2016

『가짜 뉴스를 시작하겠습니다』 김경옥 지음, 주성희 그림, 내일을여는책, 140쪽, 2019

『소문 바이러스』 최형미 지음, 이갑규 그림, 킨더랜드, 168쪽, 2017

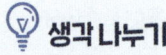 생각 나누기

차시	3차시	읽은 분량	6~61쪽
오늘의 학습 주제	내용 확인하기		
오늘의 질문	1. 앞 속지 그림을 살펴봅시다. 비슷한 듯 보이지만 매우 다른 그림인데요. 어떤 점이 다른지 이야기해봅시다. 2. 내가 만약 첼로를 켜고 있는 그림을 다른 사람에게 설명한다면 뭐라고 말할 건가요? 3. 뒤 속지 그림을 살펴봅시다. 앞 속지 그림과 어떤 점이 다른가요? 4. 앞 속지, 뒤 속지 그림을 동시에 살펴봅시다. 앞에서 그림을 보고 우리가 말했던 것들은 사실이었을까요? 우리가 이해했던 것과 다른 그림일 경우도 생각해보고 이야기해봅시다. 5. 작가가 책의 앞과 뒤에 이렇게 그림을 넣은 이유는 무엇일까요?		
나의 생각			

참고 자료 ①

책 표지로 등장인물 추측하기

이름: 학년 반

1. 책 표지를 보고 첫인상을 써봅시다.

첫인상 :

위와 같이 생각한 이유는

2. 삽화를 보고 등장인물의 성격을 파악해봅시다.

금색 사자	은색 사자

3. 책의 내용을 추측해봅시다.

등장인물 :

배경 :

사건 :

참고 자료 ②

책 조각으로 이야기 추측하기

본문 내용을 적어 넣고 한 칸씩 잘라 아이들에게 나누어준 후 책 조각으로 이야기 추측하기 활동을 합니다. 인원에 따라 책 조각 수를 조정할 수 있습니다.

금색 사자는 자랑스러운 듯이 가슴을 폈습니다. "금색 갈기를 갖고 태어난 나야말로 하늘이 선택한 존재지."
"있지, 그거 알아? 마을 변두리에 마음씨가 고운 사자가 살고 있대."

올빼미 아주머니가 외쳤습니다.
"은색 사자는 아주 친절하고 훌륭한 사자예요. 태풍으로 부서진 우리 집을 흙투성이가 되어 가며 열심히 고쳐주었다고요."

새로운 왕은 나라를 멋대로 다스렸습니다.

"어째서 이 나라는 이렇게 되어 버린 걸까?"

새들도 나뭇가지 사이에서 속삭였습니다.
"그래그래, 그 사자야말로 왕에 어울려."

참고 자료 ③

책 조각으로 이야기 추측하기

이름: _____ 학년 ___ 반 ___

1. 내가 가진 책 조각은 무엇인지 적어보세요.

2. 우리 모둠이 가진 책 조각을 바탕으로 이야기를 유추해봅시다.

3. 내가 모은 책 정보를 적어보세요.

참고 자료 ④

생각 정리하기

이름: 학년   반

1. 책 속 인물의 정보를 정리해봅시다.

인물 이름 / 별명	생김새(외모, 옷차림)	성격

2. 주인공은 다른 등장인물을 통해 무엇을 배우고 깨달았을까요?

3. 독자인 '나'는 등장인물을 통해 무엇을 배우고 깨달았나요?

4. 이 책에서 일어난 주요 사건은 무엇인가요?

5. 위 사건은 우리에게 어떤 교훈을 주나요?

6. 작가가 우리에게 말하고자 하는 주제는 무엇인가요?

7. 이 책을 읽고 어떤 점이 궁금한가요? 질문을 만들어봅시다.

참고 자료 ⑤

서울형 토론하기

이름:　　　　　학년　　　반

1. 책을 읽고 떠오르는 낱말과 내용 이해를 위한 질문을 만들어보세요.

중심 낱말	
내용 이해를 위한 질문	1.
	2.

2. 내가 모둠 친구들과 토론해보고 싶은 토론 주제(질문)와 그 토론 주제(질문)를 선택한 이유를 써보세요.

개인 질문	
질문을 만든 이유	

3. 모둠 친구들의 토론 주제(질문)를 들어보고 그중에서 모둠 대표 논제(질문)를 골라보세요.

이름			
논제 (질문)			
대표 논제			
대표 논제를 선택한 이유			

4. 대표 논제 중 우리 반 전체 논제로 적당한 논제를 하나 선택하여 토론을 진행해봅시다.

토론 주제 (우리반 대표 질문)	
나의 생각과 근거	
최종 정리	

참고 자료 ⑥

뒷이야기 상상하기

이름:　　　　　학년　　　반

뒷이야기를 상상하여 4쪽의 책으로 만들어봅시다.

010 장애아의 친구, 가족으로 산다는 것

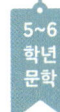

『아름다운 아이』

R. J. 팔라시오 지음, 천미나 옮김,
책과콩나무, 480쪽, 2012

#장애아 #안면 기형 #친구 #가족 #학교생활
#서로 다른 입장

나는 내가 평범한 열 살 소년이 아님을 잘 알고 있다

선천적인 안면 기형 장애를 가진 열 살 아이, 어거스트 풀먼의 이야기다. 집에만 있던 어거스트는 5학년이 되면서 학교에 다니게 된다. 그곳에서 만난 친구들과의 이야기를 담았다. 이야기를 보여주는 방식이 특이한데, 어거스트, 어거스트 누나, 어거스트의 친구들 입장에서 이야기를 들려준다. 따라서 여러 가지 시각에서 어거스트를 바라보고 이해할 수 있게 되고, 각자의 입장이 퍼즐처럼 맞춰지며 이야기가 완성된다.

장애가 있는 친구들을 이해하는 수업을 할 때 읽으면 좋다. 많은 장애 관련 도서가 있지만 이 책은 장애를 가진 아이뿐만 아니라 그 주변 사람들이 각자의 입장에서 겪는 일까지 접할 수 있어 더 유익하다. 또한 자신의 입장만 생각하기 쉬운 아이들에게 주변 친구의 입장을 헤아려보게 한다.

성취 기준

[6국05-05] 작품에 대한 이해와 감상을 바탕으로 하여 다른 사람과 적극적으로 소통한다.

[6국05-06] 작품에서 얻은 깨달음을 바탕으로 하여 바람직한 삶의 가치를 내면화하는 태도를 지닌다.

[6도01-02] 자주적인 삶을 위해 자신을 이해하고 존중하며 자주적인 삶의 의미와 중요성을 깨닫고 실천 방법을 익힌다.

[6도03-02] 다양한 갈등을 평화적으로 해결하는 것의 중요성과 방법을 알고 평화적으로 갈등을 해결하려는 의지를 기른다.

수업 방향

- 책이 두꺼워서 10차시에 모두 읽는 것은 불가능하므로 중요한 챕터만 골라서 읽도록 수업을 설계하였다.
- 읽기에 집중하고, 이외의 활동은 최소화하였다.
- 친구들 입장에서 쓰여진 챕터는 모둠별로 나눠 읽는다.

수업 흐름도

독서 단계	차시	읽은 분량	주제	학습 내용
독서 전	1	~27쪽	책 내용 추측하기	• 표지 그림과 제목의 의미 생각해보기 • 원제 'Wonder'가 '아름다운 아이'로 번역된 이유 생각해보기
독서 중			어거스트	• 어거스트에 대해 이야기해보기(이름, 나이, 소원, 학교에 다니지 않는 이유 등) 💡

독서 중	2	28~63쪽	학교	• 학교에 대한 어거스트의 속마음을 생각해보기 💡
	3	64~92쪽	친절	• 9월 금언에 대해 생각해보기 💡
	4	93~131쪽	친구	• 어거스트의 마음 생각해보기 💡
	5	132~162쪽	비아	• 어거스트 누나 비아는 어떤 사람일지 생각해보기 💡
	6	163~188쪽	어거스트의 엄마, 비아 엄마	• '어거스트 엄마'와 '비아 엄마'라는 말이 갖는 의미에 대해 생각해보기 💡
	7	-	인물별 나눠 읽기	• 모둠별로 서머, 잭, 저스틴, 미란다의 부분을 나눠 읽기 (또는 한 모둠의 구성원이 각자 다른 인물을 읽어도 된다.) • 읽고 난 후 활동지에 각 인물의 특징이 드러나게 표정을 그리고 말풍선 채워보기 📄-①
	8	-	인물이 되어 내용 공유하기	• 각자 읽었던 내용을 다른 모둠과 공유하기
	9	-	이야기의 마무리	• 수업 시간에 읽지 못한 부분은 교사가 스토리텔링해 주거나, 아이들이 각자 묵독하기
독서 후	10	471~474쪽	금언	• 브라이언 선생님의 금언을 훑어보며 그 의미 생각하기 • 나의 금언을 정해 책갈피로 만들어보기 • 함께 읽으면 좋은 책과 영화 「윈더」를 감상하고 이야기 나누기

세부 수업 TIP

| 7~8차시 |

모둠별로 역할을 정해 책을 읽은 후 다른 모둠에게 설명해준다.

모둠별로 하나의 인물을 맡아 1차시 동안 읽는다.(같은 모둠의 구성원들이 각자 한 명의 인물을 맡아 읽어나가는 것도 좋다.) 예를 들면 1모둠은 어거스트의 친구 서머, 2모둠은 잭, 3모둠은 비아의 남자친구 저스틴, 4모둠은 비아의 친구 미란다 부분을 읽은 후 각자 읽은 부분에 대해 이야기해주거나 글로 적어 전체 내용을 공유한다. 그 인물에 대해 궁금한 부분을 질문하도록 유도하면 아이들의 참여를 더욱 높일 수 있다. 활동지에 인물의 특징이 드러나게 표정을 그린 후 왜 그렇게 그렸는지 이야기하며 인물에 대한 생각을 공유한다.

10차시

함께 읽으면 좋은 책과 영화 「원더」를 감상한다.

어거스트의 친구인 줄리안, 샬롯, 크리스 이야기가 책으로 출판되어 있다. 이 책들도 함께 보여주며 『아름다운 아이』에 등장했던 친구들이 어떤 생각으로 어거스트를 대했는지 생각해본다면 독서 활동이 더 풍부해질 것이다.

이 책을 원작으로 한 영화 「원더」를 함께 보고 책과 비교하며 이야기를 나눠보면 좋겠다. 영화는 책 속 모든 이야기를 담고 있지 않고 하이라이트만 담고 있는데 왜 그렇게 만들어졌을지 그리고 영화와 책에서 표현하는 어거스트의 모습이 다른데 그 이유가 무엇일지 생각해보면 좋겠다.

함께 읽으면 좋은 책

『드럼, 소녀 & 위험한 파이』 조단 소넨블릭 지음, 김영선 옮김, 시공사, 288쪽, 2007

『아름다운 아이 샬롯 이야기』 R. J. 팔라시오 지음, 천미나 옮김, 책과콩나무, 208쪽, 2017

『아름다운 아이 크리스 이야기』 R. J. 팔라시오 지음, 천미나 옮김, 책과콩나무, 144쪽, 2017

『아름다운 아이 줄리안 이야기』 R. J. 팔라시오 지음, 천미나 옮김, 책과콩나무, 144쪽, 2015

+ 영화

「원더」 Wonder, 2017

💡 생각 나누기

차시	1차시	읽은 분량	~27쪽
오늘의 학습 주제	어거스트		
오늘의 질문	어거스트는 얼굴 기형 장애아입니다. 어릴 적부터 많은 수술을 하는 바람에 집에서만 공부하다가 5학년이 되어서야 학교에 다닐 수 있게 됩니다. 하지만 어거스트는 학교에 가기 싫어하고 부모님은 학교에 다녀야 한다고 생각합니다. 여러분은 누구의 말에 공감하나요?		
나의 생각			

*이 활동지는 차시별로 정해진 분량을 읽고 아이들이 생각을 간단히 정리하는 학습지입니다. 차시, 읽은 분량, 오늘의 학습 주제, 오늘의 질문 내용만 다르게 채워 매 차시별 사용합니다. 학교도서관저널 홈페이지에서 다운받아 사용하세요.

💡 차시별 생각 나누기

차시	오늘의 질문
2	어거스트가 학교를 구경하고 온 후, 학교에 가고 싶다고 마음이 바뀐 이유에 대해 생각해봅시다.
3	1. 브라이언 선생님의 9월 금언 "만약 옳음과 친절 가운데 하나를 선택해야 한다면, 친절을 택하라."는 말의 의미를 생각해봅시다. 2. 9월 금언에서 말하는 친절은 어떤 뜻일까요? 한 문장으로 표현해봅시다.
4	어거스트는 치즈터치처럼 친구들이 자신에게 닿으려 하지 않는다는 것을 느낍니다. 또한 할로윈 복장을 하고 친구들이 자신을 어떻게 생각하고 있는지 엿듣게 됩니다. 어거스트의 마음이 어땠을지 어거스트 입장에서 생각해봅시다.
5	어거스트의 누나 비아는 어떤 사람일지 책 속 문장이나 단어를 근거로 이야기해봅시다.
6	"다시 어거스트의 엄마로 되돌아갔다. 잠시 드러났던 비아 엄마는 자취를 감추었다."라는 말의 의미를 생각해봅시다. -『아름다운 아이』 176쪽 참고

참고 자료 ①

인물의 특징이 드러나는 표정과 말

이름: 학년 반

어거스트의 주변 인물들 이야기를 읽은 후 성격이 드러나게 표정을 그려보고 말풍선에는 각 인물들이 어거스트에게 하고 싶은 말은 무엇일지 상상하여 써 봅시다.

011 일제 강점기의 가려진 피해자

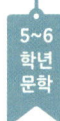

『할머니의 수요일』

이규희 지음, 김호민 그림, 주니어김영사,
180쪽, 2017

#일제 강점기 #'위안부' 피해자 #끌려감
#계속되는 수요 집회 # 받지 못한 사과

매주 수요일마다 할머니가 놓을 수 없었던 일

작가가 일본 '위안부' 피해자 할머니들의 보금자리인 '나눔의 집'을 찾아 할머니들의 증언을 듣고, 관련 자료를 토대로 완성한 동화『두 할머니의 비밀』을 13년 만에 개정한 책이다.

6학년 다영이는 김순덕 할머니(실존 인물)를 직접 만나 취재하면서 할머니의 가슴 아픈 이야기를 듣는다. 이 과정에서 다영이의 친할머니 또한 일본 '위안부' 피해자였다는 사실이 밝혀지고, 다영이는 할머니들의 아픔이 그 시대에 끝난 것이 아니라 현재도 계속되고 있다는 것을 깨닫는다. 따라서 자신 역시 잊어서는 안 될 역사적 문제임을 알게 된다.

이 책은 일제 강점기 역사와 인권에 대해 생각하고 이야기할 수 있어 사회 및 도덕 교과와 연계해 수업하기 좋다.

성취 기준

[6국05-05] 작품에 대한 이해와 감상을 바탕으로 하여 다른 사람과 적극적으로 소통한다.
[6사02-01] 인권의 중요성을 인식하고 인권 신장을 위해 노력했던 옛 사람들의 활동을 탐구한다.
[6도03-01] 인권의 의미와 인권을 존중하는 삶의 중요성을 이해하고, 인권 존중의 방법을 익힌다.

수업 방향

- 인물의 상황과 살아온 삶, 겪었던 아픔들을 생각하면서 읽는다.
- 일본 '위안부' 피해자 문제와 인권에 대해 생각해본다.
- 일제 강점기의 시대적 배경을 살펴보고, 과거 역사가 현재까지 이어지는 다양한 부분에 대해 이야기 나눈다.

수업 흐름도

독서 단계	차시	읽은 분량	주제	학습 내용
독서 전	1	-	사전 지식과 생각 나누기	• 표지를 보고 일본 '위안부' 피해자, 소녀상에 대해 알고 있는 사전 지식 나누기 • 일본 '위안부' 피해자와 관련한 그림책 또는 짧은 단편을 읽고 생각 나누기 ※관련 그림책 : '함께 읽으면 좋은 책' 참고
독서 중	2	14~40쪽	일제 강점기	• 일제 강점기의 시대적 배경 알아보기 💡 (시대적 배경을 간단하게 설명 후 '생각 나누기' 진행)
	3	41~61쪽	순덕이	• 순덕이의 상황 이해하기 💡
	4	62~81쪽	아리랑	• 아리랑을 듣고 생각과 느낌 표현하기 💡
	5	62~81쪽	군산 할머니	• 군산 할머니의 비밀 생각해보기 💡

	6	112~131쪽	김순덕 할머니의 선택	• 김순덕 할머니의 선택에 대해 생각해보기 💡
	7	132~155쪽	할머니들의 그림전	• 일본 '위안부' 피해자 할머니들의 실제 작품을 보고 생각과 느낌 표현하기 📄-①
	8	156~179쪽	할머니의 수요일	• 수요 집회를 위한 피켓 문구 만들어보기 📄-②
독서 후	9	-	편지 쓰기	•「소녀 이야기」(Herstory, 2011, 11분) 애니메이션을 함께 본 후, 일본 '위안부' 피해자 할머니들에게 편지 쓰고 발표하기 📄-③
	10	-	모둠 토론	• 일본 '위안부' 피해자 할머니들을 위해 초등학생으로서 우리가 할 수 있는 일은 무엇일까?'란 주제로 모둠 토론 후 발표하기

세부
수업
TIP

| 1차시 |

일본 '위안부' 피해자 관련 그림책을 미리 읽어보고 단어의 의미를 알아본다.

6학년 1학기 사회 교과서 1단원에 사진과 함께 수록되어 있으므로 사회 교과의 일제 강점기 역사·인권 부분과 연계하면 좋다. 책을 읽기 전에 일본 '위안부' 피해자에 대해 알고 있는 사전 지식을 함께 공유해보길 권한다. 관련 그림책 중에 하나를 선택해서 함께 보아도 좋고, 모둠별로 나누어 선택해서 읽어도 좋다. '위안부'라는 단어의 의미도 함께 찾아보기를 바란다.

앞표지에 '평화의 소녀상' 사진이 있는데, 선생님이 평화의 소녀상에 담긴 의미를 설명해주면 좋겠다. 본문을 읽기 전에 '작가의 말'을 함께 읽고, 작가가 이 책을 쓰게 된 이유를 미리 알면 더 진지하게 책을 읽을 수 있다.

| 2차시 |

'일제 강점기'라는 시대적 배경에 대해 알아본다.

책 속에 '신사 참배'나 '조선어 금지', '3.1 독립 만세' 등 시대를 짐작할 수 있는 단어들이 나온다. 책을 읽을 때 시대적 배경을 짐작할 수 있는 부분을 체크하면서 읽는다. 책을 읽은 후, 일제강점기의 시대적 배경에 대해 선생님이 간단하게 설명하고 생각 나누기를 진행한다. 시간이 된다면 책 속에 나온 사건에 대해 조사해보는 것도 좋다.

| 4~5차시 |
함께 아리랑을 부르며 죽음을 위로하는 부분을 읽어본다.

'위안부' 이야기가 초등학생에게는 충격적이고 버거운 주제일 수 있다. 특히 일본군에게 순결을 빼앗기는 장면이 가장 조심스러운 부분이다. 그러므로 4~5차시에는 묵독으로 읽거나 선생님이 읽어주는 것을 권한다. 4차시에 읽을 챕터 '끌려온 여자들'에는 가장 나이가 어린 이쁜이가 죽은 후 위안소 여자들이 함께 아리랑을 부르는 부분이 있다. 이 부분에서 학생들에게 아리랑을 들려주면서 느낌과 감동을 나눈다. 4차시 시작 전에 아리랑을 들려주고, 책을 읽은 후에 아리랑을 다시 들려주는 방식을 통해 나의 감정이 어떻게 달라졌는지 그 차이도 함께 이야기해본다.

| 6차시 |
아픔을 당당하게 밝히는 부분을 읽고 서로의 생각을 나눠본다.

고향에 돌아와서도 그 일을 숨기고 살아야만 했던 시대적 상황과 인물의 마음을 생각하면서 읽는다. 해방이 되고 세월이 흐른 후 할머니가 되어서 각자 다른 선택을 하게 된다. 김순덕 할머니는 전쟁 중에 겪은 일을 계속 숨기고 살아가다가 결국 자신이 일본 '위안부' 피해자라는 사실을 당당하게 밝힌다. '예전에는 왜 숨기면서 살아야만 했을까?', '일본 '위안부' 피해자라는 사실을 공개하기로 결심하게 된 이유는 무엇일까?', '만약 나의 가족이었다면 나는 어떤 마음이 들까?' 등 여러 질문을 만들어보고 함께 생각을 나눈다.

| 9~10차시 |

관련 영상을 본 후, 할머니에게 편지를 써본다.

김준기 감독의 다큐 애니메이션인 「소녀 이야기」 또는 김순덕 할머니의 동영상 '입으로만 용서해달라는 걸 바라는 게 아니야'(여성가족부 일본군 '위안부' 피해자 e-역사관의 증언자료 참고 www.hermuseum.go.kr)를 시청한 후 할머니들에게 편지를 쓴다.

함께 읽으면 좋은 책

『언제나 소중한 너에게』 윤지연 지음, 서영 그림, 아람키즈, 32쪽, 2017

『소녀 이야기』 김준기 지음, 리잼, 58쪽, 2013

『나는 수요일의 소녀입니다』 안미란 지음, 이경하 그림, 개암나무, 72쪽, 2015

『소녀의 눈물』 박정연 지음, 버튼북스, 64쪽, 2015

『나비가 된 소녀들』 정란희 지음, 이영림 그림, 현암주니어, 164쪽, 2017

『마사코의 질문』 손연자 지음, 김재홍 그림, 푸른책들, 207쪽, 2009

『봉선화가 필 무렵』 윤정모 지음, 일본군 위안부 할머니 그림, 푸른나무, 184쪽, 2008

『꽃반지』 탁영호 지음, 고인돌, 100쪽, 2014

『평화의 소녀상을 그리다』 김세진 지음, 보리, 168쪽, 2018

『평화의 소녀상』 윤문영 지음, 이윤진 옮김, 내인생의책, 40쪽, 2020

『역사가 된 그림』 김선현 지음, 이담북스, 238쪽, 2012

『못다 핀 꽃』 이경신 지음, 휴머니스트, 304쪽, 2018

+ 영화

「허스토리」 Herstory, 2017

「아이 캔 스피크」 I Can Speak, 2017

 생각 나누기

차시	2차시	읽은 분량	14~40쪽
오늘의 학습 주제	일제 강점기		
오늘의 질문	가난한 소작농의 딸 순덕이는 큰 기와집에 사는 민우 오빠를 좋아합니다. 순덕이는 자기가 금순이처럼 읍내 학교에 다닌다면 민우 오빠와의 신분 격차를 줄일 수 있을 것이라 생각합니다. 아버지께 학교를 보내달라고 하니 학교에서는 일본 선생 밑에서 일본말로 글을 배우니 안 된다고 하십니다. 배움을 위해 순덕이는 학교를 다니는 것이 좋을까요? -『할머니의 수요일』36쪽 참고		
나의 생각			

*이 활동지는 차시별로 정해진 분량을 읽고 아이들이 생각을 간단히 정리하는 학습지입니다. 차시, 읽은 분량, 오늘의 학습 주제, 오늘의 질문 내용만 다르게 채워 매 차시 사용합니다. 학교도서관저널 홈페이지에서 다운받아 사용하세요.

차시별 생각 나누기

차시	오늘의 질문
3	만약 내가 주인공이라면 일본으로 가는 선택을 했을까요? -『할머니의 수요일』45~49쪽 참고
4	아리랑 민요를 들으면 어떤 느낌이 드나요? 우리 민족에게 아리랑은 어떤 의미일지 생각해 봅시다. -『할머니의 수요일』80~81쪽 참고
5	다영이가 군산 할머니께 김순덕 할머니 이야기를 하자 군산 할머니는 소스라치게 놀라셨습니다. 왜 그러셨을까요? -『할머니의 수요일』104~106쪽 참고
6	김순덕 할머니는 자신이 일본 '위안부' 피해자라는 사실을 밝히기로 결정하였습니다. 김순덕 할머니는 왜 이런 선택을 했을까요? -『할머니의 수요일』128~129쪽 참고

참고 자료 ①

할머니들의 그림

이름: 학년 반

1. 일본 '위안부' 피해자 할머니들의 그림을 보고, 그림의 의미를 생각하면서 감상해봅시다.

「못다 핀 꽃」 김순덕   「빼앗긴 순정」 강덕경   「끌려감」 김순덕

그림 제공 및 출처: 나눔의 집

2. 가장 인상 깊었던 그림을 골라 자신의 생각과 느낌을 이야기해보세요.

내가 고른 그림	
나의 생각과 느낌	

참고 자료 ②

수요 집회를 위한 피켓 만들기

이름:　　　　　학년　　　반

수요 집회 참석을 위한 피켓을 만들려고 합니다. 어떤 내용을 적으면 좋을지 생각해보고, 피켓을 완성해봅시다.

참고 자료 ③

할머니에게 편지 쓰기

이름: 학년 반

영상 자료를 본 후 느낀 점을 바탕으로 일본 '위안부' 피해자 할머니에게 편지를 써봅시다.

012 열세 살 겨울, 성장하는 아이들

『붉은 실』

이나영 지음, 이수희 그림, 시공주니어,
204쪽, 2017

#새로운 가족 #친구 #상처 #뜨개질
#붉은 실의 의미 #엉킨 고민을 푸는 시간

붉은 실의 인연으로 이어진 아이들의 우정

세 아이들의 고민과 성장에 대한 이야기다. 새엄마가 아기를 가져 고민인 은별이, 아버지의 강압적인 태도로 늘 주눅 들어 있는 강우, 단짝인 은별이와 사이가 멀어져 고민인 민서. 강우는 은별이 새엄마의 '아리아드네 뜨개방'에서 한 코 한 코 뜨개질을 하며, 자신의 상처를 직시하고 치유하게 된다. 민서는 마음이 맞지 않는 친구들과 어울리다 진정한 친구의 의미를 깨닫는다.

가족, 친구, 성적 문제 등 요즘 아이들이 한 번쯤은 생각해보았을 일상적인 고민들을 아늑하고 따뜻한 공간인 '뜨개방'에서 엉킨 실타래를 풀 듯 아이들 힘으로 해결해가는 과정을 그린 이야기다. 책의 배경이 6학년 2학기 겨울이어서 비슷한 시기에 함께 읽으면 더욱 공감할 수 있는 책이다.

성취 기준

[6국01-05] 매체 자료를 활용하여 내용을 효과적으로 발표한다.

[6국02-01] 읽기는 배경지식을 활용하여 의미를 구성하는 과정임을 이해하고 글을 읽는다.

[6국05-05] 작품에 대한 이해와 감상을 바탕으로 하여 다른 사람과 적극적으로 소통한다.

[6도02-01] 사이버 공간에서 발생하는 여러 문제에 대한 도덕적 민감성을 기르며, 사이버 공간에서 지켜야 할 예절과 법을 알고 습관화한다.

[6실02-06] 간단한 생활 소품을 창의적으로 제작하여 활용한다.

수업 방향

- 은별, 민서, 강우뿐만 아니라 주변 인물들의 속마음도 이해하며 읽을 수 있도록 지도한다.
- 6학년 실과와 연계해 뜨개질로 목도리를 완성할 수 있도록 지도한다.
- 도덕과 연계해 사이버 공간에서 지켜야 할 예의에 대해 생각해보고 단체 채팅방의 장점과 단점에 대해 토의할 수 있다.

수업 흐름도

독서 단계	차시	읽은 분량	주제	학습 내용
독서 전	1	-	내용 추측하기	• 실타래 활동: 나를 표현할 수 있는 단어를 생각해보고 "나는 ○○입니다."라고 말해보기 예) 나는 무지개입니다. • 책 표지 보며 읽을 책의 내용 추측하고 안내하기

	2	7~41쪽	은별, 강우, 민서	• 주요 등장인물 파악하기 📄-①
독서 중	3	42~78쪽	아리아드네, 미안하다는 말	• 미안하다는 말의 의미 생각해보기 💡 • 아리아드네 뜨개방 이름의 의미 생각해보기 📄-② • 뜨개 바늘로 26코 잡기
	4	79~120쪽	겉뜨기로 목도리 뜨기	• 돌아가며 낭독하는 동시에 겉뜨기로 목도리 뜨기
	5	121~147쪽		• 마음에 드는 문장 찾기 • 겉뜨기로 목도리 뜨기
	6	-	책 추천, 책 광고 만들기	• 책 추천하기 📄-③ • 책 광고 만들기
	7	148~183쪽	단체 채팅방의 장단점	• 단체 채팅방에서의 경험 이야기 나누기 • 단체 채팅방의 장점과 단점 토의하기 💡
	8	184~199쪽	응원의 글	• 은별, 민서, 강우 세 등장인물 중 가장 공감되었던 캐릭터에게 응원의 글 쓰기
독서 후	9	-	목도리	• 목도리 완성하기 • 목도리를 선물할 사람에게 카드를 쓰고 이유 발표하기 • 뜨개질로 봉사할 수 있는 사이트 및 방법 소개 　(세이브 더 칠드런 신생아 모자 뜨기, 담요 뜨기 등)
	10	-	책 이야기 나누기	• 기억에 남는 문장과 마음에 드는 문장을 이유와 함께 발표하기 💡 • 기억에 남는 문장으로 책갈피 만들기

세부 수업 TIP

| 1차시 |

수업 진행을 위한 설명을 한다.

앞으로의 원활한 진행을 위해 10차시 '기억에 남는 문장으로 책갈피 만들기' 활동의 준비 작업으로 책을 읽으면서 기억에 남는 문장이나, 가장 마음에 드는 문장을 포스트잇으로 표시해놓도록 사전에 지도한다. 10차시에 목도리를 완성할 수 있도록, 4차시 이후 매 차시 짜투리 시간에 목도리 만들기 활동을 한다.

실타래를 들고 나에 대해 말해본다.

이 책의 주요 모티브로 등장하는 빨간 실타래를 활용한 동기 유발 활동이다. 먼저 교사나 학생 한 명이 실타래를 들고 나를 표현할 수 있는 단어, 내가 좋아하는 색깔, 나의 관심사 등 다양한 주제의 단어를 말한다. 붉은 실을 손으로 잡고, 랜덤으로 다음 학생에게 실타래를 전달한다. 실타래를 받은 학생이 자기소개를 하고, 전달하는 과정을 반복한다. 우리 반 친구들이 하나의 실로 연결되는 경험을 할 수 있다.

| 3차시 |

그리스 로마 신화 이야기를 감상한다.

배경지식으로 그리스 로마 신화 중 테세우스와 미노타우로스 이야기를 동영상으로 함께 보는 것을 추천한다. 또한 신문 기사를 참고하여 「아리아드네」 그림 속 잠을 자고 있는 아리아드네와 저 멀리 떠나가는 배(테세우스), 그리고 표범(디오니소스)의 의미도 찾아본다. 이를 바탕으로 아리아드네 뜨개방의 의미를 활동지에 정리해본다.

| 6차시 |

추천할 만한 도서를 정하고 광고문을 작성해본다.

책 속 강우와 은별이가 『샬롯의 거미줄』로 광고를 만든 것처럼 도서 추천 및 광고문을 만드는 활동을 한다. 추천할 만한 책이 잘 떠오르지 않는 아이들을 위해 다양한 책이 준비되어 있는 도서관을 활용하는 것이 더 효율적이다. 이 활동은 〈국어 6-2 나〉 5단원과 연계할 수 있다. 우선 활동지를 활용해 추천하는 책, 추천하는 까닭, 인상 깊은 문장 등을 정리하고 마인드맵으로 만들어 볼 수 있다. 이 활동에 덧붙여 책 광고를 만드는 활동도 가능하다. 시간과 여건이 허락한다면 실과와 연계해 파워포인트로 자료를 제작하고 발표하는 것도 추천한다.

| 8차시 |

등장인물에 공감하는 문구를 붙여본다.

교사가 미리 화이트보드에 각 인물의 그림을 크게 출력해 붙여놓는다. 학생들은 주요 등장인물인 은별, 민서, 강우 중 가장 공감이 갔던 인물이 누구였는지 생각해 응원의 글을 포스트잇에 써서 해당 캐릭터 그림에 붙이는 활동을 한다. 이때 감정 카드나 공감 카드를 활용하면 학생들의 이야기를 쉽게 이끌어낼 수 있다.

함께 읽으면 좋은 책

『오늘의 날씨는』 이현 지음, 김홍모 그림, 창비, 204쪽, 2010

『너도 하늘말나리야』 이금이 지음, 송진헌 그림, 푸른책들, 264쪽, 2007

💡 생각 나누기

차시	3차시	읽은 분량	42~78쪽
오늘의 학습 주제	미안하다는 말		
오늘의 질문	1. 은별이가 생각하는 '미안하다'라는 말은 어떤 의미일까요? -『붉은 실』78쪽 참고 2. 내가 가장 최근에 미안하다고 말한 때는 언제였나요?		
나의 생각			

*이 활동지는 차시별로 정해진 분량을 읽고 아이들이 생각을 간단히 정리하는 학습지입니다. 차시, 읽은 분량, 오늘의 학습 주제, 오늘의 질문 내용만 다르게 채워 매 차시 사용합니다. 학교도서관저널 홈페이지에서 다운받아 사용하세요.

💡 차시별 생각 나누기

차시	오늘의 질문
7	단체 채팅방의 장점과 단점에 대해 이야기 나누어봅시다.
10	가장 기억에 남는 문장은 무엇이었나요? 이유는 무엇인가요?

참고 자료 ①

은별, 민서, 강우는?

이름:　　　　　학년　　　반

이야기를 읽고 은별, 민서, 강우의 성격, 상황, 고민을 정리해보세요.

은별

성격	
상황	
고민	

민서

성격	
상황	
고민	

강우

성격	
상황	
고민	

참고 자료 ②

아리아드네와 붉은 실

이름: 학년   반

1. '아리아드네'라는 뜨개방의 이름은 어떤 의미인지 그리스 로마 신화와 이 책의 내용을 바탕으로 생각해봅시다.('아리아드네'에 대한 이야기는 경향신문 「이주향의 그림으로 읽는 철학 21. 워터하우스의 아리아드네」를 참고하세요.)

존 윌리엄 워터하우스 「아리아드네」

2. 알맞은 내용을 책 속에서 찾아 써보세요.

동양에서 실의 의미	
서양에서 실의 의미	
이 책에서 붉은 실의 의미	

참고 자료 ③

| **책을 추천해요** | 이름: 학년   반 |

1. 내가 좋아하는 책 중에서 친구에게 추천하고 싶은 책을 정하고 아래 내용을 채워봅시다.

제목:

추천하는 까닭

인상 깊은 문장

2. 책의 내용을 마인드맵으로 정리해봅시다.

013 좋아하는 작가 따라 상상하며 글쓰기

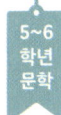

『나의 린드그렌 선생님』

유은실 지음, 권사우 그림, 창비,
184쪽, 2005

#최애 작가 #말괄량이 삐삐 #사춘기
#일기 쓰기 #가출 #거짓말 #표절

사춘기 소녀가 발견한 꿈 같은 작가, 린드그렌

엄마랑 단둘이 사는 주인공 비읍이는 노래방에서 엄마가 부른 '말괄량이 삐삐' 노래를 통해 『내 이름은 삐삐 롱스타킹』이라는 책과 저자 아스트리드 린드그렌을 알게 된 후 그의 작품을 찾아 읽어가는 재미에 푹 빠진다. 책을 찾아 읽어가는 과정 가운데 주인공의 상처, 우정, 갈등 등 사춘기 소녀가 성장해나가는 이야기를 잔잔하고 아름답게 담고 있다.

　이 책의 저자 유은실 작가가 아스트리드 린드그렌의 작품에 반해 동화를 쓰기 시작했고 또한 보물 제1호가 린드그렌 동화책 40여 권이라고 말할 만큼 작가의 '팬심'이 다분히 느껴지는 책이다. 사춘기가 막 시작되는 5~6학년 아이들과 함께 읽으면 같은 또래의 주인공을 통해 자신의 마음을 살펴보고 다양한 갈등을 지혜롭게 해결해가는 데 도움이 되겠다.

성취 기준

[6국05-05] 작품에 대한 이해와 감상을 바탕으로 하여 다른 사람과 적극적으로 소통한다.
[6국02-02] 다양한 갈등을 평화적으로 해결하는 것의 중요성과 방법을 알고, 평화적으로 갈등을 해결하려는 의지를 기른다.

수업 방향

- 장편 동화에 익숙하지 않거나 두려움이 있는 학생들도 함께 읽기를 통해 완독의 기쁨과 성취감을 느낄 수 있도록 지도한다.
- 작품에 대한 이해와 감상을 통해 작품의 주제나 인물의 행동을 살펴보고 나를 발견하는 시간을 갖게 한다.
- 중요한 내용은 선생님이 직접 읽어줌으로써 이야기의 흐름과 인물의 감정 변화에 대해 이야기 나누고 대화체가 많이 나오는 부분은 역할을 정해 낭독극을 진행한다.

수업 흐름도

독서 단계	차시	읽은 분량	주제	학습 내용
독서 전	1	-	작가 알기	• 선생님이 좋아하는 작가(아스트리드 린드그렌) 소개로 호기심 유발하기 • 좋아하는 작가와 그 이유를 설명하기 📄-① • 모둠별로 작가를 선정하여 조사하기(권정생, 유은실, 황선미, 이현, 앤서니 브라운, 존 버닝햄 등 작가 이름이 적힌 종이를 준비하고 모둠별로 추첨해서 조사한다.)

독서 전	2	~17쪽	첫 만남	• 교사가 책 읽어주기 • 「말괄량이 삐삐」 영상 자료 보여주고 노래 따라 부르기(「말괄량이 삐삐」 주제곡 영상 https://youtu.be/oydv5GaqzTQ) • 1차시에 조사한 작가 발표하고 전시하기
독서 중	3	18~47쪽	꼬마 백만장자	• 나에게 금화가 가득 든 가방이 생긴다면 무엇을 하고 싶은지 상상하고 적어보기 -② • 삐삐 이름 틀리지 않고 빨리 말하는 대회 열기(정답: 삐삐로타 델리카테사 윈도셰이드 맥크렐민트 에프레임즈 도우터 롱스타킹)
	4	48~65쪽	하얀 거짓말	• 하얀 거짓말(선의의 거짓말)에 대한 생각 나누기
	5	66~85쪽	갈등	• 최근 부모님이나 가족과 겪은 갈등 경험 나누기 (쪽지를 상자에 넣어 또래 상담을 진행한다.) -③
	6	86~107쪽	가출	• 가출을 하면 어떤 점이 좋고 나쁠지 이야기 나누기
	7	108~128쪽	일기	• 비읍이가 린드그렌 책 이야기만 일기에 쓰자 선생님이 보인 반응에 대한 생각 나누기
	8	129~152쪽	구슬	• 저작권, 출처 밝히기 등에 대한 이야기 나누기 • 내가 갖고 있는 구슬에 대해서 생각해보기 • 산타 할아버지의 구슬 환상에 대한 이야기 나누기
	9	153~176쪽	책 벌레	• 내가 옮기고 싶은 책 벌레에 대해 이야기 나누기 (책 추천하기)
독서 후	10	-	느낌, 감상 나누기	• 책을 읽은 후 느낌과 감상 나누기 • 책 속에 수록된 아스트리드 린드그렌의 책 소개하기 • 작품 찾아 읽기

세부 수업 TIP

| 1차시 |

각자 좋아하는 작가에 대해 조사해본다.

먼저 교사가 좋아하는 작가로 아스트리드 린드그렌을 소개하면서 흥미 유발을 하는 것이 좋다. 아이들이 좋아하는 국내외 작가가 있는지, 또 좋아하는 이유와 작품은 무엇인지 이야기 나누고 모둠별로 작가를 선정해서 조사하게 한다. 이때 미리 교사가 아이들에게 인기 있는 국내외 작가의 이름이 담긴 상자를 준비해서 뽑으면 작가 선정하는 데 드는 시간을 단축할 수 있다.

| 2차시 |

삐삐에 관한 여러 자료를 함께 감상해본다.

주인공 비읍이가 린드그렌 선생님을 처음에 어떻게 만나게 되었는지 알려주는 부분이 나오기 때문에 교사가 읽어주는 것이 좋다. 그러고 나서 「말괄량이 삐삐」 주제곡 영상 자료를 보여주고 함께 따라 부르면 흥미 유발에 도움이 된다. 지난 차시에 모둠별로 조사한 국내외 작가에 대한 발표와 전시로 수업을 마무리한다.

| 7~9차시 |

창작물의 저작권에 대해서 이야기 나눠본다.

비읍이는 린드그렌 선생님의 작품 속 글귀를 베껴 글을 쓴 후 칭찬을 많이 받지만 기쁘기는커녕 오히려 괴로워하며 린드그렌 선생님께 편지를 써 부끄러움을 표현한다. 이 부분에서 아이들과 저작권에 대해서 이야기를 나누어보고 한 사람의 영혼과 열정이 담겨 있는 창작물에 대해 우리가 왜 존중하고 보호해주어야 하는지 이야기 나눠보면 좋겠다.

함께 읽으면 좋은 책

『내 이름은 삐삐 롱스타킹』『꼬마 백만장자 삐삐』 아스트리드 린드그렌 지음, 잉리드 방 니만 그림, 햇살과나무꾼 옮김, 시공주니어, 200쪽, 2017

『난 뭐든지 할 수 있어』 아스트리드 린드그렌 지음, 일론 비클란드 그림, 햇살과나무꾼 옮김, 논장, 32쪽, 2013

『사자왕 형제의 모험』 아스트리드 린드그렌 지음, 일론 비클란드 그림, 김경희 옮김, 창비, 328쪽, 2015

💡 생각 나누기

차시	4차시	읽은 분량	48~65쪽
오늘의 학습 주제	하얀 거짓말		
오늘의 질문	하얀 거짓말(선의의 거짓말)을 해본 적이 있나요? 있다면 누구에게 어떤 거짓말이었는지 경험을 이야기해봅시다.		
나의 생각			

*이 활동지는 차시별로 정해진 분량을 읽고 아이들이 생각을 간단히 정리하는 학습지입니다. 차시, 읽은 분량, 오늘의 학습 주제, 오늘의 질문 내용만 다르게 채워 매 차시 사용합니다. 학교도서관저널 홈페이지에서 다운받아 사용하세요.

💡 차시별 생각 나누기

차시	오늘의 질문
6	비읍이처럼 가출을 생각해본 적이 있나요? 가출을 하면 어떤 점이 좋고, 어떤 점이 나쁠지 이야기해봅시다.
7	비읍이가 매일 린드그렌의 책 이야기만 일기에 쓰자 선생님은 비읍이가 책과 상상에만 빠져 있는 것 같아 걱정이라며 세상 돌아가는 이야기도 쓰라고 하십니다. 이에 대한 나의 생각은 어떤가요?
8	1. 비읍이는 린드그렌 선생님의 작품 속의 글귀를 베껴 글을 쓰고 칭찬을 받습니다. 그러나 칭찬을 받아도 비읍이는 별로 기쁘지 않았는데 왜 그랬을까요? 2. 내가 갖고 있는 구슬에 대해서 생각해봅시다. 3. 산타 할아버지의 구슬 환상은 언제, 왜 깨졌나요?
9	비읍이는 엄마에게 린드그렌 선생님 책 벌레를 옮기고 싶어 합니다. 여러분도 친구들에게 옮기고 싶은 책 벌레가 있다면 소개해봅시다.

참고 자료 ①

작가 소개하기

이름:　　　학년　　　반

내가 좋아하는 작가를 친구들에게 소개해봅시다.

이 름		성 별	
출생 연도		국 적	
좋아하는 이유			
주요 작품과 수상 경력			

참고 자료 ②

상상하여 글쓰기

이름:　　　　　　학년　　　반

어느 날 나에게 금화가 가득 들어 있는 가방이 생긴다면 하고 싶은 일 다섯 가지를 적어보세요.

참고 자료 ③

| 경험 나누기 | 학년 반 이름: |

1. 최근 가족과 거리감을 느낀 경험이 있다면 이야기해보세요. 또 가족과의 친밀함을 숫자로 표현해봅시다.

1	2	3	4	5	6	7	8	9	10

멀다 (부정적) ←————————————→ 가깝다 (긍정적)

2. 가족과 갈등으로 힘든 상황이 있었다면 소개해주세요. 종이를 잘라 접은 후 상자에 넣어주세요. (익명)

014 책 만드는 법과 진정한 꿈의 조건

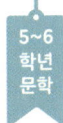

『책 깎는 소년』

장은영 지음, 박지윤 그림, 파란자전거, 186쪽, 2018

#각수 #책 만들기 #직업 #꿈 #장래 희망
#성공 #장인 정신 #조선 후기

책판에 글을 새기고 찍어내는 고된 직업, 각수

500여 년 전 조선 시대를 배경으로 주인공 봉운이가 각수가 되어 널리 사랑받는 책을 만드는 꿈을 이루는 이야기다. 무책임한 아버지를 대신해 병든 엄마와 어린 동생을 지키기 위해 성실하게 본인의 일을 하는 봉운이의 모습에서 장인 정신을 엿볼 수 있다. 한 권의 책을 만들기 위해 나무를 물에 불리고 다듬고 새기는 과정이 숭고하게 느껴질 정도로 복잡하고 고된 일임을 알 수 있는 책이다.

조선 시대 서민들의 사회상을 엿볼 수 있고 올바르게 살아가는 주인공을 보며 바람직하게 사는 것은 무엇인지 생각해볼 수 있다. 또 봉운이와 다른 선택을 하는 장호를 보면서 도덕적인 삶과 일에 대해 생각해보게 한다.

성취 기준

[6도01-01] 감정과 욕구를 조절하지 못해 나타날 수 있는 결과를 도덕적으로 상상해보고, 올바르게 자신의 감정을 조절하고 표현할 수 있는 방법을 습관화한다.

[6사04-01] 영·정조 시기의 개혁 정치와 서민 문화의 발달을 중심으로 조선 후기 사회와 문화의 변화 모습을 탐색한다.

[6국05-06] 작품에서 얻은 깨달음을 바탕으로 하여 바람직한 삶의 가치를 내면화하는 태도를 지닌다.

수업 방향

- 사투리가 있는 책이라 소리 내어 읽으면 더 실감 나게 읽을 수 있다.
- 꿈을 향해 성장해가는 주인공을 통해 나를 돌아볼 수 있다.
- 책이 주는 가치에 대해 생각하며 읽을 수 있다.

수업 흐름도

독서 단계	차시	읽은 분량	주제	학습 내용
독서 전	1	책표지, 글쓴이의 말, 차례	책의 역사	• 책의 기원 및 역사 알아보기 • 책이 만들어지는 과정 알아보기 (『그 집에 책이 산다』, 경기도사이버도서관 북매직(www.bookmagic.kr)을 참고한다.) • 책 표지, 글쓴이의 말, 차례를 보며 내용 추측하기
독서 중	2	10~34쪽	책의 배경	• 이야기의 시간적·공간적 배경 파악하기 • 책의 배경인 전주의 옛 모습 알아보기 • 서점에서 책 읽는 행동에 대해 이야기해보기 💡 • 모르는 단어 정리하기 • 전기수처럼 사투리의 맛을 살려 소리 내어 읽기
	3	35~59쪽	판소리	•「쑥대머리」듣기 • 내가 주인공 봉이라면 어떤 선택을 할 것인지 이야기 나누기 💡

	4	60~83쪽	책판 만들기	• 책판이 나오는 과정과 도구 정리해보기(7판까지) • 글씨를 새기는 것보다 나무를 다듬는 과정을 먼저 가르친 각수 어른의 행동에 대해 이야기 나누기 💡
	5	84~106쪽	장래희망	• 장호와 봉운의 꿈을 비교하며 이야기 나누기 💡
	6	107~129쪽	책의 힘	• 내가 생각하는 책이란? "책이란 ○○이다."라고 말해보기 💡
독서 후	7	130~146쪽	내용 나누기	• 짝과 함께 나눠 읽고 자신이 읽은 내용 전달하기(A친구 11판, B친구 12판 읽기) • 책 퀴즈로 내용 확인하기
독서 후	8	147~166쪽	노력, 보람	• 무언가를 열심히 하고 목표를 달성했을 때의 기분은 어떤지 자신의 경험담을 이야기하기
	9	167쪽~부록	정리하기	• 단어의 뜻 정리하기 -① • 책 내용 정리하기 • 책과 관련된 직업 알아보기 : 각수, 전기수, 소리꾼 등을 현재 직업과 연관 짓기
	10	-	체험 활동	• 탁본 체험해보기

| 1차시 |

책의 역사와 제작 과정을 미리 알아본다.

조선 시대 각수의 이야기이므로 조선 시대 때 책이 만들어지는 과정을 알아본 후 읽으면 쉽게 이해할 수 있다. 『그 집에 책이 산다』(이윤민 지음, 한림출판사, 40쪽, 2015)는 책 만드는 과정이 잘 나온 그림책으로 『책 깎는 소년』을 읽기 전 보면 좋은 책이다. 또한 경기도사이버도서관 북매직 사이트를 방문해 '열려라 도서관 시즌 2' 동영상 자료 중 '책과 도서관의 역사(약 7분)'를 보면 책의 역사에 대해 잘 알 수 있다.

| 4차시 |

책 만드는 과정을 정리해본다.

책판을 만드는 과정은 적당한 나무 찾기, 소금물에 삶기, 말려서 대패질하기, 마구리 만들기, 책판 마구리 끼기 등 긴 시간이 걸린다. 이 과정을 정리하며 '기다림을 견뎌야만 사람들에게 사랑받는 이야기가 탄생할 수 있다'는 책 속 문장의 의미를 되새겨본다.

| 5차시 |

나의 꿈과 그 꿈을 이루고 싶은 이유에 대해 말해본다.

장호는 돈을 벌기 위해 각수가 되고 싶었고, 봉운이는 책판을 만드는 것을 좋아하고 그 일로 가족을 지킬 수 있어 각수를 꿈꾼다. 장호와 봉운이가 되고자 하는 직업은 똑같지만 과정과 이유는 다르다. 이를 비교해보고 내 꿈에 대해 이야기해보자.

함께 읽으면 좋은 책

『그 집에 책이 산다』 이윤민 지음, 한림출판사, 40쪽, 2015

『책 빌리러 왔어요』 오진원 지음, 정승희 그림, 웅진주니어, 36쪽, 2010

『책과 노니는 집』 이영서 지음, 김동성 그림, 문학동네, 192쪽, 2009

『조선에서 가장 재미난 이야기꾼』 김기정 지음, 김대규 그림, 비룡소, 63쪽, 2013

『거리의 이야기꾼 전기수』 정창권 지음, 김도연 그림, 사계절, 159쪽, 2013

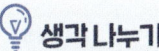 생각 나누기

차시	2차시	읽은 분량	10~34쪽
오늘의 학습 주제	책의 배경, 내용 알기		
오늘의 질문	요즘 서점에는 책을 읽을 수 있는 공간이 많습니다. 본래 책을 빌려보는 곳은 도서관, 책을 구입하는 곳은 서점인데요. 여러분은 서점에서 책을 사지 않고 읽기만 하는 것에 대해 어떻게 생각하나요?		
나의 생각			

*이 활동지는 차시별로 정해진 분량을 읽고 아이들이 생각을 간단히 정리하는 학습지입니다. 차시, 읽은 분량, 오늘의 학습 주제, 오늘의 질문 내용만 다르게 채워 매 차시 사용합니다. 학교도서관저널 홈페이지에서 다운받아 사용하세요.

차시별 생각 나누기

차시	오늘의 질문
3	봉이는 소리를 하고 싶어 합니다. 하지만 어머니는 소리를 하는 것을 반대하는데요. 봉이는 어떤 선택을 하는 것이 좋을까요? 나라면 어떤 선택을 했을까요?
4	각수 어른은 장호에게 글씨를 새기는 일보다 나무를 소금물에 삶고, 대패질하는 것부터 가르칩니다. 이처럼 무슨 일을 하든 기본적인 업무에 숙달하고, 그 다음 기술을 가르쳐주는 경우가 많습니다. 이런 방식에 대해 어떻게 생각하나요?
5	다음 네 가지 주제 중 한 가지를 선택해 토론해봅시다. 1. 장호의 꿈은 돈을 많이 버는 것입니다. 책 속에서 장호가 생각하는 방향 이외에 어떤 방법으로 장호가 꿈을 이루면 좋을까요? 2. 봉운이가 꿈을 이루기 위해 노력하는 모습을 보며 나의 꿈을 생각해봅시다. 나의 꿈은 무엇이고, 그 꿈을 위해 구체적으로 무엇을 할 수 있을까요? 3. 돈을 버는 것이 꿈의 목적인 장호에 대해 어떻게 생각하나요? 장래희망의 목적으로 바람직하다고 생각하는 것은 무엇인가요? 4. 봉에는 소리가, 봉운이는 책판 만드는 것이 좋습니다. 이에 비해 장호는 돈을 최우선으로 생각합니다. 여러분은 내가 하고 싶은 일과 안정적인 직업 중 어느 것이 더 중요하다고 생각하나요?
6	1. 내가 위로와 힘을 받은 책이 있으면 소개해봅시다. 2. 내가 생각하는 책은 어떤 이미지인가요? "책이란 ○○이다."라는 문장을 완성해봅시다.

참고 자료 ①

단어 정리하기

이름: 학년   반

각 단어의 뜻을 찾아 써보고 내가 모르는 다른 단어도 찾아서 빈칸을 채워봅시다.

서계서포(11쪽)	
완판본	
포목전(25쪽)	
미투리(25쪽)	
아얌(30쪽)	

015 서로를 위로하는 관계, 이성 친구

『우리 둘』

후쿠다 다카히로 지음, 고향옥 옮김, 찰리북,
190쪽, 2016

#이성 친구 #첫사랑 #공통점
#작가의 숨겨진 필명 #위로 #든든함
#변치 않는 마음

그 애와 함께 좋아하는 책을 계속 읽고 싶다

준이치는 같은 반 친구 가스미가 친구들에게 괴롭힘당하는 걸 구해 주다 우연히 서로 같은 추리 소설 작가를 좋아한다는 것을 알게 된다. 작가의 신작 소설을 도서관에서 함께 읽으며 두 사람은 친해진다. 작가는 정체를 숨기며 작품 활동을 하고 있는데, 준이치는 작가가 다른 필명으로도 책을 쓴다는 것을 알고, 책에 숨겨진 필명을 알아내기 위해 노력한다. 준이치는 가스미에게 작가의 정체를 함께 알아보자고 제안하고 도서관에서 함께 책을 읽는다. 서로 묵묵히 책만 읽고 있어도 좋다. 서로에게 위로가 되고 힘이 되는 둘. 어른들은 크면 여러 가지 상황이 변하면서 관계 또한 변한다고 한다. 서로를 좋아하는 마음도 정말 시간이 지나면 변하는 걸까?

학교에서 괴롭힘당하는 가스미 이야기를 통해서 왕따 문제와 친구 간의 괴롭힘을 이야기하며 생활 지도와 연계할 수 있다. 이성의 다름을 알고 호기심을 가질 시기에 이성 친구에 대해 함께 생각해볼 수 있는 책이므로 6학년 한 권 읽기로 추천한다.

성취기준

[6국01-07] 상대가 처한 상황을 이해하고 공감하며 듣는 태도를 지닌다.
[6국05-06] 작품에서 얻은 깨달음을 바탕으로 하여 바람직한 삶의 가치를 내면화하는 태도를 지닌다.
[6도04-02] 올바르게 산다는 것의 의미와 중요성을 알고, 자기반성과 마음 다스리기를 통해 올바르게 살아가기 위한 능력과 실천 의지를 기른다.

수업 방향

- 좋아하는 작가의 다른 작품을 찾아보고 확장 독서를 할 수 있도록 한다.
- 이성에 관심을 갖는 사춘기, 서로에게 힘이 되는 이성 친구에 대해 생각해볼 수 있다.
- 친한 친구가 멀어지기도 하고 사이가 좋았던 연인이 헤어지기도 하는 것처럼 사람 간 관계에서 생기는 변화에 대해 생각해볼 수 있다.

수업 흐름도

독서 단계	차시	읽은 분량	주제	학습 내용
독서 전	1	-	내용 추측하기	• 표지 보고 내용 추측하기 • 제목, 부제 제시 후 모둠별로 다시 내용 추측하기

	2	9~33쪽	좋아하는 작가	• 내가 좋아하는 작가의 다른 작품을 도서관에서 찾아보기 📄-①
	3	34~61쪽	수화(지문자)	• 만들고 싶은 단어를 수화로 표현해보기 📄-②
	4	62~88쪽	등장인물	• 지금까지 읽은 내용 중 등장인물을 한 명 정해서 성격, 특징, 생김새에 대해 정리해보기
독서 중	5	89~119쪽	위로	• 내가 가스미가 되어 준이치를 위로해보기 💡
	6	120~147쪽	이성 친구	• 이성 친구의 좋은 점과 나쁜 점 이야기해보기 • 만나고 싶은 유명인에 대해 말해보기 💡
	7	148~173쪽	작가 사인회	• 핫시팅 방법으로 복면 작가에게 질문하기
	8	174~188쪽	변화	• 나와 내 주변의 모든 것 중 변하지 않았으면 하는 것 (계속 지키고 싶은 것)과 변하면 좋을 것 생각해보기 💡
독서 후	9	-	확장 독서	• 같은 주제의 책이나 같은 작가의 다른 책 읽어보기 (함께 읽으면 좋은 책 참고)
	10	-	뒷이야기 상상하기	• 준이치와 가스미는 10년 뒤 어떻게 되었을까요? 뒷이야기를 상상해봅시다. 💡

세부 수업 TIP

| 7차시 |

좋아하는 작가에게 인터뷰를 통해 질문을 해본다.

준이치와 가스미는 복면 작가의 다른 필명을 알아내 작가 사인회에 찾아가는데 이 상황에서 나라면 작가에게 무엇을 물어보고 싶은지 핫시팅 기법으로 질문을 해보는 수업이다. 작가에게 궁금한 점이 있거나 가스미와 준이치가 찾는 복면 작가가 맞는지 증거를 확인해보는 질문을 할 수 있다. 각자 작가에게 묻고 싶은 질문을 쓰게 하고 학생 중 한 명이 작가가 되었다고 가정하고 교실 앞에 앉는다. 이때 너무 엉뚱한 질문이 나오지 않도록 진지한 분위기를 조성하고 모형 마이크를 준비하는 것도 좋다.

| 10차시 |

가스미와 준이치의 10년 뒤 이야기를 써본다.

가스미와 준이치는 중학교 진학 후에도 좋은 관계를 유지하는 것으로 이야기는 끝이 난다. 사람 간의 관계는 변한다는 어른들의 말과 둘의 변치 않고 싶은 마음 중 어떤 의견에 동의하는지 정하여 10년 뒤 준이치와 가스미의 이야기를 상상하여 써보는 수업이다.

함께 읽으면 좋은 책

『넘어진 교실』 후쿠다 다카히로 지음, 김영인 옮김, 개암나무, 164쪽, 2016

『우리들의 시간은 흐른다』 후쿠다 다카히로 지음, 김보경 옮김, 개암나무, 152쪽, 2014

『이 멋진 세상에 태어나』 후쿠다 다카히로 지음, 이토 치즈루 그림, 이경옥 옮김, 다림, 184쪽, 2007

『비밀』 후쿠다 다카히로 지음, 김보경 옮김, 개암나무, 160쪽, 2013

『첫사랑 쟁탈기』 천효정 지음, 한승임 그림, 문학동네, 168쪽, 2015

『첫사랑』 이금이 지음, 이누리 그림, 푸른책들, 280쪽, 2009

『두근두근 첫사랑』 웬들린 밴 드라닌 지음, 김율희 옮김, 보물창고, 288쪽, 2012

『사랑이 훅!』 진형민 지음, 최민호 그림, 창비, 144쪽, 2018

💡 생각 나누기

차시	5차시	읽은 분량	89~119쪽
오늘의 학습 주제	위로		
오늘의 질문	준이치가 힘들어할 때 가스미는 준이치의 옆에 함께 있어 주었습니다. 내가 가스미였다면 준이치를 어떻게 위로했을까요?		
나의 생각			

*이 활동지는 차시별로 정해진 분량을 읽고 아이들이 생각을 간단히 정리하는 학습지입니다. 차시, 읽은 분량, 오늘의 학습 주제, 오늘의 질문 내용만 다르게 채워 매 차시 사용합니다. 학교도서관저널 홈페이지에서 다운받아 사용하세요.

💡 차시별 생각 나누기

차시	오늘의 질문
6	만나고 싶은 유명인이 있나요? 왜 만나고 싶은가요? 그 사람에게 궁금한 점이 있나요?
8	준이치는 가스미를 좋아하는 마음이 변하지 않길 바랍니다. 그러나 어른들은 시간이 흘러 상황이 변하면 마음도 변한다고 말합니다. 나와 내 주변의 모든 것 중 변하지 않았으면 하는 것(계속 지키고 싶은 것)과 변하면 좋을 것을 생각해봅시다. -『우리 둘』 157쪽 참고
10	준이치와 가스미는 10년 뒤 어떻게 되었을까요? 뒷이야기를 상상해봅시다.

참고 자료 ①

작가의 다른 작품 찾기

이름: 학년 반

도서관에서 내가 좋아하는 작가가 지은 다른 책들을 찾아 읽어본 후 공통점을 써봅시다.

좋아하는 작가		
작가의 다른 작품	책 제목	청구 기호
작품의 공통점		

참고 자료 ②

지문자로 단어 만들기

이름: 학년   반

가스미의 엄마는 소리를 듣지 못하고 말하지 못해 수화로 대화합니다. 아래 그림을 보며 수화 연습을 해봅시다.

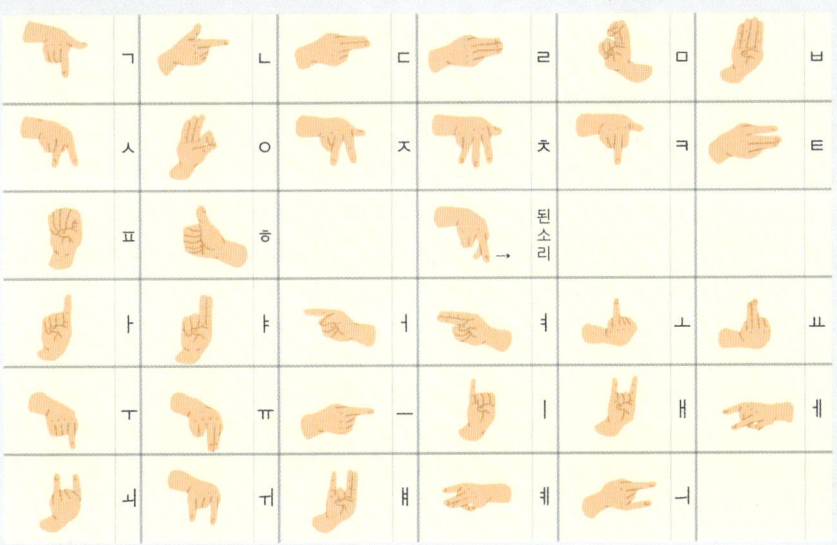

내가 표현해보고 싶은 단어를 적고 손 모양을 연습해봅시다. 친구들 앞에서 표현해보고 무슨 단어인지 서로 맞혀봅시다. 예) 감사, 사랑해

내가 표현하고 싶은 단어: _____

> 내가 표현하고 싶은 단어를 뜻하는 손 모양을 자유롭게 그리며 연습해봅시다.

한 학기 한 권 읽기, 무엇을 읽을까? - 문학 편

문학, 이런 책을 선정했습니다.

- 문장이 간결하고 이해하기 쉬운 책
- 친구와의 관계가 중심이 되는 시기로 우정이나 자치 활동에 중심을 둔 책
- 등장인물에 공감할 수 있어 상호 작용이 가능한 책
- 우리말의 아름다움과 읽는 재미를 느낄 수 있는 책
- 현실을 반영하며 현실을 보는 눈이 넓고 깊어지는 책
- 재미와 감동을 주고, 생각이 성장하는 책
- 다른 사람들의 삶과 세상을 간접 경험할 수 있는 책

이미 잘 알려져 있고 여러 곳에서 추천하는 책보다는 최근에 출판된 책, 많이 알려지지 않은 책을 집중적으로 검토하였습니다. 난이도와 스토리, 주제 등을 고려하여 대상 학년을 3~4학년과 5~6학년으로 분류해 제시하였으나, 기준은 학교와 학생의 환경에 따라 달라질 수 있습니다.

016 '괜찮은 사람'의 조건은 뭘까?

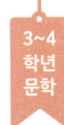

『3점 반장』

전은지 지음, 김고은 그림, 주니어김영사,
128쪽, 2018

#반장 #시험지 #약점 #괜찮은 사람
#3점은 어떻게 하면 나와?

성격도 좋고 친구도 많은 반장, 그런데 성적이 3점?

우철이는 엄마의 성화에 못 이겨 반장 선거에 나갔다가 얼떨결에 반장이 된다. 우철이는 성격도 좋고 친구들에게 인기도 많다. 다만 전형적인 반장의 모습이라 할 수 있는 '공부 잘하는 아이'가 아니라는 것이 약점! 우철이는 35점부터 97점까지 다양한 점수를 받은 이력이 있었다. 그런 우철이에게 어느 날 날벼락 같은 점수가 날아온다. 수학 단원 평가 3점! 게다가 3점짜리 시험지까지 잃어버리자 우철이는 이 사실을 들켜 반장 자리에서 쫓겨날까 봐 전전긍긍한다.

작가는 이 이야기를 통해 '그래도 너는 괜찮은 사람'이라는 메시지를 전한다. 그깟 3점짜리 시험지가 너를 보여주는 전부가 아니라는 의미다. 학교생활에서는 성적 하나로 사람을 평가하는 일이 부지기

수지만 성적이 나쁘다고 나쁜 사람인 것은 아니다. 이 책을 읽는 장점 중 하나는 삽화다. 이야기 속 상황을 한 장의 그림으로 함축적이고 익살스럽게 표현해, 보는 재미가 쏠쏠하다. 삽화를 이용해 다양한 수업을 할 수 있다. 학기 초, 책을 읽으며 반장의 자질에 대해 이야기하는 것도 좋다. 혹은 자신의 약점을 생각해보고 그것을 보완해줄 강점은 무엇인지, 어떤 점에서 나는 '괜찮은 사람'인지 이야기하며 자존감 세우기 및 나를 돌아보는 수업과 연계하여 한 권 읽기를 진행하기에 적당하다.

성취 기준

[4국05-03] 이야기의 흐름을 파악하여 이어질 내용을 상상하고 표현한다.
[4도02-02] 친구의 소중함을 알고 친구와 사이좋게 지내며, 서로의 입장을 이해하고 인정한다.

수업 방향

- 학급 임원의 자격에 대해 생각해본다.
- 나의 약점을 극복하는 방법에 대해 생각해본다.
- '괜찮은 사람'은 어떤 사람인지 생각해본다.

생각 나누기

- 내가 반장이 됐는데 우철이처럼 3점짜리 시험지를 잃어버렸다면 어떻게 행동했을까요?
- 장점이 많은데도 단지 성적이 낮다는 이유로 학교에서 안 좋은 사람으로 평가받는다면 어떨까요? -『3점 반장』 70쪽 참고
- 학급 임원이 갖추어야 하는 조건에는 어떤 것들이 있을까요?

- '괜찮은 사람'의 기준을 정해보고 나는 괜찮은 사람인지 이야기해봅시다.
  -『3점 반장』107쪽 참고

독서 활동

- 독서 전 삽화를 이용해 내용을 추측해보고, 제목까지 예측해봅시다.
- 독서 전 차례를 보고 어떤 내용일지 추측하며 이야기해봅시다.
- 3점을 맞고 반장 자리에서 쫓겨날까 봐 전전긍긍하는 우철이에게 하고 싶은 말을 생각해봅시다.
- [모둠 토의] 독서 후 작가의 말을 읽고 '괜찮은 사람'의 기준에는 어떤 것들이 있는지 의견을 나눈 후 적어봅시다.

함께 읽으면 좋은 책

『잘못 뽑은 반장』이은재 지음, 서영경 그림, 주니어김영사, 217쪽, 2009

『야곱, 너는 특별해!』가브리엘레 하이저-코리오트 지음, 카타리나 요아노비치 그림, 권세훈 옮김, 문학과지성사, 108쪽, 2002

017 '하트'가 보여주는 색깔로 평가받는 세상

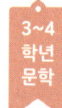

『감정조절기 하트』

김보름 지음, 김중석 그림, 현북스, 108쪽, 2014

#마인드 컨트롤 #감정 조절 잘하면 모범생
#하트 색깔 유지하기

감정 조절 킹이 되어야 성공할 수 있다!

2029년이 배경인 이야기의 주인공 은찬이는 4년 전 출시된 '감정조절기 하트'를 단 초등학생이다. 어른들은 감정 조절을 잘해야 좋은 성적을 받고 성공할 수 있다고 믿는다. 학교에서도 매달, 그리고 매년 감정 조절을 잘하는 어린이에게 '감정 조절 어린이상'을 주고 칭찬한다. 감정조절기 하트는 아이들의 감정을 파장으로 읽어서 초록색, 노란색, 파란색, 주황색, 남색, 보라색, 빨간색 등으로 나타내준다. 하트의 색이 변하지 않고, 평온한 상태를 뜻하는 초록색을 유지하면 '감정 조절 킹'이 될 수 있다. 이를 위해 놀이 기구 이용도, 음악과 미술 활동도 모두 제한하고 있다. 흥분이나 기쁨은 평온한 감정을 깨뜨리기 때문이다.

SF 요소로 재미를 더한, 아이들의 감정에 대해 말하는 이야기다. 솔직한 감정 표현에 대해 생각을 나눠보기 좋다. 감정을 늘 평온하게 유지하는 것이 좋은지, 흥분은 나쁜 건지, 하트에 의지해 감정을 조절하는 것을 어떻게 생각하는지 다양한 이야깃거리가 있어 감정과 관련해 독서 수업을 진행하기에 좋다. 책을 읽고 올바른 감정 표현으로 행복해지는 방법은 무엇일지 함께 이야기해보자.

성취 기준
[4국03-04] 읽는 이를 고려하며 자신의 마음을 표현하는 글을 쓴다.
[4사04-05] 사회 변화(저출산, 고령화, 정보화, 세계화 등)로 나타난 일상생활의 모습을 조사하고 그 특징을 분석한다.

수업 방향
- 감정에 대해 이야기 나누며 자신의 감정을 표현하는 방법을 안다.
- 감정을 솔직하게 표현하는 것에 대한 이야기를 나눈다.
- 감정 통제가 학업 성적에 영향을 미치는지 생각해본다.

생각 나누기
- '감정조절기 하트'가 항상 초록색을 띠도록 아이들이 노력하는 것에 대해 어떻게 생각하나요?
- 평온한 감정 상태를 계속 유지한다면 어떨까요?
- 감정 조절이 안 돼서 일을 그르친 적이 있나요? 반대로 감정 조절을 잘해서 일이 잘 풀렸던 경험이 있나요?
- 내 가슴이 원하는 일, 진짜 하고 싶어서 하는 일에는 어떤 것이 있나요?

독서 활동

- 이번 주 내 감정을 점수로 표현해봅시다. -『감정조절기 하트』13쪽 색깔별 점수 참고
- 평온한 감정 유지에 해로운 놀이 기구를 찾아보고 왜 그런지 써봅시다.
- 젤리의 색깔별로 감정을 정한 후, 젤리를 먹고 그 색깔에 맞는 감정을 표현해봅시다. -『감정조절기 하트』92쪽 참고

함께 읽으면 좋은 책

『42가지 마음의 색깔』 크리스티나 루네스 페레이라·라파엘 R. 발카르셀 지음, 남진희 옮김, 레드스톤, 96쪽, 2015

『화내지 않고 상처받지 않는 어린이 감정 사전』 박선희 지음, 윤유리 그림, 책읽는달, 124쪽, 2018

『감정 백과사전』 메리 호프만 지음, 로스 애스퀴스 그림, 최정선 옮김, 밝은미래, 40쪽, 2014

『어린이를 위한 감정 조절의 기술』 방미진 지음, 한수진 그림, 위즈덤하우스, 140쪽, 2011

018 자신 있게 선택하고 후회하지 않는 법

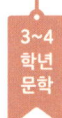

『골라줘! 초이스 킹』

김경숙 지음, 이영림 그림, 라임, 80쪽, 2018

#마마보이 #결정 장애 #구세주 #스마트폰
#선택을 도와줘

초이스 킹만 있으면 어떤 선택도 문제없다!

한수 엄마는 한수의 일거수일투족을 모두 정해준다. 무엇을 먹고 무엇을 입을지는 물론, 문제집을 푸는 순서까지 정해준다. 그러다 보니 한수는 사소한 것도 혼자 결정할 수 없는 아이가 되어 버렸다. 미술 시간에 꽃부터 그려야 할지 잎부터 그려야 할지, 친구 생일 파티에 가야 할지 말아야 할지도 고민한다. 그러던 어느 날 한수는 '초이스 킹'이라는 어플을 알게 되고, 이 어플을 사용해 결정에 도움을 받는다.

삶은 끊임없는 선택의 연속이다. 때문에 현명한 선택을 하는 것은 중요하다. 어렸을 때부터 스스로 선택하고 그 선택에 책임을 질 수 있도록 교육해야 한다. 그렇지 않으면 이 책의 주인공 한수처럼 스마트폰 어플에 의존해 결정하는 아이로 자랄지도 모른다.

이 책을 읽으며 결정 장애에 대해 이야기를 나누어볼 수 있다. 내가 생각하는 최고의 선택, 또는 가장 후회하는 선택에 대해 이야기를 나누어보고 선택에 따른 책임 또한 스스로 져야 한다는 '선택의 책무성'에 대해 수업하기 좋다. 또한 한수처럼 스마트폰에 의존했던 경험이 있는지 스마트폰에 관한 여러 이슈를 이야기해보고 올바른 스마트폰 사용법을 논의해보는 한 권 읽기 수업으로 적당하다.

성취 기준

[4도01-03] 최선을 다하는 삶을 위해 정성과 인내가 필요한 이유를 탐구하고 생활 계획을 세워본다.
[4사04-05] 사회 변화(저출산, 고령화, 정보화, 세계화 등)로 나타난 일상생활의 모습을 조사하고 그 특징을 분석한다.

수업 방향

- 선택과 책임에 대하여 이야기해본다.
- 스마트폰의 좋은 점과 나쁜 점에 대하여 알아본다.
- 올바른 스마트폰 사용 습관에 대해 알아본다.

생각 나누기

- 스마트폰이 내 생활을 지배한다고 느낀 적이 있나요?
- 최근에 선택하기 어려웠던 일이 있었나요? -『골라줘 초이스킹』 20~21쪽 참고
- 결정 장애 때문에 '초이스 킹'의 도움을 받아 결정하는 한수를 어떻게 생각하나요?
- 나에게 '초이스 킹' 어플이 있다면 무엇을 물어보고 싶나요?

독서 활동

- 결정하기 어려울 때 사용하는 나만의 비법을 말해봅시다.
- 스마트폰 어플 중 나에게 도움이 되는 어플과 도움이 되지 않는 어플을 구분해봅시다.
- 내가 만들고 싶은 스마트폰 어플을 설명해봅시다.
- 올바른 스마트폰 사용법에 대해 이야기해보고, 우리 반에서 지켜야 할 스마트폰 사용 규칙을 정해봅시다.

함께 읽으면 좋은 책

『스마트폰 끄고 재미있게 노는 방법 100』 크리스 허시먼 지음, 엘리사 파가넬리 그림, 김재홍 옮김, 아울북, 96쪽, 2018

『도깨비폰을 개통하시겠습니까?』 박하익 지음, 손지희 그림, 창비, 192쪽, 2018

『스마트폰을 공짜로 드립니다』 미우 지음, 노란돼지, 48쪽, 2018

019 두려움에 맞설 수 있는 용기를 키워라!

3~4학년 문학

『덕이의 행주대첩』

양지안 지음, 김선배 그림, 푸른숲주니어, 116쪽, 2017

#임진왜란 #행주 대첩 #의녀 #권율 장군 #어린이의 힘

왜군을 물리치기 위해 산성에 모인 사람들

덕이는 혜민서에서 의녀 공부를 하다가 끝마치지 못하고 고향으로 돌아온다. 어느 날 왜군이 쳐들어오자 모두들 행주산성으로 피난을 가게 되고 그곳에서 전쟁을 치른다. 대개 어른들은 어린이가 중요한 일을 맡을 수도, 도울 수도 없다고 생각한다. 덕이 역시 왜군을 물리치는 일에 조금이나마 도움을 주고 싶지만 할 수 있는 일이 없다. 하지만 권율 장군은 덕이가 의녀 교육생이라는 것을 알게 되자, 부상자 치료를 부탁한다. 덕이는 의녀 교육생 시절 생긴 트라우마로 부상자 치료를 할 수 없다고 말하지만 권율 장군은 두려움과 맞서야 한다며 용기를 북돋아준다. 치열한 전쟁 현장에서 군인뿐만 아니라 덕이와 백성들도 저마다 할 수 있는 일을 해내며 전쟁에 도움이 되고자 하고,

이런 노력이 모여 결국 승리하게 된다.

행주 대첩 당시 백성들이 자신의 자리에서 최선을 다하고 두려움과 맞선 행동에 대해 도덕과 연계한 한 권 읽기에 적합하다. 행주 대첩이라는 역사에 중점을 두고 읽어도 좋다. 역사적 사실을 깊게 다룬 동화는 아니지만 아직 역사를 배우지 않는 3~4학년에게 마중물 역할을 할 수 있을 만큼 흥미로운 동화다.

관련 교과

[4도01-03] 최선을 다하는 삶을 위해 정성과 인내가 필요한 이유를 탐구하고 생활 계획을 세워본다.
[4도04-02] 참된 아름다움을 올바르게 이해하고 느껴 생활 속에서 이를 실천한다.

수업 방향

- 임진왜란의 3대 대첩에 대해 알아본다.
- 용기 있는 행동에 대해 생각해본다.

생각 나누기

- 덕이처럼 내 인생에서 생각하기도 싫을 만큼 부끄러운 일이 있나요? -『덕이의 행주대첩』 30쪽 참고
- 두려운 마음을 극복한 경험이 있나요? -『덕이의 행주대첩』 56쪽 참고
- 아직 의녀가 되지 못했는데 나에게 부상자를 치료하고 출산을 도와달라고 요청한다면 어떻게 행동할 것 같나요?

독서 활동

- 행주 대첩(임진왜란) 당시 백성들이 보여준 용기 있는 행동을 책 속에서 찾아봅시다.
- 자신의 자리에서 최선을 다한 등장인물을 찾아봅시다.
- 역사 기록에서 용기 있는 행동을 한 사람들을 찾아봅시다.
- 임진왜란과 행주 대첩에 대해 조사해봅시다.
- 책 뒤쪽에 있는 생각 나누기를 함께 해봅시다.

함께 읽으면 좋은 책

「안녕? 한국사」(전 6권) 백명식 지음, 풀빛, 각 90쪽 내외, 2015

『산성을 구한 놀이 패 바우』 손주현 지음, 오승민 그림, 꿈초, 120쪽, 2018

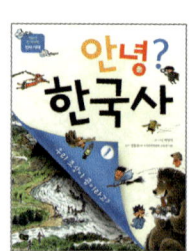

020 우리 어디에서 놀아요?

3~4학년 문학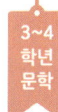

『놀이터를 돌려줘』

원유순 지음, 조윤주 그림, 라임, 123쪽, 2017

#노는 법 #놀 권리 #동네 놀이터
#놀이터는 어린이가 주인

놀고 싶은 아이들의 좌충우돌 놀이터 쟁탈전

놀기 대장 대한이는 아주 바쁘다. 다른 아이들은 학원 다니기에도 모자란 하루지만 대한이는 마음껏 노는 데 쏟다. 동네 놀이터인 가람 놀이터와 학교 운동장은 놀기 대장에게 없어서는 안 될 장소다. 그러던 어느 날 청천벽력 같은 일이 벌어진다. 가람 놀이터에서 그네가 끊어지는 사고가 발생해 놀이터가 폐쇄된 것이다. 갈 곳이 없어진 아이들은 거리에서 놀다 혼나고, 문샤인 아파트 놀이터에서 놀다가 주민이 아니라고 쫓겨난다. 대한이와 친구들은 놀 곳이 없어졌다. 앞으로 어디에서 놀아야 하나! 그나마 다시 놀 수 있을 거라 기대했던 가람 놀이터는 주차장으로 바뀐다고 한다.

아파트에 살지 않으면 놀 곳이 정말 없다. 놀 곳을 찾아 학교 운동장을 찾거나, 돈을 내고 실내 놀이터에 가야 한다. 대한이가 겪는 일이 책 속 주인공에 한정된 이야기가 아니므로 주인공에게 공감하며 읽을 수 있도록 도와주면 좋겠다. 작품 속 주인공이 되어 왜 이런 일이 일어났을까 생각해볼 수 있는 3학년 2학기, 일어난 일에 대한 자신의 의견을 이야기하고 해결 방법을 제안할 수 있는 4학년 1학기에 한 권 읽기로 추천한다. 놀이터에서 할 수 있는 일, 놀이터 외의 놀이 장소, 여러 가지 놀이 방법에 대해 이야기하고 안전하게 놀기 위한 규칙을 정해 실천해보면 좋다.

성취 기준

[4국01-02] 회의에서 의견을 적극적으로 교환한다.
[4국01-06] 예의를 지키며 듣고 말하는 태도를 지닌다.
[4국05-02] 인물, 사건, 배경에 주목하며 작품을 이해한다.

수업 방향

- 주인공 상황에 공감하며 고민에 대한 해결 방안을 함께 생각해본다.
- 놀이 공간, 놀이 방법에 대해 자신의 경험을 자유롭게 이야기할 수 있도록 한다.
- 아이들이 마음껏 놀 수 있도록 어른들이 무엇을 해주면 좋을지 이야기해 본다.

생각 나누기

- 내가 만약 대한이라면 가람 놀이터에서 놀 수 없게 되었다는 말을 듣고 어떤 마음이 들었을까요? -『놀이터를 돌려줘』 28~38쪽 참고
- 대한이는 주로 학교 운동장과 가람 놀이터에서 놉니다. 나는 주로 언제,

어디에서, 무엇을 하며 노는지 이야기해봅시다.
- 대한이는 누나와 함께 피켓 시위를 하며 문제를 해결하려고 합니다. 나라면 어떻게 문제를 해결했을까요?

독서 활동

- 우리들의 요구 사항을 담은 피켓을 만들어봅시다.
- 우리 동네, 우리 학교에 있는 놀이 공간에 대해 조사해봅시다.
- 독사과 놀이, 우유 귀신 딱지 놀이, 볼링 놀이 등 책 속에 나오는 놀이를 직접 해봅시다.

함께 읽으면 좋은 책

『우리에겐 놀이터가 필요해요』 쿠루사 지음, 모니카 도페르트 그림, 유혜경·최성희 옮김, 찰리북, 72쪽, 2016

『지금 해도 재밌는 한국 풍속 놀이 33가지』 박영수 지음, 우지현 그림, 풀과바람, 124쪽, 2019

『스마트폰 끄고 재미있게 노는 방법 100』 크리스 허시먼 지음, 엘리사 파가넬리 그림, 김재홍 옮김, 아울북, 96쪽, 2018

021 진정한 친구란

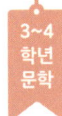

『우리 반에 귀신이 있다』

김민정 지음, 이경하 그림, 라임, 100쪽, 2018

#학교생활 #친구 #왕따 #편견
#우정

서로 다른 아이가 친구라는 이름으로 하나가 된다

진우는 귀신을 본다고 소문난 아이다. 등굣길에 죽은 고양이를 들고 있는 모습을 들키자 아이들은 진우가 고양이를 죽였다고 수군거리고 진우를 괴롭힌다. 귀신이 붙었다고 겁을 준 진우의 말이 거짓말임을 알게 된 승태는 복수를 결심하고, 민수에게 함께하자고 하지만 민수는 거절한다. 혼자 노는 진우는 민수에게 의미심장하게 다가서고, 민수는 그런 진우가 싫지 않다. 가까워지기 시작한 둘. 알고 보니 진우는 고양이를 죽인 것이 아니라 차에 치인 고양이를 묻어주고 새끼를 돌보고 있었다. 진우에 대한 다른 소문도 거짓이었을까?

    친구들에게 외면당해서 고립된 아이 진우와 공부를 위해 스스로 혼자가 된 아이 민수는 전혀 친구가 될 수 없어 보인다. 하지만 진우는 귀신을 본다는 자기만의 방법으로 친구들의 외면을 극복하고, 자신처럼 혼자 있는 민수에게 먼저 다가간다. 따돌림을 당하면서도 움츠러들지 않고 오히려 다른 친구에게 먼저 다가가는 진우의 행동이 인상 깊다. 공부에 대한 스트레스가 커지고 또래 친구와의 관계를 중요하게 여기는 시기인 4학년에게 권한다. 또한 친구에 대한 편견 없이 모두가 행복한 교실이 되는 방법을 이야기하며, 실생활과 연결시키면 살아 있는 책 읽기를 할 수 있을 것이다.

성취 기준

[4도02-02] 친구의 소중함을 알고 친구와 사이좋게 지내며, 서로의 입장을 이해하고 인정한다.

[4국02-05] 읽기 경험과 느낌을 다른 사람과 나누는 태도를 지닌다.

수업 방향

- 우리 반 친구들과 사이좋게 지낼 수 있는 방법을 논의해본다.
- 진정한 친구의 의미를 살펴보고, 나에게 적용해볼 수 있다.
- 친구에게 가지고 있는 편견에 대해 생각해본다.

생각 나누기

- 독서 전 제목의 의미를 생각해봅시다.
- 진우가 친구들에게 귀신이 보인다고 말한 이유는 뭘까요?
- 진우가 고양이를 죽였다는 오해를 받고도 변명하지 않는 이유는 뭘까요?
- 엄마가 시키는 대로 살아온 민수의 진짜 속마음은 뭘까요?
- 진정한 친구란 어떤 친구일까요?

독서 활동

- '편견'에 대한 마인드맵을 만들어봅시다.
- 민수와 진우라는 등장인물 간의 다른 점과 닮은 점을 찾아봅시다.
- 친구와 사이좋게 지낼 수 있는 다양한 방법을 생각해보고 실천판을 만들어봅시다.
- 민수 또는 진우에게 하고 싶은 말을 정리하여 편지를 써봅시다.

함께 읽으면 좋은 책

『친구가 안 되는 99가지 방법』 김유 지음, 안경미 그림, 푸른숲주니어, 84쪽, 2018

『내 멋대로 친구 뽑기』 최은옥 지음, 김무연 그림, 주니어김영사, 96쪽, 2016

『소희가 온다!』 김리라 지음, 정인하 그림, 책읽는곰, 160쪽, 2017

『진짜 친구를 만드는 관계의 기술』 에일린 케네디-무어·크리스틴 맥러플린 지음, 캐시 밍거스 그림, 정아영 옮김, 라임, 176쪽, 2017

022 잃어버린 웃음을 찾아라!

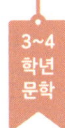

『웃지 않는 병』

정연철 지음, 김고은 그림, 휴먼어린이,
124쪽, 2017

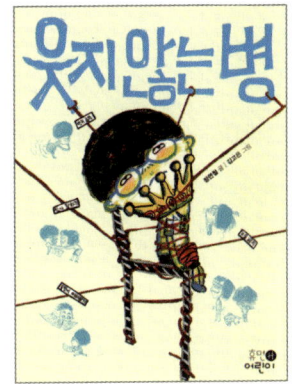

#가족 #감정 표현 #마음의 병 #학교생활
#웃음 되찾기

웃음 찾기를 통해 발견한 진정한 나의 모습

은오는 '웃지 않는 병'에 걸렸다. 엄마와 아빠는 이혼했고, 엄마가 정해놓은 '아들 십계명'에는 온통 금지 사항뿐이다. 웃음 치료사로 일하는 엄마는 바빠서 정작 은오의 마음은 들여다보지 못한다. 그러는 사이 은오는 그나마 있던 친구들과도 멀어져 외톨이가 되어버렸다. 그런데 외삼촌네 집은 은오네와 정반대다. 웃을 일이 아닌데 시도 때도 없이 웃는다. 밥상에서 자유롭게 방귀도 뀌고, 사촌 범수는 말썽을 일으켜 혼나면서도 실실거린다. 나이는 같지만 자신과 전혀 다른 모습의 사촌을 보며 은오는 웃음을 잃어버린 이유를 알게 된다. 은오는 원하는 삶을 살기 위해 그동안 피해왔던 현실과 부딪쳐보기로 한다.

두껍지 않은 책이지만 무게감 있는 이야기로 생각거리를 던져주기 때문에 4학년 2학기에 읽기를 권한다. 은오의 모습을 통해 나의 삶을 들여다보고, 나는 고민을 함께 나눌 대상이 있는지 생각해보면 좋겠다. 또 웃음보에 대해 이야기 나눠보고, 고장 난 웃음보가 있는 친구들의 문제를 함께 고민해보는 것도 좋겠다.

성취 기준
[4국05-04] 작품을 듣거나 읽거나 보고 떠오른 느낌과 생각을 다양하게 표현한다.
[4국05-03] 이야기의 흐름을 파악하여 이어질 내용을 상상하고 표현한다.

수업 방향
- 은오와 은오 엄마를 보며, 가족이란 어떤 존재인지 생각해본다.
- 주인공의 말과 행동을 보고, 나라면 어떻게 할지 생각하며 읽는다.

생각 나누기
- '작가의 말'을 읽고 웃음의 종류에 대해 이야기해봅시다. 내가 가장 자주 웃는 웃음은 어떤 웃음인가요?
- 책 속에서 은오 엄마는 "엄마가 제일 듣기 싫어하는 소리 알지?" 하고 묻습니다. 그렇다면 반대로 내가 엄마에게 제일 듣기 싫은 소리는 무엇인가요?
- 사촌 범수는 은오에게 "넌 무슨 재미로 사냐?" 하고 묻습니다. 나에게 웃음과 즐거움을 주는 것은 무엇인가요?

독서 활동
- 은오와 은오 엄마 역할을 정하고 역할극을 해봅시다.

- 엄마가 지켜주었으면 하는 '엄마 십계명'을 만들어봅시다.
- '우리 반 웃음 찾기 대회'를 열어, 반 친구들을 웃기기 위한 장기자랑 대회를 팀별로 진행해봅시다.

함께 읽으면 좋은 책

『떴다! 수다 동아리』 김영주 지음, 김무연 그림, 휴먼어린이, 120쪽, 2017
『몰라요, 그냥』 박상기 지음, 김진희 그림, 창비, 100쪽, 2017

023 학급 회의로 정해지는 판결

『재판을 신청합니다』

이명랑 지음, 이강훈 그림, 시공주니어,
140쪽, 2013

#학급 규칙 #우정 #급식 시간 #학급 재판
#자치 활동 #용기

맛있는 반찬을 더 먹었다고 재판을 받다니 억울해요

즐거운 급식 시간, 아이들이 좋아하는 미트볼을 누군가 더 먹어 못 먹은 아이가 발생했다! 이 '미트볼 사건'으로 가해자인 전학생 현상이는 학급 재판을 받게 된다. 누군가 잘못해서 다른 사람에게 상처나 피해를 주면 피해자가 언제든 재판을 신청할 수 있는 5학년 5반. 전학생이라 친구가 없는 현상이는 변호해줄 친구를 구할 수 없다. 결국 학급 재판에서 진 현상이는 일주일 동안 피해자의 도우미 역할을 수행해야 한다. 게다가 도우미에게 청소와 알림장 쓰기만 시킬 수 있다는 학급 규칙 외에 아이들끼리 몰래 도우미한테 뭐든 맘대로 시킬 수 있다는 또 하나의 규칙을 만들었다는 사실을 알게 된다. 현상이는 공정하지 못한 규칙에 분노를 느낀 몇몇 친구들과 함께 재판을 신청하고,

새롭게 공정한 학급 재판 규칙을 만든다.

학교 급식을 소재로 했기 때문에 아이들이 충분히 공감할 수 있다. 자신의 의견을 적극적으로 말하고 학생 자치 활동에 관심을 갖기 시작하는 4학년 1학기에 함께 읽기 좋다. 대화체가 많아 역할을 정해 소리 내어 읽기를 할 수 있다. 선생님이 책 앞부분을 읽어주고 시작하기를 추천한다.

성취 기준

[4국01-02] 회의에서 의견을 적극적으로 교환한다.
[4도02-02] 친구의 소중함을 알고 친구와 사이좋게 지내며, 서로의 입장을 이해하고 인정한다.

수업 방향

- 학급 규칙에 대해 이야기해볼 수 있다.
- 설득력 있게 다른 사람에게 의견을 전달하는 방법에 대해 생각하며 읽는다.

생각 나누기

- 우리 반 학급 규칙에 대해 어떻게 생각하나요?
- 우리 반에서 재판을 신청하고 싶은 일이 있었나요?
- 학급 자치로 결정하거나 해결하고 싶은 일이 있나요?
- 용기란 무엇인지 책 속에서 찾아 말해봅시다.

독서 활동

- 대화체의 문장을 선생님과 학생이 번갈아 가며 소리 내어 읽어봅시다.

- 학급 규칙을 정해봅시다.
- 생각 나누기에서 제시된 사례로 모의 재판을 진행해봅시다.

함께 읽으면 좋은 책

『우리가 박물관을 바꿨어요!』 배성호 지음, 홍수진 그림, 초록개구리, 144쪽, 2016

『사라, 버스를 타다』 윌리엄 밀러 지음, 존 워드 그림, 박찬석 옮김, 사계절, 30쪽, 2004

『초딩, 자전거 길을 만들다』 박남정 지음, 이형진 그림, 소나무, 112쪽, 2018

『급식 먹고 슈퍼스타』 신현경 지음, 김고은 그림, 해와나무, 64쪽, 2015

024 가족에게도 착한 거짓말이 필요할까?

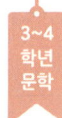

『비밀 가족』

최은영 지음, 이덕화 그림, 개암나무,
132쪽, 2014

#가족 #비밀 #착한 거짓말
#불안하고 불편해

비밀 때문에 할머니에게 거짓말을 해야 하다니

가족에게 거짓말을 하거나 말 못할 비밀이 생긴다면 어떨까? 따로 살던 할머니가 갑자기 민후네 집에 오시면서 민후 가족은 비밀이 하나 생겼다. 민후 아빠는 직장을 그만두고 빵집을 준비하고 있었는데 이 사실을 숨기기로 한 것이다. 괜히 할머니가 걱정하실 거 같아서 아빠와 엄마는 민후와 동생 은지에게 할머니에게는 말하지 말라고 한다. 민후는 어쩔 수 없이 할머니에게 거짓말을 하고, 불편하고 불안한 감정에 자꾸만 화가 난다. 거짓말은 다른 거짓말을 낳게 되고, 이런 상황이 너무 싫은 민후. 친구 제후와 비밀 깨기 대작전을 짜고, 작전은 대성공한다. 아빠의 비밀부터 할머니의 비밀까지 가족 모두가 알게 되고 힘든 상황도 함께 알고 해결해야 진정한 가족이라는 것을 느끼며 이야기는 끝난다.

아이들 입장에서 거짓말을 하면 느껴지는 감정을 잘 표현했고 재미있는 삽화가 돋보인다. '거짓말'이라는 주제가 아이들의 공감을 사기에 충분하다. 책에 나오는 인물과 비슷한 일을 겪은 경험을 말하기 좋은 책으로, 3학년 1학기 한 권 읽기로 추천한다. 또 '가족에게도 거짓말을 해야 할까?', '착한 거짓말은 필요한가?'라는 주제로 이야기 나눌 수 있다.

성취기준

[4국05-03] 이야기의 흐름을 파악하여 이어질 내용을 상상하고 표현한다.
[4도02-01] 가족을 사랑하고 감사해야 하는 이유를 찾아보고, 가족 간에 지켜야 할 도리와 해야 할 일을 약속으로 정해 실천한다.

수업 방향

- 행복한 가족에 대해 생각해본다.
- 아이, 부모님, 할머니의 입장을 공감하며 책을 이해할 수 있다.
- 거짓말에 대한 다양한 이야기를 나누어본다.

생각 나누기

- 나도 민후처럼 가족에게 거짓말한 경험이 있나요?
- 행복한 가족 관계를 위해 필요한 것은 무엇일까요?
- 가족 간에 비밀이 있어야 할까요?

독서 활동

- 책에서 나온 '비밀 깨기' 방법을 말해보고 가장 좋은 방법을 투표로 정해

봅시다.
- 할머니, 아빠, 민후를 핫시팅 기법으로 인터뷰해봅시다.
- 우리 가족의 꿈을 조사해봅시다.
- '착한 거짓말이 필요한가?'에 대해 토론해봅시다.

함께 읽으면 좋은 책

『가족, 사랑하는 법』 선혜연 지음, 이혜란 그림, 사계절, 60쪽, 2018

『가족이란 뭘까?』 스테판 클레르제·소피 보르데 지음, 클로트카 그림, 허보미 옮김, 톡, 76쪽, 2016

『쉿! 엄마에겐 비밀이야』 은효경 지음, 고수 그림, 노란돼지, 64쪽, 2014

025 따듯했던 가게가
사라지는 우리 동네

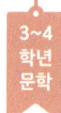
3~4학년 문학

『시원탕 옆 기억사진관』

박현숙 지음, 이명애 그림, 노란상상,
140쪽, 2018

#동네 #추억 #도시 재생 #젠트리피케이션
#오래된 가게

오래된 목욕탕, 사진관 대신 등장한 분위기 있는 카페?

목욕탕, 사진관, 구멍가게, 세탁소, 미용실……. 언제까지나 그 자리에 있을 것 같던 정겨운 동네 가게들이 사라지고 있다. 『시원탕 옆 기억사진관』은 낡고 허름하지만 역사와 전통을 지켜가는 사람들의 이야기다. 지훈이 할아버지는 40년 동안 동네에서 사진관을 하시고 친구 성지의 할머니는 3대째 목욕탕을, 그리고 화진이 어머니는 미용실을 운영한다. 성지는 할머니의 대를 이어 명물 목욕탕을 만들겠다는 꿈을 꾼다. 시간이 흘러 동네는 발전하고 몇십 년 동안 그곳에 살던 사람들은 임대료가 올라 더 이상 동네에서 살 수 없게 되었다. 하나둘 다른 곳으로 이사를 가고 그 자리에는 대신 예쁜 찻집, 사진 찍기 좋은 레스토랑이 들어선다. 이곳에 살았던 지훈이, 성지, 친구들은 태어나고 자란 곳을 떠나 새로운 곳으로 가야 하는 상황이 너무 아쉽다.

낡고 오래된 것은 터부시하고 새롭고 보기 좋은 것만 찾는 우리에게 묵직한 생각거리를 던져준다. 우리 동네와 고장을 둘러보고 다양한 활동을 하는 3~4학년에게 추천한다. 우리 동네에 예전에는 있었지만 지금은 없어진 것에 대해 이야기 나누기에 좋은 책이다. 지역 발전에 따라 우리 생활이 어떻게 바뀌는지 생각해볼 수 있다.

성취 기준

[4사01-01] 우리 마을 또는 고장의 모습을 자유롭게 그려보고, 서로 비교하여 공통점과 차이점을 찾아 고장에 대한 서로 다른 장소감을 탐색한다.
[4사02-03] 옛 사람들의 생활 도구나 주거 형태를 알아보고, 오늘날의 생활 모습과 비교하여 그 변화상을 탐색한다.

수업 방향

- 우리 동네에 오래된 것과 새로운 것에 대해 이야기해본다.
- 갈등 해결 방법에 대해 생각해본다.

생각 나누기

- 할머니의 대를 이어 명물 목욕탕을 만들겠다는 성지의 꿈은 이루어졌을까요? 명물 목욕탕을 만들기 위해 다른 목욕탕과 차별화하려면 어떻게 해야 할까요?
- 지훈이 할아버지는 성지 할머니가 돌아가신 후 생전에 화해하지 못한 것을 후회합니다. 나에게도 화해하지 못한 친구가 있나요? 화해를 위한 방법에는 어떤 것이 있을까요?

- 우리 동네에 10년 뒤에도 그 자리에 그대로 있었으면 하는 것이 있나요?

독서 활동

- 목욕탕이나 사진관에 가본 경험을 이야기해봅시다. −TV 프로그램 「놀면 뭐하니」에 등장한 다양한 사진관 모습 참고
- 사진으로 우리 가족사를 만들어봅시다. −『시원탕 옆 기억사진관』 98쪽 참고
- 우리 동네에서 사라진 곳에 대해 조사하고 우리 동네 모습을 그려봅시다.
- '젠트리피케이션'이라는 용어가 무슨 뜻인지 찾아봅시다.

함께 읽으면 좋은 책

『우리 가족이 살아온 동네 이야기』 김향금 지음, 김재홍 그림, 열린어린이, 46쪽, 2011

『골목에서 소리가 난다』 김장성 지음, 정지혜 그림, 사계절, 40쪽, 2007

『때 빼고 광내고 우리 동네 목욕탕』 김정 지음, 최민오 그림, 밝은미래, 52쪽, 2017

026 단점을 극복할 수 있는 가면을 판다면?

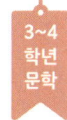

『울랄라 가면 사용법』

신은경 지음, 김다정 그림, 라임, 136쪽, 2017

#소심 #자신감이 부족해 #가면 #꿈 #우정
#단점 극복 #울렁증

소심하고 찌질한 성격을 확 바꾸고 싶어요!

평소에 친구들과는 밝은 표정, 큰 목소리로 잘 이야기하지만 수업 시간에 책 읽기를 시작하면 목소리가 작아지고 더듬거리거나 얼굴이 빨개지는 아이들이 꼭 있다. 우리 주변에 흔하게 볼 수 있는 소심한 아이, 이 책의 주인공 동준이가 그렇다. 동준이는 가수가 꿈이지만 무대 울렁증이 있다. 어느 날 홈쇼핑을 통해 '위풍당당 요술 가면'을 구매하고 부끄럼쟁이에서 노래와 춤 모두 잘하는 학교 스타로 변신한다. 하지만 자신감이 지나쳐 잘난 척이 되고 만다. 변해가는 자신의 모습에 두려움을 느끼고 결국 가면을 벗는다. 이후 스스로 자신을 돌아보는 과정을 통해 자연스럽게 단점을 극복하며 성장한다.

부족함을 해결해줄 수 있는 가면이 있다면, 우리는 어떻게 할까?

가면을 쓰고 자신감을 얻는다는 설정과 주인공이 갈등을 해결하는 과정이 흥미로워 끝까지 호기심과 긴장감을 갖고 읽을 수 있는 책이다. 자신의 단점을 어떻게 극복하면 좋을지 고민하는 친구들이 함께 읽고 그 방법을 찾아보면 좋을 것이다. 또 좋아하는 일을 위해 노력하는 주인공과 관련지어 진로 수업에 활용할 수 있다. '꿈이 꼭 직업이 되지 않아도 좋아하는 일을 포기하지 않고 각자의 방식으로 지켜갈 때 행복해지는 게 아닐까?'라는 작가의 물음에 대한 생각을 이야기해볼 수 있다.

성취 기준

[4국01-06] 예의를 지키며 듣고 말하는 태도를 지닌다.
[4도02-02] 친구의 소중함을 알고 친구와 사이좋게 지내며, 서로의 입장을 이해하고 인정한다.

수업 방향

- 내 성격의 장단점에 대해 이야기를 나누며 단점을 극복할 수 있는 방법을 생각해본다.
- 주인공이 가면에 지배당하지 않고 벗을 수 있었던 힘은 무엇인지 생각하며 읽는다.
- 내가 좋아하는 것, 꿈, 직업에 대해 생각해본다.

생각 나누기

- 내가 주인공이었다면 단점을 극복할 수는 있지만 부작용이 생기는 가면을 썼을까요? -『울랄라 가면 사용법』 95쪽 참고
- 나는 어떤 상황에서 떨리고 불안한가요? 어떻게 극복할 수 있을까요?

- '꿈이 꼭 직업이 되지 않아도 좋아하는 일을 포기하지 않고 각자의 방식으로 지켜갈 때 행복해지는 게 아닐까?'라는 작가의 말에 공감하나요?

독서 활동

- 결말을 읽기 전, 가면 벗는 방법을 생각해봅시다. -『울랄라 가면 사용법』 106쪽 참고
- 바꾸고 싶은 성격에 대해 친구들과 서로 상담을 해줍시다.
- 내가 갖고 싶은 가면을 만들어봅시다.
- 단점을 극복하는 가면을 파는 가게를 열고 시장 놀이를 해봅시다.

함께 읽으면 좋은 책

『꽁지도사와 삐뚜로 슈퍼키드』 이성숙 지음, 김이조 그림, 별숲, 160쪽, 2016

『술술 립스틱』 이명희 지음, 홍유경 그림, 책고래, 108쪽, 2017

『나만 그래요?』 진희 지음, 차상미 그림, 라임, 72쪽, 2019

027 마음을 나눌 사람이 필요할 땐

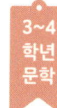

『우정 계약서』

원유순 지음, 주미 그림, 잇츠북어린이
124쪽, 2016

#우정 #오해 #다툼 #계약 관계
#똥배랑 방귀는 죄가 없다

친구를 만드는 비법, 우정 계약서!

새침데기 4학년 윤지수는 눈치 꽝, 센스 꽝에 똥배 짱인 같은 반 남궁보배가 너무 싫다. 1학년 때 실수로 뀐 방귀로 친구들 앞에서 자신을 놀려댄 사건 이후 보배가 하는 일이라면 무엇이든 거슬린다. 이런 속사정도 모르고 보배는 지수가 마냥 좋다. 지수하고 제발 짝이 되게 해 달라고 기도도 하고, 자신을 무시해도 지수가 최고라며 치켜세운다. 그러나 작은 사건 하나로 지수에게 화가 잔뜩 나게 되고 서로를 남궁똥배, 방구 고슴도치라고 부르며 으르렁댄다. 결국 선생님께서는 '우정 계약서'라는 숙제를 내주시고, 두 사람은 도서관에서 함께 책 읽고 인증 사진 찍기, 같이 게임하고 일기 쓰기 등 꾸역꾸역 계약 내용을 하나씩 실천해간다. 그러다 갑자기 발생한 사건으로 계약 내용은 못

지키게 되지만 서로에 대한 마음이 완전히 달라진다.

중학년 이상이 되면 친구가 더 중요한 존재가 되며 관계에도 크고 작은 문제가 생긴다. 친구 관계의 어려움에 공감하며 긴 호흡의 책을 읽는 연습을 할 수 있다. 세밀한 인물의 감정 묘사와 짜임새 있는 구조로 다른 사람들의 생각을 이해하고 공감하면서 자연스럽게 관계 맺는 방법에 대해 배울 수 있다. 또한 책 내용을 바탕으로 다양한 활동을 겸한다면 문학에 대한 감상 능력 또한 키울 수 있을 것이다.

성취 기준

[4국02-05] 읽기 경험과 느낌을 다른 사람과 나누는 태도를 지닌다.
[4국05-02] 인물, 사건, 배경에 주목하며 작품을 이해한다.
[4도02-02] 친구의 소중함을 알고 친구와 사이좋게 지내며, 서로의 입장을 이해하고 인정한다.

수업 방향

- 같은 사건을 두 주인공의 입장에서 다르게 묘사한 서술 방식의 특징을 살려 세밀한 감정의 흐름과 변화를 이해하면서 읽는다.
- 누구나 한 번쯤은 겪게 되는 또래 문제를 다룬 내용이기에 자신의 상황과 경험을 이해하고 대입하는 활동에 중점을 둔다.

생각 나누기

- 별명에 대해 여러분은 어떻게 생각하나요? 별명의 좋은 점과 나쁜 점에 대해 말해봅시다.
- 사이가 좋지 않거나 친하지 않은 친구와 잘 지내려고 노력해야 할까요?

자신의 생각을 이유와 함께 정리해봅시다.

독서 활동

- '다시 친해지길 바라' 카드를 만들어봅시다. 사이가 나빠진 친구가 있다면 왜 그렇게 됐는지 그 이유와 다시 친해질 수 있는 방법을 적어서 친구에게 보내봅시다.
- 잘 모르거나 친하지 않은 친구를 잘 관찰해보고 그 친구의 좋은 점 다섯 가지를 찾아봅시다.
- '천생'-'연분', '지피'-'지기', '선견'-'지명'처럼 사자성어 중에서 맞는 짝을 찾는 게임을 해봅시다.
- 친구들과 의견을 나누어 우리만의 우정 계약서를 만들어봅시다.

함께 읽으면 좋은 책

『내 멋대로 친구 뽑기』 최은옥 지음, 김무연 그림, 주니어김영사, 96쪽, 2016

『친구사용설명서』 김경순 지음, 양은서 그림, 고래책빵, 108쪽, 2018

028 이름을 버려야 했던 아픈 역사

『내 이름은 이강산』

신현수 지음, 이준선 그림, 꿈초, 100쪽, 2018

#일제 강점기 #창씨개명 #한글 이름 #족보
#강제 징용 #정신대

일제 강점기, 창씨개명을 해야 했던 이강산

4학년 강산이는 조선 이름을 일본 이름으로 바꾸는 '창씨개명' 때문에 무척 괴롭다. 창씨개명을 하지 않으면 학교에서는 이마에 가위표를 하며 못 나오게 하고, 남자 어른들은 징용을 가거나 누나들은 정신대에 끌려갈 수 있다고 한다. 하지만 할아버지는 조선 사람은 조선 이름을 써야 한다며 창씨개명을 거부하고, 학교에 가고 싶은 강산이는 이 모든 게 조상님부터 자신의 이름 '이강산'까지 적혀 있는 족보 탓인 것만 같아 할아버지 몰래 족보를 숨기게 된다.

아직 본격적인 역사 수업을 받기 전인 중학년 친구들이 읽어도 무리가 없다. 주인공과 주변 인물들의 상황을 통해 일제 강점기 우리 민족이 겪은 고통을 구체적이고 실감 나게 느낄 수 있도록 이야기가 전개된다. 또한 할아버지가 돌아가시기 전까지 지키고 싶어 했던 우리 이름이 갖는 상징성을 강산이의 시선에서 이해하기 쉽게 묘사했다. 우리 민족 문화를 말살하려고 했던 잔혹한 일제 강점기를 이해하기 위해 활용하면 좋은 책이다.

성취기준

[4국05-02] 인물, 사건, 배경에 주목하며 작품을 이해한다.
[4국05-04] 작품을 듣거나 읽거나 보고 떠오른 느낌과 생각을 다양하게 표현한다.

수업 방향

- 창씨개명에 대한 주인공 강산이의 관점 변화를 주된 논제로 설정한다.
- 책에서 제시된 일제 강점기를 이해할 수 있는 소재와 이야깃거리를 중심으로 수업 활동을 계획한다.

생각 나누기

- 족보가 사라지자 할아버지는 몸져눕고 점점 쇠약해집니다. 할아버지에게 족보란 어떤 의미일까요?
- 할아버지가 돌아가시자 강산이는 '리노이에 코우잔'보다 '이강산'이라고 불리고 싶어 합니다. 만약 내가 강산이라면 창씨개명을 했을지, 원래 이름을 끝까지 지켰을지 이야기해봅시다.

독서 활동

- 자신의 이름에 담긴 특별한 사연 또는 이름이 가진 의미에 대해 이야기해

봅시다.
- 책을 읽으면서 어려운 단어 또는 새롭게 알게 된 단어를 표시하고 그 의미를 찾아봅시다.
- 입분이가 부르는 「오빠 생각」 원곡을 들어보고 노래에 담긴 의미를 생각해봅시다. -『내 이름은 이강산』 51쪽 참고
- 자신 때문에 할아버지가 돌아가셨다고 생각하는 강산이를 위로할 수 있는 한마디를 적어봅시다. -『내 이름은 이강산』 98쪽 참고
- 일제 강점기 창씨개명 외에 우리 민족이 겪은 고통과 수탈에 대해 조사해봅시다.

함께 읽으면 좋은 책

『처음 한국사 9』 김정호·이희근 지음, 한용욱 그림, 주니어RHK, 132쪽, 2013

『할머니의 수요일』 이규희 지음, 김호민 그림, 주니어김영사, 180쪽, 2017

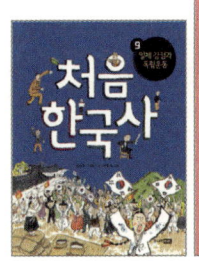

029 고향말 쓰면
아나운서 못한당가요?

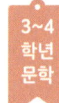

『사투리의 맛』

류호선 지음, 정지윤 그림, 사계절,
136쪽, 2009

#사투리 #표준어 #서울말 #아나운서
#전라도 #전학

전라도 소년이 전하는 즐거운 사투리 이야기

여수 돌산도에서 서울로 전학 온 철환이는 아나운서가 꿈이다. 고향에서는 늘 조회대에서 우리 동네 뉴스를 발표하고, 어른들께 칭찬받는 아이였지만 전학 와서 만난 서울 친구들은 철환이가 하는 말마다 웃음을 참지 못하고 조폭이냐고 놀려대기 일쑤다. 어느 날 학교 방송반에서 아나운서를 모집한다는 소식을 접하고, 늘 꿈꾸던 일을 이루기 위해 철환이는 온갖 노력을 다하게 된다. 과연 철환이는 사투리를 고치고 서울말 하는 아나운서가 될 수 있을까?

촌스럽고 맞지 않는 표현인 것 같은 사투리에 대한 선입견을 주인공의 서울 적응기를 통해 자연스럽게 해소해준다. 정감 있고 재미있는 전라도 사투리의 다양한 표현을 읽다보면 서울에 산다고 해서 사투리를 고쳐야 하는지 의문이 든다. 전라도, 경상도, 충청도, 중국의 조선족 말까지 지역마다 표현이 조금씩 다를 뿐, 모두 우리가 사랑해야 하는 우리나라 말이다. 각 지역의 사투리와 관련한 독서 활동을 통해 사투리가 담고 있는 그 지역의 특색과 문화를 자연스럽게 습득하고 다양한 문화에 대한 포용력도 함께 기를 수 있다.

성취 기준

[4국05-03] 이야기의 흐름을 파악하여 이어질 내용을 상상하고 표현한다.
[4도03-02] 다문화 사회에서 다양성을 수용해야 하는 이유를 탐구하고, 올바른 의사 결정 과정을 통해 다른 사람과 문화를 공정하게 대하는 태도를 지닌다.

수업 방향

- 역할 나누기, 모둠 읽기, 함께 읽기 등 다양한 방법을 통해 낭독의 즐거움을 느낄 수 있도록 계획한다.
- 책 속 이야기에 몰입할 수 있도록 '사투리로 연극 만들기' 등의 활동을 진행한다.

생각 나누기

- 철환이는 방송반 아나운서가 되기 위해 사투리를 고치려고 노력합니다. 만약 여러분이라면 어떻게 했을까요?
- 현재 우리나라의 표준어는 서울말입니다. 여러분이 생각하는 표준어의 기준은 무엇인가요?

독서 활동

- 책 속에서 기억에 남는 사투리를 찾아 적어봅시다.
- 우리만의 직업 카드를 만들어봅시다. 철환이는 누군가에게 무엇을 이야기해주는 것을 중요한 일이라 생각하고 그 일에 진심으로 최선을 다하는 사람이 아나운서가 되어야 한다고 생각합니다. 여러분이 꿈꾸는 직업이 있다면 그 직업에 적합한 사람이 되기 위한 조건은 무엇일까요? -『사투리의 맛』 67쪽 참고
- 우리가 잘 아는 이야기를 사투리로 바꿔서 연극해봅시다. -『사투리의 맛』 117쪽 참고

함께 읽으면 좋은 책

『사투리 회화의 달인』 문부일 지음, 영민 그림, 마음이음, 188쪽, 2017

『우리말 모으기 대작전 말모이』 백혜영 지음, 신민재 그림, 푸른숲주니어, 168쪽, 2018

030 나와 다른 특별한 눈으로 보는 세상

3~4학년 문학

『도토리 사용 설명서』

공진하 지음, 김유대 그림, 한겨레아이들,
180쪽, 2014

#장애 아동 #배려 #도토리처럼 데굴데굴
#나를 잘 사용해주세요

특별한 뇌를 가진 유진이의 유쾌한 학교생활!

중증 장애로 특수 학교에 다니는 주인공 유진이가 2학년에 올라가면서 겪는 학교생활과 일상을 밝고 유쾌하게 그렸다. 엄청난 울보에 먹보인 유진이는 조종하기 어려운 특별한 뇌를 가지고 있어서 말도 잘 못하고 혼자서는 잘 움직이지도 못한다. 휠체어에 앉아 있지 않을 때는 도토리처럼 여기저기를 데굴데굴 굴러다닌다. 유진이는 언제나 마음을 잘 알아주는 엄마가 있고, 학교에서는 재미있는 담임 선생님과 좋아하는 친구들이 있어서 항상 즐겁다. 한 번은 의사소통이 되지 않아서 바지에 오줌을 싸는 실수를 했지만 유진이는 이에 굴하지 않고 낯선 사람들과도 소통할 수 있는 '나 사용 설명서(도토리 사용 설명서)'를 만든다.

『도토리 사용 설명서』는 장애를 가진 주인공을 주도적이면서도 긍정적으로 표현하였다. 게다가 김유대 작가의 발랄한 그림체가 잘 어우러져서 무겁게 느낄 수 있는 장애에 대해 아이들이 친근하게 접근할 수 있다. 유진이와 같은 특별한 친구를 나와 다를 것 없는 보통의 친구로 자연스럽게 받아들일 수 있게 도와주는 책이다. 주인공이 2학년이고, 학교를 중심으로 한 생활을 그린 동화지만 장애라는 주제가 다소 어려울 수 있고 글 분량이 많기 때문에 3학년 2학기부터 읽기를 추천한다.

성취 기준

[4국05-01] 시각이나 청각 등 감각적 표현에 주목하며 작품을 감상한다.
[4국05-02] 인물, 사건, 배경에 주목하며 작품을 이해한다.
[4도02-02] 친구의 소중함을 알고 친구와 사이좋게 지내며, 서로의 입장을 이해하고 인정한다.

수업 방향

- 등장인물이 처한 상황과 배경을 잘 살펴보고, 등장인물의 입장에서 생각해본다.
- 나와 다른 친구를 어떻게 대해야 하는지 함께 생각해본다.

생각 나누기

- 아프거나 장애가 있는 친구와 만났던 경험이 있나요?
- 내 마음을 친구나 가족, 선생님이 잘 몰라줘서 답답할 때가 있었나요? 그럴 때는 어떻게 했나요?
- 주인공의 행동 중 좋은 점이나 아쉬운 점이 있나요?

- 나의 장점과 단점은 무엇일까요?

독서 활동

- 독서 전, 책 표지와 책 속 삽화를 보고 내용을 상상해봅시다.
- 대화하지 않고도 친구와 소통할 수 있는 '나 사용 설명서'를 만들어봅시다. -『도토리 사용 설명서』 124쪽 참고
- 주인공을 분석하고, 주인공에게 편지를 써봅시다.
- 책을 읽은 후 장애에 대해 달라진 생각을 글로 표현해봅시다.

함께 읽으면 좋은 책

『내 친구는 시각장애인』 프란츠 요제프 후아이니크 지음, 베레나 발하우스 그림, 김경연 옮김, 주니어김영사, 36쪽, 2005

『나는 입으로 걷는다』 오카 슈조 지음, 다치바나 나오노스케 그림, 고향옥 옮김, 웅진주니어, 108쪽, 2004

『몸이 불편해도 못할 건 없어!』 이리나 야시나 지음, 타티야나 코르메르 그림, 이경아 옮김, 꼬마이실, 116쪽, 2015

『누구나 도움이 필요해요』 엘렌 사빈 지음, 최윤미 옮김, 문학동네, 63쪽, 2009

031 마고할미는 우리 시대의 어머니고 할머니다!

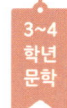

『우리 집에 온 마고할미』

유은실 지음, 백대승 그림, 푸른숲주니어,
92쪽, 2015

#가족 #할머니 #옛이야기 #마고할미 #여성
#집안일과 육아 전쟁

우리 집에 온 수상한 할머니, 전설 속의 마고할미일까?

윤이네 집에 바쁜 부모님을 대신해서 집안일을 도와줄 할머니가 왔다. 할머니는 지켜야 할 약속 세 가지를 말하면서 어기면 바로 나가버리겠다고 엄포를 놓는다. 할머니의 요구사항은 첫째 할머니 방에 절대 들어오지 말 것, 둘째 집안일은 내 맘대로, 셋째 책 읽어달라고 하지 말 것! 윤이는 할머니가 너무도 수상하다. 여러 가지 일을 동시에 척척 해내고, 아홉 가지나 되는 반찬을 엄청나게 빨리 만들면서 맛까지 최고다. 게다가 윤이가 학교에 갔다 온 사이에 집 안을 반짝반짝하게 싹 다 치워놓다니! 할머니의 엄청난 능력에 놀란 윤이는 할머니를 몰래 관찰하고, 마고할미라고 믿기 시작한다. 그러던 어느 날, 윤이는 한밤중에 열려 있는 할머니의 방을 훔쳐보게 된다. 과연 할머니의 정체는 무엇이었을까?

『우리 집에 온 마고할미』는 아이들이 잘 알고 있는 옛이야기를 현대 생활에 자연스럽게 녹였다. 할머니의 정체를 밝히려는 윤이의 시선, 수상한 할머니의 특징과 어우러진 마고할미의 신비스러운 이야기, 할머니가 윤이에게 들려주는 살짝 바뀐 옛이야기들이 아이들의 상상력을 자극한다. 이러한 상상들이 그림책에서 줄글로 넘어가는 시기인 3학년 아이들에게 책 읽는 재미를 느끼게 해줄 것이다. 그리고 맞벌이 부부의 일상이나 할머니들의 희생적인 부분이 잘 드러나 있어서 맞벌이 가정이나 집안일 분담, 엄마와 할머니 등 가족 생활에 대한 이야기를 나누기에 좋다.

성취 기준

[4국05-03] 이야기의 흐름을 파악하여 이어질 내용을 상상하고 표현한다.
[4국05-05] 재미나 감동을 느끼며 작품을 즐겨 감상하는 태도를 지닌다.
[4사02-06] 현대의 여러 가지 가족 형태를 조사하여 가족의 다양한 삶의 모습을 존중하는 태도를 기른다.

수업 방향

- 인물의 행동과 말을 생각하면서 뒷이야기를 상상하면서 읽는다.
- 가족 구성원의 역할과 지켜야 할 약속에 대해 생각해본다.
- 마고할미를 비롯한 우리나라 신화에 대해 알아본다.

생각 나누기

- 할머니는 자신이 싫어하는 행동을 미리 말합니다. 내가 제일 싫어하는 것은 무엇인가요?

- 할머니의 정체는 무엇이고, 할머니는 왜 떠났을까요?
- 책 속의 할머니와 우리 엄마나 할머니를 비교해보고 비슷한 점을 생각해 봅시다.

독서 활동

- 할머니의 비밀과 결말을 상상해보고, 옛이야기처럼 바꾸어 나만의 새로운 이야기를 써봅시다.
- 마고할미 역할을 하고 싶은 사람을 여러 명 뽑아서 모두 칠판 앞 의자에 앉혀 놓고 인터뷰를 진행해봅시다.
- 나와 친구가 싫어하는 것을 비교하고 친구 사이에 서로 지켜야 할 약속을 정해봅시다. 또 집에서 가족들이 나에게 지켜주었으면 하는 것을 적어봅시다.
- 마고할미와 관련된 다른 책을 함께 읽고, 이야기 나눠봅시다.

함께 읽으면 좋은 책

『마고할미』 정근 지음, 조선경 그림, 보림, 38쪽, 2006

『마고할미 세상을 발칵 뒤집은 날』 양혜원 지음, 이지숙 그림, 학고재, 108쪽, 2013

032 걷잡을 수 없는 과학의 발달

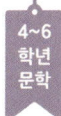

『복제인간 윤봉구』

임은하 지음, 정용환 그림, 비룡소, 172쪽, 2017

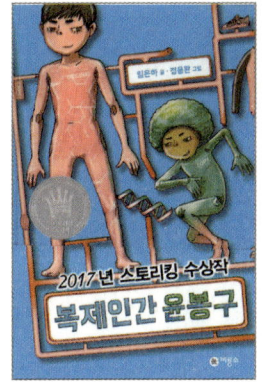

#인간 복제 # 과학 윤리 #자아 #정체성 #인권

복제 인간! 무엇을 위해 만들어지는 걸까?

아주 옛날부터 인간은 무병장수를 꿈꾸며 살아왔다. 요즘은 의학 기술이 하루가 다르게 발전하고 있어, 머지않은 미래에 인간 복제가 가능해질 테고, 그럼 인간은 무병장수의 오랜 꿈을 이룰 수 있을 것이다. 그런데 여기에는 많은 문제가 따른다. 여러 가지 윤리 문제가 등장할 수밖에 없기 때문이다. 복제로 태어난 인간은 과연 우리와 같은 인간일까? 복제 인간은 누군가의 소유물이 될 수 있을까?

유난히 형과 똑같이 생긴 윤봉구는 과학자인 엄마가 몸이 약한 형을 위해 만들어낸 복제 인간이다. 봉구는 자신이 당연히 엄마의 둘째 아들이라 생각하며 살고 있었지만 서서히 복제 인간일지도 모른다는 의심을 품기 시작한다. 그러던 어느 날 봉구에게 '나는 네가 복제 인간인 것을 알고 있다'는 편지가 날아온다. 봉구는 엄마와 형 이외의 다른 사람이 이 사실을 알고 있다는 불안감에 휩싸여 괴로운 상상에 빠지게 된다. 세상에서 가장 사랑하는 엄마는 나를 정말 사랑하는 걸까? 나는 누구인가? 형의 동생일까, 형 자신인 걸까?

인간의 존엄성, 과학 윤리, 정체성 등 여러 가지 중요한 주제를 담고 있는 이야기다. 아이들이 함께 읽고 이 같은 주제로 활발하게 토론하기에 적합하다.

성취 기준

[4국05-02] 인물, 사건, 배경에 주목하며 작품을 이해한다.
[4사04-06] 우리 사회에 다양한 문화가 확산되면서 생기는 문제(편견, 차별 등)및 해결 방안을 탐구하고, 다른 문화를 존중하는 태도를 기른다.

수업 방향

- 자아 정체성을 고민하여 자존감을 찾도록 유도한다.
- 과학 윤리가 중학년 학생에게 어려운 개념이지만 과학보다 인간이 우선이라는 개념을 갖도록 유도한다.
- 복제 관련 영상 자료를 통해 학생들이 복제 인간의 개념을 더 잘 이해할 수 있게 돕는다.

생각 나누기

- 복제 인간의 존재를 어떻게 생각하나요? 복제 인간을 만드는 것에 찬성하나요, 반대하나요?
- 이 작품에서 가장 공감 가거나 기억에 남는 등장인물은 누구인가요? 그 이유도 함께 이야기해보세요.

- 봉구는 자신이 왜 태어났는지 끊임없이 고민합니다. 여러분은 내가 무엇을 위해 태어났다고 생각하나요?

독서 활동

- 릴레이 글쓰기로 뒷이야기를 써봅시다. 나중에 『복제인간 윤봉구 2』, 『복제인간 윤봉구 3』을 읽고 비교해도 좋습니다.
- Story Box로 정리해봅시다.
- 복제 인간의 존재 여부나 장단점에 대해 조사하고 토론해봅시다.

함께 읽으면 좋은 책

『복제 인간 사냥꾼』 알프레드 슬롯 지음, 엘리자베스 슬롯 그림, 이지연 옮김, 아이세움, 226쪽, 2004

『내가 유전자를 고를 수 있다면』 예병일 지음, 다른, 200쪽, 2019

『딘킨 딩스: 9차원 세계에서 온 복제 인간』 가이 배스 지음, 피트 윌리엄스 그림, 한진여 옮김, 세상모든책, 160쪽, 2011

+ 영화

「마이 시스터즈 키퍼」 My Sister's Keeper, 2009

033 좋은 친구란?

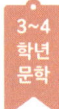

『우리 집이 더 비싸거든』

강효미 지음, 마정원 그림, 파란정원,
96쪽, 2010

#전학 #아파트 #우정 #차별
#넌 몇 평에 사니

친구의 가치는 어떻게 정해야 할까?

도시에서는 아파트 크기나 자가용 종류로 사람을 구분한다는 말은 오래전부터 나돌던 이야기다. 고급 아파트에서 근처 임대 아파트 사람들은 아파트 내부 길을 지나다니지도 못하게 한다는 이야기도 뉴스를 통해 종종 접한다.

주인공 달래는 시골에서 살다가 가정 형편 때문에 도시의 작은 단독 주택으로 이사 온 아이다. 달래는 콘크리트로 덮인 작은 마당에 벌렁 누워 하늘을 바라보지만 아파트에 가려 보이지 않는다. "엄마 하늘이 없다", "우리 집 하늘을 저 아파트들한테 도둑맞았어!" 하고 말한다. 새로운 학교에 간 첫 날! 시골 아이라고 놀리는 아이들 사이에서도 달래는 결코 기가 죽지 않는다. 왜냐하면 달래네 집에서는 감자,

고추 키우기, 마당에서 물장난하기 등 아파트에서는 할 수 없는 재미난 일들을 많이 할 수 있기 때문이다. 급기야 아파트에 사는 친구들이 달래를 부러워하게 되고 아파트 중에서 가장 큰 평수에 사는 왕규현 역시 달래에게 자신의 강아지를 맡아달라고 부탁하게 된다.

우정이나 인권을 경제력으로 따지지 않고 차별 없이 모두를 평등하게 대하는 수준 높은 인간의 덕목에 대해 생각할 수 있다. 친구가 중요한 시기의 아이들에게 친구, 우정이라는 가치의 기준 확립에 도움을 줄 것이다.

성취 기준

[4사04-01] 촌락과 도시의 공통점과 차이점을 비교하고, 각각에서 나타나는 문제점과 해결 방안을 탐색한다.
[4사04-02] 촌락과 도시 사이에 이루어지는 다양한 교류를 조사하고, 이들 사이의 상호 의존 관계를 탐구한다.

수업 방향

- 진정한 우정, 인간 평등에 대한 이념을 지도한다.
- 환경에 따라 달라지는 주생활을 비교하는 수업이 가능하다.

생각 나누기

- 여러분은 친구를 사귈 때 어떤 점을 중요하게 생각하나요?
- 단독 주택에 사는 달래를 친구들은 왜 부러워했나요?
- 좋은 집이란 어떤 집일까요?

독서 활동

- 임대 아파트에 사는 사람을 차별한 사건이 있었는지 신문 기사를 찾아봅시다.
- 아파트와 단독주택을 비교해보고 각각의 장단점에 대해 조사해봅시다.
- 우리 고장의 모습을 그림으로 그려봅시다.
- 내가 꿈꾸는 마을의 모습을 그림으로 그려봅시다.

함께 읽으면 좋은 책

『절대 딱지』 최은영 지음, 김다정 그림, 개암나무, 128쪽, 2016

『우리가 사는 한옥』 이상현 지음, 김은희 그림, 시공주니어, 48쪽, 2017

034 행복한 가족이란?

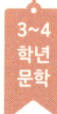

『가족 선언문』

임지형 지음, 김아영 그림, 아이앤북,
100쪽, 2015

#가족 #부부 싸움 #화해의 방법
#행복

가족 모두가 행복해지기 위해서 할 일은?

싸우는 형제, 자매를 말리는 부모의 모습은 주위에서 흔히 볼 수 있다. 그러나 이 책에서는 싸우는 부모를 말리는 자녀들이 등장한다. 부모의 싸움은 자녀에게 공포심과 불안을 심어주며 상처를 남긴다고 한다. 자녀들 앞에서 부부 싸움을 하지 말아야 한다는 것은 누구나 알고 있지만 그것을 지키기는 힘든 게 현실이다.

이 책에 나오는 주인공 아이들의 부모도 자주 싸운다. 싸우면서 엄마는 이혼 이야기를 말버릇처럼 한다. 부모의 싸움을 12년간 바라보던 큰 딸 혜민이는 부모에게 이혼하라고 선언한다. 그리고 아빠는 친가로, 엄마는 외가로 가고 혜민이와 동생 혜성이만 이 집에서 살겠노라 말하며 엄마, 아빠에게 짐을 싼 트렁크를 건넨다. 집에서 쫓겨난 부모는 아이들이 걱정되어 서로 엄마랑 같이 살자, 아빠랑 같이 살자 꼬셔 보지만 남매는 절대로 넘어가지 않는다. 부모의 걱정과는 달리 혜민이와 혜성이는 부모 없이도 잘 살아가는데…….

'행복한 가족은 어떤 가족일까?', '가족 모두가 행복하려면 각자의 자리에서 어떻게 노력해야 할까?'에 대해 생각하고 특히 아이들이 자신의 할 일을 고민하여 행복한 가정을 만들 수 있는 힘을 길렀으면 한다.

성취 기준

[4국05-02] 인물, 사건, 배경에 주목하며 작품을 이해한다.
[4사02-06] 현대의 여러 가지 가족 형태를 조사하여 가족의 다양한 삶의 모습을 존중하는 태도를 기른다.
[4도02-01] 가족을 사랑하고 감사해야 하는 이유를 찾아보고, 가족 간에 지켜야 할 도리와 해야 할 일을 약속으로 정해 실천한다.

수업 방향

- 행복한 가정을 위해 가족간에 지켜야 할 도리와 책임, 노력에 대해 생각해본다.
- 행복한 가정을 위해 자신이 할 수 있는 일은 무엇인지 생각해본다.

생각 나누기

- 엄마, 아빠가 싸우는 모습을 본 적이 있나요? 그때 마음이 어땠나요?
- 만약 엄마, 아빠가 자주 싸운다면, 화해하거나 싸우지 않을 수 있는 방법은 무엇일까요?

독서 활동

- 물고기 가족을 상상하여 그림으로 그려봅시다.(수업 전 활동으로 물고기 가족 그리기를 하면 아이가 느끼는 집안의 분위기를 파악할 수 있다.)
- 감정 카드를 이용하여 엄마 아빠가 싸울 때 어떤 기분인지 이야기해봅시다.
- [월드 카페 토론] 행복한 가족을 위해 각자 해야 할 일을 생각해봅시다.
- 행복한 가정을 만들기 위해 가족들이 해야 할 일을 실천해봅시다.

함께 읽으면 좋은 책

『가족, 사랑하는 법』 선혜연 지음, 이혜란 그림, 사계절, 60쪽, 2018

『나, 여기 있어요!』 케리 페이건 지음, 마일런 파블로빅 그림, 장혜진 옮김, 봄볕, 112쪽, 2017

『가족이란 뭘까?』 스테판 클레르제·소피 보르데 지음, 클로트카 그림, 허보미 옮김, 톡, 76쪽, 2016

『돼지책』 앤서니 브라운 지음, 허은미 옮김, 웅진주니어, 32쪽, 2001

035 세상에서 가장 값진 것?

『우리 반에 도둑이 있다』

고수산나 지음, 강전희 그림, 잇츠북어린이
128쪽, 2017

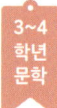

#학교생활 #오해 #도둑 #친구 #특별한 물건
#돈이 최고야

요술 필통으로 특별한 아이가 되다

집에서는 우등생인 형과 늘 비교당하고, 여유가 없는 가정 형편으로 갖고 싶은 것, 하고 싶은 것을 맘껏 누리지 못하는 정태. 어느 날 넣기만 하면 똑같은 것이 하나 더 생기는 요술 필통을 갖게 된다. 이 필통 덕분에 특별한 사람이 되었다고 생각하던 정태는 어느 날 학급에서 도둑으로 몰리게 된다. 사건을 해결해가는 과정에서 형제애, 친구의 우정을 느끼며 정태는 비로소 자신이 진정한 의미의 '특별한 사람'이라는 것을 깨닫는다.

정태는 돈을 잘 쓰고 좋은 것을 많이 가져야 친구들의 관심을 얻고 학교생활도 더 잘할 수 있을 것이라 생각한다. 물질을 최우선 가치로 여기는 물질 만능주의 시대를 살아가는 아이들의 모습을 엿볼 수 있는 장면이다. 아이들에게 물질보다 더 소중하고 가치 있는 것이 무엇인지 생각해볼 수 있게 하는 책이다. 고가의 물건을 학교에 가져와 잃어버리고 결국 서로를 의심하고 불신의 고리를 만들어가는 이야기는 우리 학급에서도 충분히 일어날 수 있는 일이다. 학급 토론을 통해 그 해결책과 예방법에 대해 아이들이 스스로 답을 찾아가게 한다면 의미 있는 활동이 될 것이라 생각한다.

성취 기준

[4국01-03] 원인과 결과의 관계를 고려하며 듣고 말한다.
[4국05-02] 인물, 사건, 배경에 주목하며 작품을 이해한다.
[4도02-01] 가족을 사랑하고 감사해야 하는 이유를 찾아보고, 가족 간에 지켜야 할 도리와 해야 할 일을 약속으로 정해 실천한다.

수업 방향

- 읽기 활동 중 잠깐 멈칫하기로 주인공의 행동과 사건이 벌어진 원인과 결과에 대해서 이야기 나누어본다.
- 물질 만능주의 시대에 물질보다 더 가치 있고 소중한 것이 무엇인지 생각하고 미래에 대한 꿈과 자기 주도적인 삶의 가치를 깨닫게 한다.

생각 나누기

- 가정이나 학교에서 부모님, 선생님께 차별 대우를 받는다고 느낀 적이 있었나요? 그때 상황을 설명해보고 느꼈던 감정을 표현해보세요.
- 만약 내게 똑같은 것을 만들어내는 요술 필통이 생긴다면 무엇을 갖고 싶고, 그 이유는 무엇인가요?

- 정태는 친구에게 돈을 잘 쓰고 좋은 것을 많이 가지고 있다면 인기 있는 아이가 될 것이라 생각합니다. 내가 생각하는 인기 있는 친구란 어떤 친구인가요?
- 반에서 물건을 분실하고 서로를 의심하는 일이 일어나지 않도록 예방하는 방법은 무엇일까요? 혹은 이미 일어난 사건을 해결하기 위해서는 어떻게 해야 할까요?

독서활동

- 나를 특별하게 만드는(자신감을 주는) 물건을 소개해보세요.
- 더 이상 쓰지 않는 물건을 가져와 나눔 가게를 열고 서로 교환해봅시다.
- 요술 물건을 만들 수 있는 능력이 생긴다면, 어떤 물건을 만들고 싶은가요?

함께 읽으면 좋은 책

『최기봉을 찾아라!』 김선정 지음, 이영림 그림, 푸른책들, 88쪽, 2011

『빨강 연필』 신수현 지음, 김성희 그림, 비룡소, 212쪽, 2011

『요술 항아리』 이수아 지음, 비룡소, 30쪽, 2008

036 누군가에게 위로도 상처도 줄 수 있는 '말'

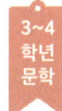
3~4학년 문학

『술술 립스틱』
이명희 지음, 홍유경 그림, 책고래, 108쪽, 2017

#학교생활 #발표 #친구 #용기
#말의 힘

바르기만 하면 말을 잘하게 되는 술술 립스틱

말수도 적고 친구들 앞에서 발표하는 것도 힘들어하는 부끄럼 많은 4학년 예원이. 친구 딸 미나와 매번 비교하는 엄마도, 놀리는 친구들도 모두 예원이를 힘들게 한다. 그러던 어느 날 바르기만 하면 술술 말을 잘하게 되는 '술술 립스틱'을 갖게 되고 기적 같은 일들이 벌어진다. 술술 립스틱을 바르자 예원이는 토론 시간에 전혀 더듬지 않고 또박또박 자신의 생각을 발표하고 학교 앞에서 교통사고를 내고도 막무가내인 운전자를 뛰어난 말솜씨로 제압하는 등 180도로 달라진다. 반 친구들 사이에서도 인기를 얻는다. 그러나 술술 립스틱에 적힌 '과욕은 금물'이라는 주의 사항을 무시한 예원이는 어느 순간부터 마음에도 없는 말이 술술 나오게 되어 친구에게 상처를 주는 등 곤란한 일들을 겪는다.

내용이 쉽고 재미있으며, '말'이 가진 두 얼굴에 대해 중학년 이상 아이들과 함께 이야기 나누기 좋은 책이다. 작가는 소심했던 자신의 어린 시절과 꼭 닮은 예원이를 통해 친구 관계에 어려움을 겪는 아이들에게 용기와 희망을 주고 싶다고 고백한다. 학급에서 소외되거나 발표하는 데 어려움을 겪는 친구, 또는 무심코 한 말이 친구에게 어떤 영향을 미치는지 잘 모르는 친구들과 함께 읽으면 모두가 즐거운 학교생활을 하는 데 도움이 될 것이다.

성취 기준

[4도02-02] 친구의 소중함을 알고 친구와 사이좋게 지내며, 서로의 입장을 이해하고 인정한다.
[4국01-04] 적절한 표정, 몸짓, 말투로 말한다.
[4국03-04] 읽는 이를 고려하며 자신의 마음을 표현하는 글을 쓴다.

수업 방향

- 읽기 전 책 표지를 보고 내용을 유추하고 작가의 말도 함께 살펴본다.
- 대화체가 많으므로 등장인물별로 역할을 정해 소리 내어 읽기 활동을 진행한다.
- '말'이 지닌 힘과 나의 언어생활에 대해서 생각해본다.

생각 나누기

- 내가 생각하는 나의 장점과 단점은 무엇인가요?
- 예원이는 의도치 않은 말실수로 어려움을 겪게 되는데 나도 그런 적이 있었나요? 다른 사람의 말로 상처를 받은 적이 있다면 어떤 말이었나요?

- 말 한마디로 울고 웃는 일이 생긴다고 하는데 나를 기쁘게 하는 말과 속상하게 하는 말은 무엇인가요?

독서 활동

- 술술 립스틱을 바르고 '나의 꿈 이야기'에 대해 발표해봅시다. –『술술 립스틱』 12쪽 참고
- 나의 단점을 보완해주는 마법 같은 물건이 있다면? 나의 단점/ 마법 같은 물건의 이름/ 물건의 효능에 대해 상상하여 글 쓰고 발표하기 –『술술 립스틱』 28~29쪽 참고
- 친구에게 사과하거나 용기를 주는 편지를 써봅시다.
- 바르면 용기가 생기는 '용기 스킨'을 사간 남자아이의 뒷이야기를 상상해 써봅시다.

함께 읽으면 좋은 책

『그 소문 들었어?』 하야시 기린 지음, 쇼노 나오코 그림, 김소연 옮김, 천개의 바람, 64쪽, 2017

『우리 반 욕 킬러』 임지형 지음, 박정섭 그림, 아이세움, 140쪽, 2016

『울랄라 가면 사용법』 신은경 지음, 김다정 그림, 라임, 136쪽, 2017

037 타인의 창작물 존중하기

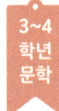

3~4학년 문학

『표절 교실』

김해우 지음, 임미란 그림, 크레용하우스,
112쪽, 2018

#학교생활 #창작 #표절 #영혼 #용기
#양심

영혼 없는 자들이여, 그곳에서 베끼고 베끼고 베낄지어다!

표절 관련 사건이 끊이지 않고 보도되는 것을 보면 안타깝게도 아직 우리는 표절의 심각성과 올바른 인용에 대한 인식이 턱없이 부족한 것 같다. 초등학생도 어려서부터 인터넷 정보에 익숙해 Ctrl+C, Ctrl+V로 붕어빵 같은 숙제를 해서 내는 것은 물론, 창작 활동에서도 이런 일이 빈번히 일어난다. 학교에서 윤리, 출처 밝히기 등 저작권에 대한 교육이 절실하다.『표절 교실』은 표절의 심각성과 타인의 창작물을 존중하는 자세를 쉽고 재미있게 배울 수 있는 이야기로 중학년 이상 아이들이 읽기에 적당하다.

시인이는 시인詩人이 꿈이었던 엄마가 지어준 이름처럼 언제부턴가 꿈도 시인이 되었지만 백일장만 다가오면 늘 긴장과 부담을 느낀다.

백일장이 열린 날, 시인이는 도서관에서 읽은 시가 떠올라 그대로 베껴 써서 상을 받게 된다. 그러던 어느 날 주위 사람들이 하나둘 사라지기 시작한다. 다른 사람의 창작물을 베껴 쓴 사람은 영혼 사냥꾼에게 잡혀가 표절 감옥에 갇히게 된 것이다.

한 사람의 영혼과 열정이 담긴 창작물을 우리가 왜 존중하고 보호해주어야 하는지 설명하는 책이므로 아이들에게 저작권, 지적 재산권 관련 교육을 할 때 읽으면 좋다.

성취 기준

[4국01-03] 원인과 결과의 관계를 고려하며 듣고 말한다.
[4국03-03] 관심 있는 주제에 대해 자신의 의견이 드러나게 글을 쓴다.
[4국05-03] 이야기의 흐름을 파악하여 이어질 내용을 상상하고 표현한다.

수업 방향

- 선생님이 읽어주기, 교사와 학생이 번갈아 가며 읽기, 읽다 멈칫하기 등으로 꼼꼼히 내용을 이해하며 읽게 한다.
- 표절의 뜻을 살펴보고 우리 주위에서 표절로 문제가 된 사례를 이야기하며 그 심각성을 깨닫게 한다.
- 인물의 말이나 행동을 통해 미루어 짐작해볼 수 있는 인물의 생각이나 감정에 대해 이야기 나눈다.

생각 나누기

- 내 이름에 담긴 뜻은 무엇인가요? 이름과 관련된 사연이나 에피소드가 있나요?

- 숙제를 똑같이 베껴서 낸 적이 있나요? 그 상황과 그때 생각을 이야기해 봅시다.
- 시인의 떡볶이 가게에서 아르바이트를 하던 아저씨는 얼마 후 바로 건너편에 '떡볶이 삼행시'라는 가게를 열고 조리법이 비슷한 음식을 만들어 팔기 시작하는데 이것은 표절일까요? -『표절 교실』12~15쪽 참고

독서활동

- 다양한 분야에서 일어나는 표절 관련 기사를 읽고 생각을 적어봅시다.
- 등장인물을 핫시팅 기법으로 인터뷰해봅시다.
- 책 속에서 멋진 표현을 찾아 써보고 올바르게 출처를 밝혀 쓰는 법을 익힙시다.
- 표절을 막기 위한 광고 포스터를 만들어봅시다.

함께 읽으면 좋은 책

『나도 저작권이 있어요!』 김기태 지음, 이홍기 그림, 상수리, 91쪽, 2012

『나의 린드그렌 선생님』 유은실 지음, 권사우 그림, 창비, 184쪽, 2005

『조금 남다른 개미』 툴리오 코르다 지음, 김현주 옮김, 리틀씨앤톡, 32쪽, 2012

『엉뚱이 소피의 못 말리는 패션』 수지 모건스턴 지음, 최윤정 옮김, 비룡소, 56쪽, 1997

038 새로 오신 교장 선생님의 특별한 가정 통신문

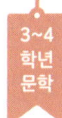

『가정 통신문 소동』

송미경 지음, 황K 그림, 위즈덤하우스,
86쪽, 2017

#학교 #교장 선생님 #가정 통신문 #가족
#거짓말 #친구 #공동체

가정 통신문으로 하루라도 맘껏 놀자

비둘기초등학교에 새로 오신 교장 선생님은 좀 특이하다. 다른 교장 선생님들은 일주일에 몇 번씩 '영어 경시대회, 건강, 위생' 같은 재미없고 지루한 가정 통신문을 보내셨는데, 이번 교장 선생님은 지금까지 한 번도 가정 통신문을 보내지 않으셨다. 들리는 소문에는 화단에서 벌레 잡기, 동전 줍기, 쓰레기 줍기가 취미라니 그야말로 괴짜 교장 선생님이다. 그런데 어느 날 교장 선생님이 '제1호 가정 통신문'을 보내셨다. 가족 숙제로 놀이공원에 가서 놀이 기구를 네 가지 이상 타고 사진을 제출하라는 내용이었다. 부모님은 귀찮은 가족 숙제에 궁시렁댔지만 모처럼 가족이 즐거운 시간을 보낸다. 어느새 부모님들도 기발하고, 재미있는 3호, 4호 가정 통신문을 기다리게 되지만 그 가정 통신문은 아이들이 만든 거짓 가정 통신문이었다. 하지만 이 소동으로 교장 선생님도, 가족들도 모두 행복한 시간을 보낼 수 있었다.

짧은 호흡의 글로, 학교생활에서 자주 접할 수 있는 가정 통신문을 소재로 한 재미있는 이야기다. 3학년 1학기 초에 읽으면 함께 읽는 즐거움을 느끼기에 적합한 책이다. 부모님 없이 할아버지와 사는 친구의 상황을 헤아려 배려하는 친구들을 보며, '배려란 무엇인가'에 대해 이야기 나눌 수 있으며, 가짜 가정 통신문을 주제로 '하얀 거짓말'에 대한 토론도 할 수 있다.

성취 기준

[4국01-03] 원인과 결과의 관계를 고려하며 듣고 말한다.
[4국05-03] 이야기의 흐름을 파악하여 이어질 내용을 상상하고 표현한다.
[4도02-02] 친구의 소중함을 알고 친구와 사이좋게 지내며, 서로의 입장을 이해하고 인정한다.
[4도02-04] 협동의 의미와 중요성을 알고, 경청·도덕적 대화하기·도덕적 민감성을 통해 협동할 수 있는 능력을 기른다.

수업 방향

- 3학년 1학기 초 이제 막 한 권 읽기를 시작하는 아이들이 함께 소리 내어 읽는 즐거움을 느낄 수 있도록 등장인물의 성격에 맞게 실감 나게 읽어본다.
- 책 속에서 다른 사람을 배려하는 행동을 찾아보고, '배려'에 대해 생각해 볼 수 있는 시간을 갖는다.

생각 나누기

- 아이들이 가짜 가정 통신문을 만든 것에 대해 어떻게 생각하나요?
- '하얀 거짓말'에 대해 어떻게 생각하나요? 찬성과 반대 입장으로 나누어 토론해봅시다.

독서 활동

- 모두가 즐거워할 수 있는 가정 통신문을 형식에 맞게 만들어봅시다. -『가정 통신문 소동』66쪽 참고
- 위 활동 중에서 가장 재미있었던 가정 통신문을 투표로 선정하고, 가정에서 실천해봅시다.

함께 읽으면 좋은 책

『콩가면 선생님이 웃었다』 윤여림 지음, 김유대 그림, 천개의 바람, 152쪽, 2016

『수상한 우리 반』 박현숙 지음, 장서영 그림, 북멘토, 208쪽, 2015

039 콩가면 선생님이 활짝 웃게 된 사연

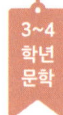

『콩가면 선생님이 웃었다』

윤여림 지음, 김유대 그림, 천개의바람, 152쪽, 2016

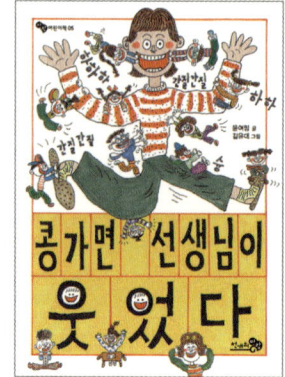

#우리 반 이야기 #선생님 #별명 #짝꿍 #친구
#생일 #숙제 #고민

초동초등학교 3학년 나반 아이들의 일상

초동초등학교 3학년 나반 김신형 선생님은 절대 웃지 않고, 까만 얼굴에 표정이 없어서 아이들이 '콩가면'이라고 부른다. 우리 학급에도 있을 법한 친숙한 인물들이 여덟 개의 챕터에 걸쳐 소개되고, 유머러스하고 훈훈하게 마무리 맺는다. 숙제병에 걸린 동구, 헌 옷만 물려 입어 새 옷을 사고 싶어 하는 아린, 마음에 들지 않는 짝꿍 때문에 걱정인 가빈, 장난이 심한 여자아이들 때문에 고민인 삼총사 준혁, 지훈, 예준. 가정 사정으로 문제아가 된 성인, 생일에 좋은 일이 생길 것 같아 가슴이 두근거리는 슬하, 표정이 없던 콩가면 선생님이 활짝 웃게 된 사연 등 각 챕터마다 길지 않은 에피소드가 등장한다.

한 권 읽기를 시작한 3학년 아이들이 함께 읽기에 적절하다. 특히 같은 또래의 다양한 고민이 생생하게 그려져 있어서 '아 맞아! 나도 이런 고민이 있었어!' 맞장구치며 읽을 수 있다. 또한 각 챕터의 이야기는 짧지만, 등장인물의 성격과 상황이 잘 나타나 있어 책을 읽으면서 주인공들에게 감정이입이 쉽다. 여름 방학을 시작하며 이야기가 마무리되므로, 3학년 1학기 말에 함께 읽는 것을 추천한다.

성취 기준

[4국05-02] 인물, 사건, 배경에 주목하며 작품을 이해한다.
[4국05-03] 이야기의 흐름을 파악하여 이어질 내용을 상상하고 표현한다.
[4도02-02] 친구의 소중함을 알고 친구와 사이좋게 지내며, 서로의 입장을 이해하고 인정한다.

수업 방향

- 타인에 대한 공감 능력을 키울 수 있도록 '나라면 어떻게 했을까' 생각하며 읽을 수 있도록 지도한다.
- 각각의 이야기가 열린 결말이므로 뒷이야기를 상상하며 읽는다.

생각 나누기

- 나의 별명은 무엇인가요? 왜 그 별명이 생겼나요?
- 혹시 내가 싫어하는 별명을 친구들이 부르고 있다면 내 마음과 생각을 어떻게 전달하면 좋을까요?
- 나도 동구처럼 '○○병'에 걸린 적이 있나요? -『콩가면 선생님이 웃었다』 13~33쪽 참고
- 가빈이처럼 짝꿍이 마음에 들지 않을 때는 어떻게 해야 할까요? -『콩가면

선생님이 웃었다』 57~73쪽 참고

독서 활동

- 등장인물의 성격을 파악해보고, 가장 기억에 남는 등장인물을 골라봅시다.
- 가장 마음에 드는 챕터를 정해 뒷이야기를 써봅시다.
- 나의 여름 방학 계획표를 만들어봅시다.

함께 읽으면 좋은 책

『꼴뚜기』 진형민 지음, 조미자 그림, 창비, 156쪽, 2013

『조커, 학교 가기 싫을 때 쓰는 카드』 수지 모건스턴 지음, 미레이유 달랑세 그림, 문학과지성사, 73쪽, 2000

『귀신 선생님과 진짜 아이들』 남동윤 지음, 사계절, 196쪽, 2014

『콩가면 선생님이 또 웃었다?』 윤여림 지음, 김유대 그림, 천개의바람, 172쪽, 2017

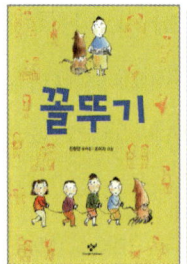   

040 전학 온 친구에게 다가가기

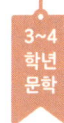

『하필이면 조은조』

조성자 지음, 이영림 그림, 잇츠북어린이,
116쪽, 2016

#학급 #친구 #전학 #동생 #오해
#우정

하필이면 똑같은 이름 '조은조'

학급 회장인 조은조와 새로 전학 온 조은조. 똑같은 이름을 가진 친구를 만나면 기분이 어떨까? 회장 은조는 '조은조'라는 흔하지 않은 이름을 나누어 가진 어색한 느낌에 이름을 빼앗긴 기분이 든다. 또 놀림당하는 전학생 은조가 한심해 보여 곁을 주지 않는다. 아이들이 전학생 은조가 그린 「달나라에 우리 집이 있다」라는 그림을 회장 은조의 작품으로 오해하지만 은조는 굳이 해명하지 않는다. 그 상황을 보게 된 전학생 은조는 어떤 생각을 할까?

  책을 뒤집어 뒤쪽부터 읽으면 전학생 은조의 시선으로 이야기가 시작된다. 전학생 은조는 바쁜 엄마를 대신해 쌍둥이 남동생들을 돌보느라 정작 자신은 지저분한 옷을 입고, 학교에도 지각한다. 같은 이름인 회장 은조와 친해지고 싶지만, 말 한마디 붙이기 힘들다. 하지만 개교기념일, 쌍둥이 동생을 유치원에 데려다주면서 생긴 작은 사고로 두 은조는 그동안의 오해를 풀고 새로운 우정을 쌓기 시작한다.

두 주인공의 입장을 이해하며 책을 읽을 수 있어 책 내용을 온전히 이해하기 쉽다. 짧은 글이며 전학생, 친구들 사이에서 벌어질 수 있는 오해 등 학교생활을 다룬 책으로 3학년 1학기에 함께 읽기를 추천한다.

성취 기준

[4국05-03] 이야기의 흐름을 파악하여 이어질 내용을 상상하고 표현한다.
[4국05-05] 재미나 감동을 느끼며 작품을 즐겨 감상하는 태도를 지닌다.
[4도02-02] 친구의 소중함을 알고 친구와 사이좋게 지내며, 서로의 입장을 이해하고 인정한다.

수업 방향

- 책을 읽으면서 어느 조은조의 입장이 더 공감 가는지, '나라면 어떻게 할까?' 질문을 하며 읽는다.
- 좋은 친구는 어떤 친구인지 생각하며 책을 읽을 수 있도록 지도한다.

생각 나누기

- 내가 생각하는 좋은 친구란 어떤 친구인가요?
- 내가 새로운 학교로 전학을 갈 수도, 새로운 친구가 우리 학급에 전학을 올 수도 있습니다. 전학 온 친구를 어떻게 대해주어야 할까요? 내가 전학을 간다면 친구들이 어떻게 대해주면 좋을까요?

독서 활동

- 가장 마음에 들었던 문장을 찾아보고, 그 이유를 정리해봅시다.
- 『늑대가 들려주는 아기돼지 삼형제 이야기』를 함께 읽고, 이처럼 짧은 이야기나 전래 동화를 주인공이 아닌 다른 인물의 입장에서 바꾸어 써봅시다.

함께 읽으면 좋은 책

『늑대가 들려주는 아기돼지 삼형제 이야기』 존 셰스카 지음, 레인 스미스 그림, 보림, 32쪽, 1996

『일투성이 제아』 황선미 지음, 최정인 그림, 이마주, 144쪽, 2017

『건방진 장루이와 68일』 황선미 지음, 신지수 그림, 스콜라, 148쪽, 2017

『할머니와 수상한 그림자』 황선미 지음, 노인경 그림, 스콜라, 176쪽, 2018

041 이웃과 나눈다는 것, 나를 찾아가는 것

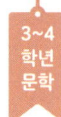

『짜장면 로켓 발사』

한윤섭 지음, 윤지회 그림, 문학동네,
116쪽, 2013

#가족 #나눔 #행복 #아름다움 #성형 수술
#글쓰기 대회

이웃과의 나눔, 솔직하고 용기 있는 나는 행복해요

기발하고 호기심을 유발하는 두 편의 이야기를 담은 책이다. 첫 이야기 「짜장면 로켓 발사」는 할아버지가 남겨주신 풍선 로켓 발사대 설계도를 발견한 열 살 성호가 로켓 발사대를 만들어 풍선에 음식을 실어 아프리카로 보낸다는 이야기다. 일련의 사건을 통해 풍선을 아프리카로 보내는 걸 믿지 않았던 어른, 풍선 로켓을 빼앗으려던 군인도 결국 아프리카에 음식을 보내는 데 동참하게 된다. 두 번째 이야기 「진짜 엄마 찾기 대회」는 새로운 자신을 찾는다며 떠난 엄마가 가족들이 알아보지 못할 정도로 성형 수술을 하면서 성호 가족이 겪는 에피소드를 담고 있다.

책의 소재와 줄거리가 호기심을 불러일으키고 상상력을 자극한다. 주인공 성호의 나이와 같은 3학년 학생들이 재미있고 유쾌하게 읽기 좋은 책으로, 3학년 1학기에 적당하다. 이 책은 재미있을 뿐만 아니라 나눔, 행복, 내적 아름다움 등 생각을 나눌 이야기가 많아 한 권 읽기로 추천한다.

성취기준

[4국05-05] 재미나 감동을 느끼며 즐겨 감상하는 태도를 지닌다.
[4도04-02] 참된 아름다움을 올바르게 이해하고 느껴 생활 속에서 이를 실천한다.

수업 방향

- 협력과 나눔의 즐거움을 알고 실천할 수 있는 방법을 생각해본다.
- 외적 아름다움과 내적 아름다움에 대해 생각해볼 수 있도록 한다.

생각 나누기

- 풍선 로켓이 있다면 누구에게, 어디로, 무엇을 보내고 싶나요?
- 여러분은 외모와 마음씨 중에 무엇이 더 중요하다고 생각하나요?
- 우리 엄마가 성형 수술을 받아서 예전과 달라진 모습으로 돌아온다면 어떨까요?

독서 활동

- 나눔·기부·봉사 단체에 대해 알아보고 내가 할 수 있는 활동을 생각해봅시다.
- 풍선 로켓에 담고 싶은 것과 누구에게 보내고 싶은지 써봅시다.
- 내가 행복했을 때를 떠올려보고 언제였는지 다섯 가지 경우를 써봅시다.

함께 읽으면 좋은 책

『생각이 크는 인문학 2: 아름다움』 한기호 지음, 이진아 그림, 을파소, 152쪽, 2013

『내 동생은 아프리카에 살아요』 김윤정 지음, 국민출판, 198쪽, 2014

『작은 눈이 어때서?』 최은순 지음, 김언희 그림, 뜨인돌어린이, 128쪽, 2016

042 나와 다른 내 친구

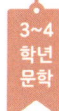

『바람을 가르다』

김혜온 지음, 신슬기 그림, 샘터, 104쪽, 2017

#장애 #통합 학급 #친구 #가족 #자폐
#뇌병변

몸이 불편한 친구와 친하게 지내고 싶어요

장애아와 가족의 이야기를 담은 세 편의 단편 동화집이다. 첫 번째 「바람을 가르다」는 뇌병변으로 몸이 불편한 친구와 짝이 된 사고뭉치 용재의 이야기다. 용재는 친구가 몸이 불편하다고 무조건 돕기만 하는 것이 아니라 함께 놀며 넘어지고 깨지면서 우정을 쌓아간다. 「천둥 번개는 그쳐요?」는 자폐가 있는 오빠의 방과 후를 책임져야 하는 초등학생 해미의 이야기다. 한창 친구들과 놀고 싶은 나이지만, 오빠를 복지관에 데려다주고, 집에서도 항상 오빠 다음인 해미를 통해 장애인이 있는 가족의 아픔을 이해할 수 있다. 「해가 서쪽에서 뜬 날」은 인상이 사납고 무서운 담임 선생님이 자폐가 있는 학생을 만나면서 변해가는 이야기다.

이 책은 장애아의 이야기를 특별하거나 억지스럽게 담은 것이 아니라 학교에서 일어나는 자연스러운 이야기로 그리고 있어 아이들도 공감하며 빠져들 수 있을 것이다. 또 장애가 있는 친구의 가족 이야기를 통해서는 장애가 있는 친구와 그 가족을 이해하는 계기가 될 수 있다. 한 권 읽기를 통해 통합 학급에서 장애인 친구와 자연스럽게 어울리며 함께 지내는 방법을 생각해 볼 수 있다.

성취 기준

[4도02-02] 친구의 소중함을 알고 친구와 사이좋게 지내며, 서로의 입장을 이해하고 인정한다.
[4국03-04] 읽는 이를 고려하며 자신의 마음을 표현하는 글을 쓴다.

생각 나누기

- 진정한 친구란 어떤 친구일까요?
- 찬우의 엄마는 뇌병변 장애 때문에 일상생활이 자유롭지 못한 찬우를 과잉보호합니다. 여러분은 찬우 엄마의 행동을 어떻게 생각하나요?
- 「바람을 가르다」에서 용재는 뇌병변인 친구가 바람을 가르는 기분을 느낄 수 있도록 몸을 줄로 묶어서 자전거를 태워줍니다. 그러다 내리막길에서 넘어져 다치고 맙니다. 좋은 의도로 시작했지만 결과가 나빴거나 실수를 한 적이 있나요?

독서 활동

- 책을 읽은 후 기억에 남는 장면을 그려봅시다.
- '뇌병변', '자폐' 등 장애에 대해 조사해봅시다.

- 주인공에게 마음을 전하는 편지를 써봅시다.

함께 읽으면 좋은 책

『도토리 사용 설명서』 공진하 지음, 김유대 그림, 한겨레아이들, 180쪽, 2014

『유통 기한 친구』 박수진 지음, 정문주 그림, 문학과지성사, 136쪽, 2019

『엘 데포』 시시 벨 지음, 고정아 옮김, 밝은미래, 248쪽, 2016

043 어른을 닮는 아이들

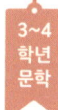
3~4학년 문학

『귀족놀이』

원유순 지음, 이예숙 그림, 밝은미래, 160쪽, 2016

#빈부 격차 #평등 #명품 #가품 #유행
#학교 청소

가진 것이 달라도 우리는 친구

양지초등학교 근처에 '리버뷰팰리스' 아파트가 들어서면서 그곳에 사는 아이들이 한꺼번에 전학을 온다. 그런데 전학 온 아이들은 건방지고 콧대가 높아 양지초 아이들과 친하게 지내려고도 하지 않는다. 이 아이들은 아파트 근처에 짓고 있는 학교가 완공되면 곧 전학 갈 예정이고, 양지초등학교는 가난한 아이들이 다니는 학교라는 이유로 애정을 갖지 않기 때문이다. 팰리스 아이들은 쉬는 시간에도 공부만 하고, 귀족놀이를 하던 양지초 아이들에게 '명품 하나쯤은 입어줘야 귀족'이라고 비아냥댄다. 그러자 양지초 아이들은 명품을 사달라며 엄마를 조르기 시작하는데……

가난하고 부유하다는 이유로 계급을 나누고 있는 어른들을 닮은 아이들의 이야기다. 불편한 소재라 조심스러울 수 있지만 동화를 통해서 아이들의 눈높이에 맞게 이야기를 나누어볼 수 있을 것이다. 명품을 사지 못해 가품을 입는 아이, 학교 청소를 대신 하러 오는 도우미 아주머니, 축구를 하고 싶지만 공부를 강요하는 엄마 등 다양한 이야깃거리가 많아 4학년 한 권 읽기로 적당하다.

성취기준
[4국05-02] 인물, 사건, 배경에 주목하며 작품을 이해한다.
[4도02-02] 친구의 소중함을 알고 친구와 사이좋게 지내며, 서로의 입장을 이해하고 인정한다.

수업 방향
- 학생들의 눈높이에서 문제 상황을 볼 수 있도록 한다.

생각 나누기
- 유행하는 물건을 갖고 싶어 하거나 사달라고 졸라본 적이 있나요? 왜 그 물건이 갖고 싶은지 이야기해봅시다.
- 친한 친구가 생일 선물로 비싼 화장품을 선물해 달라고 합니다. 어떻게 하면 좋을까요?
- 양지초등학교에서는 특별실 청소를 학생들이 분담해서 하고 있습니다. 팰리스 아이들에게 청소를 시키자 학생들을 대신해 청소를 할 아주머니들이 오게 됩니다. 이 일을 어떻게 생각하나요? 전교생이 함께 쓰는 특별실 청소는 누가 해야 될까요?
- 명품 점퍼를 입지만 하고 싶은 것을 못하는 것과 명품 점퍼를 입지 못하

지만 방과 후에 마음껏 뛰어노는 것 중 무엇을 선택하고 싶은가요?

독서 활동

- 신발 멀리 던지기로 귀족놀이를 해봅시다. -『귀족놀이』 44쪽 참고
- 나만의 버킷 리스트를 만들어봅시다.

함께 읽으면 좋은 책

『절대 딱지』 최은영 지음, 김다정 그림, 개암나무, 128쪽, 2016

044 스마트폰을 건강하게 사용하는 방법

『도깨비폰을 개통하시겠습니까?』

박하익 지음, 손지희 그림, 창비, 192쪽, 2018

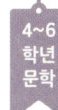

#스마트폰 중독 #절제 #도깨비 #유혹
#기 빨려

무엇이든 할 수 있는 스마트폰이 나타났다!

송지우는 스마트폰을 갖고 싶어 하는 평범한 초등학생이다. 학교 도서관에서 우연히 스마트폰을 발견하고 집으로 몰래 가져왔는데 알고 보니 도깨비들이 사용하는 스마트폰이었다. 지우는 도깨비폰을 통해 밤마다 도깨비 굴에 가서 도깨비들과 신나게 놀다 오기도 하고, 신기한 앱 덕분에 숙제도 뚝딱 해 버린다. 예뻐 보이는 화장도 뚝딱, 어려운 영어도 유창하게 술술 나온다. 그야말로 도깨비 방망이가 따로 없다. 도깨비폰에 푹 빠지게 된 지우는 폰을 사용할 때마다 자신의 '기'를 지불해야 한다는 것을 알게 되지만 도깨비폰의 유혹에서 쉽게 벗어나지 못한다.

'스마트폰'과 '도깨비'. 소재만으로도 아이들이 충분히 관심을 가질 만하다. 특히 스마트폰을 통해 현실과 도깨비 세계를 넘나들고, 도깨비들이 도깨비 방망이 대신 스마트폰으로 요술을 부린다는 판타지 요소가 아이들에게 더욱 재미를 준다. 스마트폰을 많이 사용하기 시작하는 중학년 이상의 아이들이 공감하면서 이야기할 만한 부분이 많다. 주인공이 기를 빨리면서도 도깨비폰에서 쉽게 벗어나지 못해 갈등하고, 이를 헤쳐나가기 위해 고민하는 모습을 보면서 스마트폰을 건강하게 사용할 수 있는 방법을 함께 생각해보면 좋을 것 같다.

성취 기준

[4국05-02] 인물, 사건, 배경에 주목하며 작품을 이해한다.
[4사04-05] 사회 변화(저출산, 고령화, 정보화, 세계화 등)로 나타난 일상생활의 모습을 조사하고 그 특징을 분석한다.

수업 방향

- 스마트폰 사용에 대해 다양한 관점에서 이야기 나눈다.
- 나의 생활 습관을 돌아보면서, 현대 사회의 필수품이 된 스마트폰을 건강하게 사용할 수 있는 방법을 생각해본다.

생각 나누기

- 나는 스마트폰을 주로 언제, 어떻게 사용하나요?
- 스마트폰을 사용하면서 기를 빼앗기고 있다고 느낀 경험이 있었나요?
- 나에게 무엇이든 할 수 있는 도깨비폰이 있다면 기를 빼앗기더라도 계속 쓸 것 같나요?
- 초등학생의 스마트폰 사용에 대한 여러분의 생각은? 장·단점은?

- 부모님께서 여러분의 스마트폰 사용을 제한하는 것에 대해 어떻게 생각하나요?
- 학교에서 스마트폰을 사용하는 것에 대해 어떻게 생각하나요?

독서 활동

- 나의 스마트폰 사용에 대해 스스로 평가하고, 스마트폰 사용 규칙 혹은 계획을 세워봅시다.
- 내가 원하는 스마트폰 앱을 그림으로 표현한 후 설명해봅시다. 앱의 이름, 기능과 특징을 꼭 넣어서 설명합니다.
- 스마트폰의 장단점을 정리해보고, 스마트폰 사용에 대한 생각을 이야기해봅시다.

함께 읽으면 좋은 책

『오늘부터 문자 파업』 토미 그린월드 지음, JUNO 그림, 이정희 옮김, 책읽는곰, 275쪽, 2018

『스마트폰이 먹어 치운 하루』 서영선 지음, 박연옥 그림, 팜파스, 116쪽, 2013

『스마트폰과 절교한 날』 유순희 지음, 원정민 그림, 개암나무, 60쪽, 2015

045 아프리카 코끼리들의 길잡이 '초록 눈'

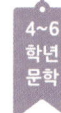

『초록 눈 코끼리』

강정연 지음, 백대승 그림, 푸른숲주니어,
208쪽, 2010

#코끼리 #동물원 #동물쇼 #아프리카 #우정
#꿈 #길잡이 #친구 #동물 복지

특별한 코끼리 '초록 눈'과 환희의 우정 이야기

온갖 신기한 재주와 사람의 말을 알아들을 수 있는 능력을 가진 범벅은 동물원의 슈퍼스타다. 어느 날 운명처럼, 같은 날 태어난 조련사의 아들 환희를 만난다. 환희는 코끼리의 말을 알아들을 수 있는 특별한 아이다. 범벅과 환희는 우정을 나누며 동물원 쇼를 위한 훈련을 한다. 하지만 아프리카 아기 코끼리를 얻기 위해 코끼리 가족을 몰살시키는 환상을 본 범벅은 본인이 백 년에 한 번 태어나는 아프리카 코끼리들의 길잡이 '초록 눈'임을 깨닫는다. 초록 눈은 더 이상 인간들의 눈요기가 되는 것을 거부하며 아프리카로 떠나겠다는 결심을 하지만, 인간들은 초록 눈을 회사의 광고 상품, 이윤을 남기기 위한 도구로만 생각한다. 우여곡절 끝에 조련사 콧수염과 환희, 마자자의 도움으로 초록 눈은 아프리카로 떠나는 비행기에 몸을 싣는다.

이 책을 읽으면서 코끼리의 시선으로 바라보는 세상, 인간들의 속임수와 배신, 내가 아닌 타인의 입장에서 한 번 더 생각해보기, 동물원은 어떤 곳인가에 대해 토의해볼 수 있다. 분량은 중학년에 적절하지만 위에서 언급한 다양한 내용의 생각할 거리가 많아 4학년 이상이 읽는 것을 추천한다.

성취 기준

[4국02-05] 읽기 경험과 느낌을 다른 사람과 나누는 태도를 지닌다.
[4국05-03] 이야기의 흐름을 파악하여 이어질 내용을 상상하고 표현한다.
[4도04-01] 생명의 소중함을 이해하고 인간 생명과 환경 문제에 관심을 가지며 인간 생명과 자연을 보호하려는 태도를 가진다.

수업 방향

- 동물원에서 슈퍼스타로만 살았던 '범벅'이 '초록 눈'임을 자각하면서 변하는 마음가짐과 행동을 파악한다.
- 동물을 소유물로 여기는 것과 생명의 소중함에 대해 생각해본다.

생각 나누기

- 동물에게 먹이와 안전이 보장된 동물원과, 천적과 굶주림이 있는 대신 자유가 있는 초원 중 어느 곳이 더 좋다고 생각하나요? 근거를 들어 이야기해보세요.
- 아프리카로 가기 위해 범벅은 동물원의 코끼리들에게 머리 울림으로 의사를 전달해 사람들에게 '길잡이 코끼리'의 존재를 알리고, 코끼리들의 단합된 모습도 보여줍니다. 내가 범벅이라면 아프리카로 가기 위해 어떤

방법을 쓸까요?

독후 활동

- 지난주에 있었던 일 중에 가장 기억에 남는 사건을 육하원칙에 맞게 신문 기사로 작성해봅시다. -『초록 눈 코끼리』 58쪽 참고
- 아프리카에 도착한 초록 눈, 콧수염, 환희의 뒷이야기를 상상해 써봅시다.

함께 읽으면 좋은 책

『푸른 사자 와니니』 이현 지음, 오윤화 그림, 창비, 216쪽, 2015

『해리엇』 한윤섭 지음, 서영아 그림, 문학동네, 156쪽, 2011

046 올바른 인터넷 문화 배우기

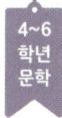

『악플 전쟁』
이규희 지음, 한수진 그림, 별숲, 176쪽, 2013

#악플 #인터넷 예절 #인성 #왕따
#관종 #방관자

흑설공주의 무시무시한 악플을 극복하는 방법

인터넷 예절을 배울 틈도 없이 인터넷이 빠르게 보급되고, 원색적인 비난도 서슴지 않는 악플이 난무하는 사회가 되었다. 악플의 공격은 아무리 멘탈이 강한 사람이라도 버티기 힘들다. 실제로 많은 연예인과 공인이 악플 때문에 스스로 목숨을 포기한 사건도 많다. 인터넷에서는 악플의 대상이 성인이건, 아이건 중요하지 않다. 아이들도 악플의 안전지대에 있지 못한다.

『악플 전쟁』은 주인공 서영이가 전학을 가서 상처가 많은 친구에게 괴롭힘을 당하는 내용이다. 의사인 아빠가 해외 봉사를 하러 간 탓에 엄마와 함께 외할머니 집에서 살게 된 서영이. 외할머니 집 근처로 전학을 가 새 학교에 적응하려고 애쓴다. 그러나 서영이는 흑설공주의 악플에 시달리며 힘든 상황에 부딪힌다. 사건의 모든 진실을 알면서도 괴롭힘당하는 서영이를 외면하는 왕따 민주. 별다른 상처 없이 자란 서영이는 잠깐 아프지만 금방 털고 일어나 자신이 먼저 친구들에게 다가간다.

학급에서 일어날 수 있는 친구 사이의 일들을 전개하면서, 올바른 인터넷 문화와 왕따 문제를 다룬다. 학생들과 함께 읽으면서 악플, 인터넷 예절, 왕따 등 토론할 거리가 많다.

성취 기준

[4도02-02] 친구의 소중함을 알고 친구와 사이좋게 지내며, 서로의 입장을 이해하고 인정한다.

[6도02-01] 사이버 공간에서 발생하는 여러 문제에 대한 도덕적 민감성을 기르며, 사이버 공간에서 지켜야 할 예절과 법을 알고 습관화한다.

[6국02-03] 글을 읽고 글쓴이가 말하고자 하는 주장이나 주제를 파악한다.

[6도01-03] 정직의 의미와 정직하게 살아가는 것의 중요성을 탐구하고, 정직과 관련된 갈등 상황에서 정직하게 판단하고 실천하는 방법을 익힌다.

수업 방향

- 악플이 얼마나 큰 악영향을 주는지 알 수 있도록 지도한다.
- 악플을 서슴없이 다는 댓글 문화를 개선하기 위한 방법을 고민하게 한다.
- 악플을 쓰지 않도록 유도한다.

생각 나누기

- 왕따를 예방하는 방법에 대해 논의해봅시다.
- 악플에 대한 기사를 찾아봅시다. 나의 생각은 어떤가요?

- 인터넷 예절이란 무엇이며 잘 지키기 위한 방법에는 어떤 것이 있을까요?
- 악플러를 처벌하는 법적 수준에 대해 알아봅시다.

독서 활동

- 악플에 의해 피해를 입은 사건을 다룬 기사를 찾아 읽어봅시다.
- 악플을 쓰지 않겠다는 다짐을 적은 후 선서를 해봅시다.

함께 읽으면 좋은 책

『정의의 악플러』 김혜영 지음, 이다연 그림, 스푼북, 152쪽, 2018

『악플을 달면 판사님을 만날 수 있다고?: 법학』 김욱 지음, 이우일 그림, 비룡소, 172쪽, 2014

『우리 반에 악플러가 있다!』 노혜영 지음, 조윤주 그림, 예림당, 192쪽, 2016

047 행복한 가족이 되기 위한 조건

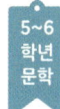

5~6
학년
문학

『바나나 가족』

임지형 지음, 이주미 그림, 스푼북, 148쪽, 2018

#가족 #사랑 #피곤한 가족 여행
#아빠는 불편해 #기러기 아빠

바나나같이 꼭 붙어 있어야 가족

규민이 가족은 서로 다른 곳에 산다. 아빠는 한국에 살고 엄마와 규민이는 미국에 산다. 규민이의 공부를 위해 가족이 잠시 떨어져 있는 것이다. 규민이와 엄마, 아빠는 각자의 자리에서 열심히 살아가는 것처럼 보인다. 하지만 규민이가 친구들과 여행을 가기로 한 날, 아빠가 갑자기 미국으로 오고 예상치 못한 가족 여행이 시작된다. 친구들과 계획한 여행을 갈 수 없게 된 규민이는 이 상황이 탐탁지 않다. 아빠가 계획한 여행에 억지로 끌려간 엄마와 규민이. 각자 떨어져 살면서 생긴 오해와 마음의 상처로 여행이 즐겁지만은 않다. 그러나 여행을 통해 규민이네 가족은 '가족'의 의미에 대하여 다시 생각해보게 된다.

규민이 가족을 통해 가족이 어떻게 사는 것이 행복한 것인지, 어떻게 하면 가족이 더 많이 사랑하고 행복을 나눌 수 있는지 생각해볼 수 있다. 또한 건강한 가정생활을 위해 가족 구성원이 서로 어떻게 배려하며 이해해야 할지 생각하면서 읽으면 좋다. 가장 가까우면서도 정작 서로 잘 알지 못하는, 가족이라는 관계 속에서 어떻게 소통하는 것이 좋을지 생각해보자.

성취 기준

[6국05-06] 작품에서 얻은 깨달음을 바탕으로 하여 바람직한 삶의 가치를 내면화하는 태도를 지닌다.

[6실01-04] 건강한 가정생활을 위해 가족 구성원의 다양한 요구에 대하여 서로 간의 배려와 돌봄이 필요함을 이해한다.

수업 방향

- 가족의 의미에 대하여 생각해본다.
- 가족 간의 사랑이란 어떤 것일지 생각해본다.

생각 나누기

- 가족 여행을 통해 가족 간의 변화가 있었던 경험이 있나요?
- '기러기 가족'에 대해 어떻게 생각하나요?
- 규민이가 아빠에게 선물한 액자에 있는 글 'And the greatest gift of all is love'의 의미는 무엇이고, 내가 생각하는 최고의 가치는 무엇인가요?

독서 활동

- 추억이 담긴 가족사진을 가져와 친구들과 함께 추억에 대해 이야기해봅시다.

- 어떨 때 가족이 나에게 힘이 되는지, 그리고 가족 이외에 나에게 힘이 되는 사람이 있는지 이야기 나눠봅시다. -『바나나 가족』 61쪽 참고
- 우리 가족을 과일에 비유해봅시다. -『바나나 가족』 146쪽 참고

함께 읽으면 좋은 책

『가족을 주문해 드립니다!』 한영미 지음, 김다정 그림, 살림어린이, 172쪽, 2014

『무인도로 간 따로별 부족』 오채 지음, 이덕화 그림, 비룡소, 188쪽, 2013

048 나와의 싸움에서 이겨라!

『불량한 자전거 여행』

김남중 지음, 허태준 그림, 창비, 229쪽, 2009

#이혼 #가족 #국토 순례 #자전거 여행 #고민 #성장

자전거 여행으로 새로 태어나라

자전거 마니아 김남중 작가의 경험이 고스란히 묻어난 동화다. 작가는 여러 대의 자전거를 가지고 있을 뿐만 아니라 자전거 여행이 취미다. 이 책 또한 자전거로 구례와 부산을 거쳐 강원도 고성까지 달리는 11박 12일짜리 순례 이야기를 담았다.

주인공 호진이는 엄마 아빠의 갈등 사이에서 어떻게 해야 할지 고민한다. 모든 게 자신의 탓인 것 같고 자신이 없어지면 그 갈등이 해결되지 않을까 생각한다. 어느 날 부모님의 싸움 끝에 가출을 결심하고 집안의 왕따 같은 존재, 삼촌을 찾아가기로 한다. 변변한 직업도 없어 집안의 걱정거리인 삼촌을 찾아간 호진이는 자신의 의지와 상관없이 삼촌이 이끄는 여자친구(여행하는 자전거 친구)의 순례길에 동행하게 된다. 그곳에는 삼촌과 호진이뿐 아니라 저마다의 사연을 가진 아홉 명의 사람들이 있다.

호진이는 동호회 사람들과 함께 자전거 여행을 하며 그들이 처한 상황을 이해하며 자신의 상처도 함께 극복해나간다. 여행을 통해 동호회 사람들과 호진이가 얻은 것, 변화된 것은 무엇인지 이야기하며 "땀은 고민을 없애주고 자전거는 즐겁게 땀을 흘리게 한다."는 작가의 말을 생각하며 책을 읽어보면 좋겠다.

관련 성취기준

[6국05-06] 작품에서 얻은 깨달음을 바탕으로 하여 바람직한 삶의 가치를 내면화하는 태도를 지닌다.

[6도01-02] 자주적인 삶을 위해 자신을 이해하고 존중하며 자주적인 삶의 의미와 중요성을 깨닫고 실천 방법을 익힌다.

수업 방향

- 가족의 행복을 위한 조건이 무엇일지 생각해본다.
- 책 속에서 자전거 순례가 갖는 의미에 대하여 생각해본다.
- 의미 있는 땀이란 어떤 것일지 생각해본다.

생각 나누기

- 우리 가족에게는 어떤 문제가 있는지 생각해보고 해결 방안을 이야기해 봅시다. (개인 정보 보호를 위해 아이들이 쪽지에 문제를 적어 통에 넣고 교사가 그것을 뽑아 읽으며 같이 해결 방안을 찾아보는 것이 좋다.)
- 자전거 여행 전과 후의 호진이는 어떻게 변했나요?

- 가족이 행복하기 위한 조건에는 어떤 것들이 있나요? 행복해지기 위해 가족 구성원이 할 수 있는 일들을 구체적으로 이야기해봅시다.
- 자전거 순례길에 함께 나선 사람 중 가장 기억에 남는 인물은 누구인가요?
- 『불량한 자전거 여행』이라는 제목의 의미는 무엇일까요?
- 여러 가지 종류의 땀에 대해 생각해보고 땀의 의미에 대하여 이야기 나눠봅시다. -『불량한 자전거 여행』174쪽 참고

독서 활동

- 여자친구 동호회가 떠났던 자전거 순례길을 지도에서 찾아봅시다.
- 호진이 가족은 앞으로 어떻게 될지 뒷이야기를 상상해봅시다.
- 가족에게 문자로 '고맙습니다.', '사랑합니다.'라고 보내보고, 반응을 이야기해봅시다.

함께 읽으면 좋은 책

『불량한 자전거 여행 2』 김남중 지음, 문인혜 그림, 창비, 184쪽, 2019

049 민족에게 말과 글은 왜 소중할까?

『우리말 모으기 대작전 말모이』

백혜영 지음, 신민재 그림, 푸른숲주니어,
168쪽, 2018

#일제 시대 #조선어 학회 #민족 말살 정책
#언어 #친구 #독립운동 #우리말

나라를 되찾고 싶은 아이들의 작은 독립운동

일제 강점기 동안 우리 민족은 많은 수난을 겪었다. 일본은 우리 민족의 혼을 빼앗기 위해 우리말과 글을 탄압했다. 이에 많은 지식인들이 우리말과 글을 지키기 위해 노력했다. 5학년 한솔이, 만식이, 석태도 어리지만 우리나라 독립을 위해 작은 손을 보태 우리말과 글을 지키기 위한 비밀 운동을 시작한다.

새 학년이 되어 학교에 간 어느 날 한솔이는 만식이와 같은 반이 되었다는 소식에 기뻐할 새도 없이 어처구니없는 소식을 듣는다. 바로 학교에서 우리말을 쓰지 못하고 일본 말을 써야 한다는 소식이다. 한솔이는 왜 그래야 하는지 이해할 수 없지만 우리말을 쓰다 걸리면 크게 혼나기 때문에 어쩔 수 없다. 그런 가운데 고등학생 형이 우리말과 글을 되찾기 위해 비밀 작전을 펼치고 있다는 것을 알게 되고 그 일에 조심스레 참여한다.

이 책은 사회 역사 단원과 통합하여 수업할 수 있다. 일제 강점기 우리나라 국민들이 어떤 고통을 받았는지 찾아보고 우리나라를 되찾기 위한 여러 사람들의 노력을 알아볼 수 있다. 특히 이 책의 소재가 '어린이들의 독립운동'이므로 어린이들이 한 독립운동을 찾아보면 좋겠다. 또한 우리말과 글의 중요성에 대하여 함께 이야기 나눠보며 바람직한 언어생활에 대해 토론해봐도 좋다.

성취 기준

[6국04-01] 언어는 생각을 표현하며 다른 사람과 관계를 맺는 수단임을 이해하고 국어생활을 한다.
[6국05-02] 작품 속 세계와 현실 세계를 비교하며 작품을 감상한다.
[6사04-04] 광복을 위하여 힘쓴 인물(이회영, 김구, 유관순, 신채호 등)의 활동을 파악하고, 나라를 되찾기 위한 노력을 소중히 여기는 태도를 기른다.

수업 방향

- 일제 강점기 민족 말살 정책에 대해 알아본다.
- 일제 강점기 우리나라를 되찾기 위해 어떤 독립운동이 있었는지 알아본다.

생각 나누기

- 일제 강점기에 일본 사람들은 왜 우리말과 글을 사용하지 못하게 했을까요?
- 최현배 선생님의 '한글이 목숨'이라는 말의 의미를 이야기해봅시다. -『우

리말 모으기 대작전 말모이』 155쪽 참고
- 이야기 속 아버지들의 좋은 점, 주인공들이 아버지에게 바라는 점을 정리해보고 우리 아버지의 좋은 점, 내가 아버지에게 바라는 점에 대해서 이야기해봅시다.

독서 활동

- 책 속에 나온 순우리말을 정리하여 우리말 사전을 만들어봅시다.
- 일주일 동안 우리 반 아이들이 잘 사용하는 말을 조사하여 정리하고, 우리 반 전용 우리말 사전을 만들어봅시다.
- 우리나라의 독립을 위해 애쓴 조선어 학회 사람들을 조사하고 찾은 내용을 발표해봅시다.
- 일제 강점기 말모이 사건에 대해 조사해봅시다.
- 영화 「말모이」(2018)를 보고 『우리말 모으기 대작전 말모이』와 비교해봅시다.

함께 읽으면 좋은 책

『어린 만세꾼』 정명섭 지음, 김준영 그림, 사계절, 164쪽, 2019

『처음으로 쓴 편지』 박현숙 지음, 허구 그림, 한림출판사, 152쪽, 2017

050 누가 누가 더 인기 있는 뉴스를 만드나!

『특종 전쟁』

이꽃희 지음, 송효정 그림, 별숲, 194쪽, 2019

#언론 #기자 #인터넷 방송 #특종 #뉴스
#댓글 #가짜 뉴스

특종 전쟁으로 알아가는 진정한 언론의 역할

신문이나 뉴스 방송을 보다 보면 왜 저렇게까지 자극적으로 이야기해야 하는지, 개인의 사생활이나 인권은 왜 보호받지 못하는지 의아할 때가 있다. 언론이 제 역할을 제대로 하지 못하고 있기 때문이다. 객관적이고 공정한 보도를 통해 국민들의 알 권리를 보장해주는 것이 언론의 역할이 아닐까.

책 속 유성이와 찬우는 모두 기자를 꿈꾼다. 둘은 아이들이 관심 있어 할 만한 주제로 뉴스를 만들어 인터넷에 올리지만 반응이 영 신통치 않다. 그러자 둘은 더 자극적이고 인기 있는 뉴스를 만들려고 한다. 그러나 뉴스에 대한 유성이와 찬우의 철학은 서로 다르다. 결국 둘은 각자 뉴스를 만들고 더 인기 있는 뉴스를 만든 사람이 방송국 홈페이지의 메인을 장식하기로 한다. 두 기자의 특종 전쟁이 시작된 것이다.

유성이와 찬우의 특종 전쟁을 통해 언론과 언론인의 역할을 알아볼 수 있는 동화다. 아이들이 특종을 만드는 과정을 따라가면서 올바른 뉴스와 기자의 역할, 뉴스를 받아들이는 우리의 자세도 생각해볼 수 있다. 또한 두 아이의 뉴스를 보고 댓글이 달리자 댓글의 분위기에 따라 여론이 금방 달라지는 부분에서는 현대 사회의 댓글 문화와 사이버 공간에서 지켜야 할 예절 등에 대하여 이야기 나눠볼 수 있다.

성취 기준

[6국01-02] 의견을 제시하고 함께 조정하며 토의한다.
[6도02-01] 사이버 공간에서 발행하는 여러 문제에 대한 도덕적 민감성을 기르며 사이버 공간에서 지켜야 할 예절과 법을 알고 습관화한다.

수업 방향

- 바람직한 언론의 역할과 언론인의 자세에 대하여 생각해본다.
- 인터넷 댓글의 영향에 대하여 생각해본다.
- 잘못된 뉴스로 인해 어떤 피해가 생길 수 있는지 이야기해본다.

생각 나누기

- 책 속에 수록된 유성이와 찬우의 뉴스를 읽어보고 잘된 점과 잘못된 점을 찾아 이야기해봅시다.
- 시연이는 유성이와 찬우의 특종 전쟁을 보면서 잘못된 부분에 대해 꼬집어 이야기합니다. 바람직한 언론의 역할과 언론인의 자세는 무엇일까요?
- 인터넷의 악성 댓글로 상처를 받은 경험을 나누어보고 인터넷 예절에 대

하여 이야기해봅시다.

독서 활동

- 모둠끼리 우리 반 특종 뉴스를 만들어봅시다.
- 우리끼리 지키는 인터넷 예절 십계명을 만들어봅시다.
- 월드 체인저에 대하여 생각해보고 세상을 바꾸기 위해 우리가 할 수 있는 일을 찾아봅시다. -『특종 전쟁』 25~26쪽 참고
- 일주일간 인터넷이나 TV에서 과도하게 자극적인 뉴스가 있었는지 찾아보고 찾은 뉴스에 대하여 함께 이야기해봅시다.

함께 읽으면 좋은 책

『난생신화 조작 사건』 김종렬 지음, 김숙경 그림, 다림, 160쪽, 2019

『내가 진짜 기자야』 김해우 지음, 바람의아이들, 164쪽, 2015

051 나의 꿈, 내가 꿈꾸는 집

『드림 하우스』

유은실 지음, 서영아 그림, 문학과지성사,
172쪽, 2016

#꿈 #기적 #가족 #인생 #개성
#사회 비판

이 세상에 공짜는 없다!

어렵게 사는 이웃을 도와주는 TV 프로그램을 심심치 않게 볼 수 있다. 몇 년 전에 했던 집 고쳐주기 프로그램, 아프고 힘든 이웃을 도와주는 기부 프로그램 등 좋은 취지로 만들어진 프로그램은 시청자의 마음을 따뜻하게 했다. 유은실 작가는 우리의 이런 모습을 『드림 하우스』라는 우화로 소개하고 있다.

조손 가정인 보람이는 증조할머니, 할머니, 남동생 보루와 함께 다 허물어져가는 집에서 산다. 할머니의 경제 활동으로 네 식구가 먹고 사니 근근이 옥수수죽으로 버티는 것만으로도 감사하다. 하지만 피부염으로 온몸을 긁는 동생을 생각하면 곰팡이 핀 집은 최악의 주거 환경이다. 옆집 사는 착한 골짜기 아줌마는 보람이네 사정을 알고 '드림 하우스'라는 프로그램에 집을 고쳐달라며 사연을 보낸다. 사연이 채택되자 보람이를 뺀 나머지 가족들은 기적이 일어났다며 좋아하는데 보람이는 가족이 벌거벗겨진 채 대중 앞에 서는 것 같아 마음이 편치 않다.

가난하지만 '품위 있는 어른 곰'이 되고 싶은 보람이의 이야기를 통해 어떻게 미디어를 봐야 할지 고민해볼 수 있다. 또한 꿈이란 꼭 큰일을 이루거나 멋진 직업을 갖는 것인지 생각하며 진정한 꿈의 의미를 이야기할 수 있다. 멋지게 고쳐진 집에서 살게 되었지만 현실적인 면을 무시할 수 없어 결국 힘들게 사는 보람이네를 보며 진정한 드림 하우스가 무엇인지도 생각해보면 좋겠다.

성취 기준

[6국02-03] 글을 읽고 글쓴이가 말하고자 하는 주장이나 주제를 파악한다.
[6국05-02] 작품 속 세계와 현실 세계를 비교하며 작품을 감상한다.
[6국05-03] 비유적 표현의 특성과 효과를 살려 생각과 느낌을 다양하게 표현한다.

수업 방향

- 책 속 드림 하우스 프로그램과 비슷한 실제 프로그램을 생각하면서 비교하며 읽어본다.
- '꿈'이란 무엇인지 그 의미를 생각하며, 책 속 인물들의 꿈 이야기를 읽어본다.
- 등장인물들에게 드림 하우스는 무엇일지 생각해본다.

생각 나누기

- 등장인물들의 이름은 각각 어떤 의미라고 생각하나요?
- 보람이의 꿈은 텔레비전 소리가 들리지 않는 내 방에서 포우의 『발톱』을 읽는 것과 '품위 있는 어른 곰'이 되는 것입니다. 나의 꿈은 무엇인가요?
- 작가는 곰을 등장시켜 이야기를 들려줍니다. 사람들의 이야기를 우화로 표현한 이유가 무엇일까요?

독서 활동

- 나의 드림 하우스를 그려봅시다.
- 나의 버킷 리스트 열 가지를 만들어봅시다. 읽고 싶은 책도 리스트에 넣어주세요.
- [월드 카페 토론] 진정한 행복이란 무엇인지 토론해봅시다.

함께 읽으면 좋은 책

『꿈꾸는 코끼리 디짜이』 강민경 지음, 김소라 그림, 현암주니어, 144쪽, 2018

『빨강 머리 앤』 루시 모드 몽고메리 지음, 김지혁 그림, 김양미 옮김, 인디고, 528쪽, 2018

 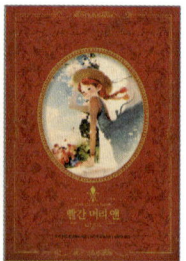

052 과학 발전은 해가 될까? 득이 될까?

『지엠오 아이』

문선이 지음, 유준재 그림, 창비, 261쪽, 2005

#GMO #유전자 조작 식품
#유전자 조작 아이 #미래 사회 #로봇

나무와 함께 미래 사회 들여다보기

돈만 있다면 원하는 대로 아이를 조작해서 만들 수 있는 세상이 있다. 생명을 연장하는 것도, 인공 장기로 망가진 몸을 고치는 것도 돈으로 다 할 수 있다. 실제로 우리에게 다가올 미래의 모습일지도 모르겠다. 『지엠오 아이』는 이런 미래의 모습을 '나무'라는 주인공을 내세워 보여준다. 나무는 유전자 조작으로 탄생한 아이다. 사업이 망하자 부모는 아이를 버리고 도망가고, 홀로 남겨진 나무는 앞집 할아버지인 정 회장의 집에 들어가게 된다. 아이러니하게도 정 회장은 나무를 탄생시킨 유전자 산업회사의 오너다. 매일 정확하게 정해진 시간에 맞춰 생활하던 정 회장에게 나무는 생활을 엉망으로 만드는 존재다. 하지만 정회장은 나무와 생활하면서 자신의 모습을 되돌아보고,

인간다운 삶이 무엇인지 고민하게 된다.

　유전자 조작으로 얼마나 많은 일을 할 수 있을까? 과학 발전이 우리의 삶을 어떻게 바꿀지 상상해볼 수 있다. 과학은 우리에게 득이 될까, 해가 될까? 나무와 정 회장의 이야기 속에서 과학 기술 윤리에 대해서도 생각할 수 있다. 책 읽기를 통해 생명 윤리 가치관을 정립해보는 것도 좋겠다.

성취 기준

[6국02-03] 글을 읽고 글쓴이가 말하고자 하는 주장이나 주제를 파악한다.
[6국05-02] 작품 속 세계와 현실 세계를 비교하며 작품을 감상한다.

수업 방향

- 유전자 조작의 허용 범위에 대해 생각해본다.
- 과학 기술의 발전이 우리에게 가져다줄 이점과 해로움에 대해 생각하며 읽는다.

생각 나누기

- 정 회장처럼 모든 것을 기계화해서 사는 삶을 어떻게 생각하나요?
- 나무는 유전자 조작으로 태어난 아이입니다. 유전자 조작으로 생명을 탄생시키는 것에 찬성하나요, 반대하나요?
- 모두에게 득이 되는 과학 발전이란 어떤 것을 말하는지 생각해봅시다.
- 냉동 인간같이 과학을 이용해 수명을 연장하는 방법에 대해 어떻게 생각하나요?

독서 활동

- 내가 갖고 싶은 로봇을 설계해봅시다.
- 생명 윤리에 대해 토론해봅시다.
- 내가 바라는 미래 사회의 모습을 그려봅시다.

함께 읽으면 좋은 책

『복제인간 윤봉구』 임은하 지음, 정용환 그림, 비룡소, 172쪽, 2017

『열세 번째 아이』 이은용 지음, 이고은 그림, 문학동네, 268쪽, 2012

053 혼자는 약하나, 모이면 강하다

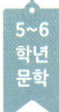

『푸른 사자 와니니』

이현 지음, 오윤화 그림, 창비, 216쪽, 2015

#생존 법칙 #사자의 생존법 #동물의 삶
#더불어 살기 #친구 #자존감

떠돌이 사자 와니니가 초원에서 살아남은 이야기

동물의 세계는 치열하다. 와니니가 사는 초원은 더욱더 생존 경쟁이 치열해 낙오된 자는 추방된다. 와니니는 약하게 태어났지만 누구보다 잘 듣는 귀를 가지고 있다. 그러나 강한 자만 거두는 우두머리 마디바에게 언제 내쫓길지 모른다는 불안감을 가지고 살고 있다. 어느 날 와니니는 무리의 영토 근처에서 수사자를 발견하지만 그냥 돌려보내 주고, 경쟁자 말라이카는 그들을 쫓아가 피투성이가 되고 만다. 말라이카를 다치게 만들었다는 누명을 쓰고 억울하게 무리에서 쫓겨난 와니니는 떠돌이 사자로 지내다 자신이 보내주었던 수사자와 만나게 된다. 강한 자들만 살아남는 초원에서 온전치 못한 떠돌이 사자들이 살아갈 수 있을까 싶지만 이들은 서로 부족한 점을 보완하며 초원의 강자로 살아남는다.

『푸른 사자 와니니』는 동물의 세계를 그리고 있지만 실상 인간 세계와 다를 바 없는 이야기다. 마디바 무리와 와니니 무리, 그리고 무투의 무리가 다양한 인간상을 대변하고 있다. 우리가 어떻게 살아가야 하는지 작가는 암사자 와니니를 통해 보여주고 있다. 혼자 잘났다고 해서 잘 살 수 없는 세계. 각자 자신의 몫을 찾아보고, 서로가 도와가며 사는 세계. 그 세계를 어떻게 만들고 이끌어갈지 책을 통해 이야기해보면 좋겠다.

성취 기준

[6국02-01] 읽기는 배경지식을 활용하여 의미를 구성하는 과정임을 이해하고 글을 읽는다.
[6국05-02] 작품 속 세계와 현실 세계를 비교하며 작품을 감상한다.

수업 방향

- 사자의 무리 생활과 인간의 생활을 비교하면서 읽어본다.
- 와니니가 자신의 무리를 이루고 생활하는 모습을 보며 바람직한 사회의 모습을 생각해본다.
- 약육강식의 뜻을 생각하며 읽어본다.

생각 나누기

- '푸른 사자'의 의미는 무엇일까요?
- 마디바 무리와 와니니 무리는 무엇이 다른가요?
- 와니니는 무리에서 쫓겨나 나름대로의 방법으로 생존하여 무리를 만듭니다. 내가 무리를 만든다면 어떤 무리를 만들지 이야기해봅시다.

- 와니니 무리의 사자들은 상하 관계가 아니라 친구 관계입니다. 진정한 친구 관계란 무엇이라고 생각하나요?

독서 활동

- 책 속에서 가장 기억에 남는 문장과 그 이유를 적어봅시다.
- 마디바처럼 초원의 생존 법칙에 따라 사는 것이 맞는지 와니니처럼 부족하지만 서로 도와가며 사는 것이 맞는지 토론해봅시다.
- 나답게 사는 것이 무엇인지 생각하며 글로 적어봅시다.

함께 읽으면 좋은 책

『마당을 나온 암탉』 황선미 지음, 김환영 그림, 사계절, 200쪽, 2002

『나의 라임 오렌지나무』 J. M. 바스콘셀로스 지음, 박동원 옮김, 동녘, 301쪽, 2003

054 다문화 가정, 어울리며 살기

『하이퐁 세탁소』

원유순 지음, 백승민 그림, 아이앤북,
200쪽, 2012

#다문화 #다문화 가정 #학교생활
#친구 관계 #베트남 #다른 나라 문화

또 하나의 문화를 가진 웅이네 가족

요즘 우리 주변에서 쉽게 다문화 가정을 볼 수 있다. 이웃이나 학교에서, 미디어를 통해서도 쉽게 만날 수 있다. 그런데 우리는 그들과 잘 어울려 살아가고 있는 것일까? 원유순 작가의 『하이퐁 세탁소』에서 그 답을 찾아볼 수 있다.

웅이 엄마는 베트남에서 왔다. 그래서 웅이는 늘 친구들의 놀림거리가 된다. 새로운 학교에서도 다문화 가정의 학생을 배려한다는 차원에서 교감 선생님의 책상 위에 이름과 사진을 두고, 선생님은 반 아이들에게 웅이와 잘 지내라고 이야기한다. 웅이는 윤우를 최고의 친구라고 여겼지만 알고 보니 선생님께 잘 보이기 위해서 억지로 잘 지내는 척한 것이라는 게 밝혀진다.

그런데 책 속 인물들의 행동이 왠지 낯설지 않게 느껴진다. 아마도 우리의 모습과 닮았기 때문일 것이다. 작가는 글을 쓴 이유를 이렇게 이야기하고 있다. "다르다고 구분 짓지 않고 자연스럽게 함께 살았으면 좋겠다." 함께 책을 읽고 우리가 어떻게 어울려 살아야 할지 생각해보면 좋겠다. 또한 6학년 세계 여러 나라 알아보기 활동과 연계하여 다른 나라의 문화, 풍습 등을 알아본다면 우리와 함께하는 다른 문화의 사람들을 이해하는 데 도움이 될 것이다.

성취 기준

[6국01-07] 상대가 처한 상황을 이해하고 공감하며 듣는 태도를 지닌다.
[6도01-02] 자주적인 삶을 위해 자신을 이해하고 존중하며 자주적인 삶의 의미와 중요성을 깨닫고 실천 방법을 익힌다.
[6사07-05] 우리나라와 관계 깊은 나라들의 기초적인 지리 정보를 조사하고, 정치·경제·문화면에서 맺고 있는 상호 의존 관계를 탐구한다.

수업 방향

- 다문화의 올바른 뜻을 알고, 다른 문화의 사람들과 자연스럽게 함께 살 수 있는 방법을 찾아보자.
- 주인공을 대하는 주변 인물들의 행동을 유심히 관찰하며 읽는다.

생각 나누기

- 윤우 같은 친구가 나와 친하다면 어떤 느낌일까요?
- 교감 선생님은 항상 볼 수 있게 책상에 다문화 가정인 아이들의 사진과 이름을 둡니다. 이런 교감 선생님의 행동에 대해 어떻게 생각하나요?

- 웅이 엄마는 웅이에게 베트남에 대해 알려주지 않고, 베트남어를 가르쳐주지도 않습니다. 엄마의 이런 태도를 어떻게 생각하나요?

독서 활동

- 독서 전 책 제목을 보고 내용을 유추해봅시다.
- 다문화의 올바른 뜻을 조사하고, 모두가 자연스럽게 어울리며 살아가는 방법에 대해 토의해봅시다.
- 우리 학교 이름을 다른 나라 말로 바꿔봅시다.
- '베트남'이라는 나라에 대해 조사해봅시다.

함께 읽으면 좋은 책

『슈울멍 이야기』 정채운 지음, 김빛나 그림, 작가와비평, 204쪽, 2012

『까만 달걀』 버릿줄 지음, 안은진 외 그림, 샘터, 124쪽, 2006

055 서툴러서 더 아쉽고 아픈 사랑

『첫사랑』

이금이 지음, 이누리 그림, 푸른책들,
280쪽, 2009

#첫사랑 #사랑 #가족 #데이트 #설레임
#짝사랑 #순수함

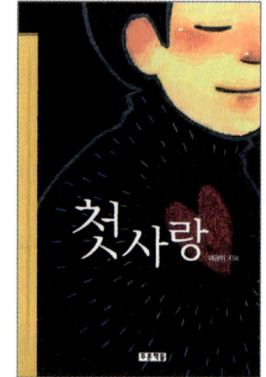

같은 반 연아에게 첫눈에 반한 동재는 마음을 전할 수 있을까

『첫사랑』은 깔끔한 문체의 이금이 작가가 쓴 책으로, 마음 표현이 서툰 6학년 남학생 동재를 비롯한 주변 인물들이 사랑을 통해 성장하는 이야기를 담고 있다. 동재는 6학년 2학기에 전학 온 연아를 처음 본 순간부터 좋아한다. 아빠의 재혼으로 방황하던 동재는 짝사랑하는 연아를 볼 수 있다는 것만으로도 큰 위로를 받고, 새로 생긴 동생 은재의 도움으로 연아와 사귀게 된다. 하지만 좋아하는 마음을 표현하는 것이 쉽지 않고 결국 둘의 만남은 어긋난다. 그 과정을 통해 동재는 괴로워하지만 아픈 기억이라고 해도 추억이 없는 것보다는 낫다고 느끼며 한층 성장한다.

동재의 아빠와 새엄마, 그리고 엄마와 엄마의 외국인 남자 친구, 은

재와 민규, 앞집 할머니와 할아버지까지 이들은 모두 사랑을 하고 있다. 책을 읽고 나면 삶은 사랑하는 과정이며, 나이가 많고 적음에 상관없이 우리는 사랑과 이별을 하고 그 과정을 통해 성장한다는 것을 알게 된다. 첫사랑에 대해 잘 이해하고, 마음을 잘 표현하지 못하는 인물에 공감하며 이야기 나눌 수 있는 6학년에게 추천한다. 책 속 다양한 상황에서 어떻게 마음을 전하면 좋을지 생각해보자.

수업 성취 기준

[6국05-01] 문학은 가치 있는 내용을 언어로 표현하여 아름다움을 느끼게 하는 활동임을 이해하고 문학 활동을 한다.
[6국05-05] 작품에 대한 이해와 감상을 바탕으로 하여 다른 사람과 적극적으로 소통한다.

수업 방향

- 누군가를 좋아하는 마음에 대해 공감하며 읽는다.
- 마음을 표현하는 방법에 대해 생각하고 서로 이야기 나눌 수 있다.

생각 나누기

- 감정 카드를 활용하여 첫사랑의 느낌에 대해 이야기 나누어봅시다.
- 이별 후 괴롭지만 '아무리 아픈 기억이라고 해도 추억이 없는 것보다는 낫다'는 동재의 생각에 대해 어떻게 생각하나요?
- 다른 사람에게 마음을 전하는 가장 좋은 방법은 무엇일까요?

독서 활동

- 은재와 민규의 뒷이야기를 써 봅시다.
- 마음을 전하는 글을 써 봅시다.
- '첫사랑'이란 무엇인지 나만의 정의를 내려 봅시다.

함께 읽으면 좋은 책

『사랑이 훅!』 진형민 지음, 최민호 그림, 창비, 144쪽, 2018

『첫사랑 쟁탈기』 천효정 지음, 한승임 그림, 문학동네, 168쪽, 2015

『어느 날 그 애가』 이은용 지음, 국민지 그림, 문학동네, 152쪽, 2017

『두근두근 첫사랑』 웬들리 밴 드라닌 지음, 김율희 옮김, 보물창고, 288쪽, 2012

056 잊지 않고 기억해야 할 1980년 5월 광주

『오월의 달리기』

김해원 지음, 홍정선 그림, 푸른숲주니어,
176쪽, 2013

#민주화 운동 #5월18일 #광주
#5.18민주화운동 #자유 민주주의

달리기 국가 대표가 되고 싶은 명수의 꿈은 이뤄질까

1980년 5월 광주, 왜 평범한 사람들이 거리로 나왔을까? 대학생, 어른, 아이 할 것 없이 많은 사람이 참혹하게 죽은 그곳에 달리기 국가 대표를 꿈꾸는 평범한 초등학교 6학년 명수가 있다. 전남 대표 명수는 다리가 불편한 아버지에게 자랑스러운 아들이 되고자 합숙소에서 열심히 운동하고, 시계를 고치는 일을 하는 아버지는 아들 명수에게 직접 만든 회중시계를 주려고 광주 오일장을 가는 길에 합숙소에 들르기로 한다. 하지만 아버지는 오일장에 가다가 군인이 쏜 총에 맞아 돌아가신다. 명수와 아이들은 아버지의 죽음을 집에 알리기 위해 위험을 무릅쓰고 합숙소 밖으로 나가는데 그들이 본 광주는 참혹했다.

『오월의 달리기』는 역사 동화로, 역사적 사실을 알려주는 데 그치는 것이 아니라 그 시대의 삶이 어땠을지 생생히 느낄 수 있게 해준다. 아이의 시선에서 5.18 민주화 운동을 바라볼 수 있고, 주인공과 그 친구들이 사건을 보고 어떤 감정을 느꼈을지 공감할 수 있다. 구성이 매우 탄탄하고 흡입력 있어 문학적 재미도 느낄 수 있다. 현대사를 배우는 6학년 1학기 한 권 읽기 책으로 좋다. 4.19 혁명, 5.18 민주화 운동, 6월 민주 항쟁을 통해 자유 민주주의가 발전하는 과정에서 평범한 사람들의 삶은 어떠했는지 연관 지어 읽기에 좋다.

성취 기준

[6국02-01] 읽기는 배경지식을 활용하여 의미를 구성하는 과정임을 이해하고 글을 읽는다.
[6사05-01] 4·19 혁명, 5·18 민주화 운동, 6월 민주 항쟁 등을 통해 자유 민주주의가 발전해온 과정을 파악한다.

수업 방향

- 오늘날 자유 민주주의가 발전하기까지 겪은 역사적 사건에 대해 생각해 보자.
- 1980년 광주에서 평범한 사람들이 겪어야 했던 아픔을 생각하며 읽는다.

생각 나누기

- 1980년 5월, 광주에 내가 살았다면 어떻게 행동했을까요?
- 신문, 방송, 인터넷이 모두 통제된 시대에 살고 있다면 어떨까요?
- 바람직한 언론의 역할은 무엇일까요?

독서 활동

- 회중시계를 고치러 온 사람은 누구일지 추측해봅시다. -『오월의 달리기』 66쪽 참고
- 민중 항쟁에 관해 역사 신문을 만들어봅시다.
- 우리나라의 민주주의 발전 과정을 조사해봅시다.

함께 읽으면 좋은 책

『왜 5.18 제대로 모르면 안 되나요?』 이이리 지음, 유영근 그림, 참돌어린이, 152쪽, 2014

『오늘은 5월 18일』 서진선 지음, 보림, 32쪽, 2013

『가짜 뉴스를 시작하겠습니다』 김경옥 지음, 주성희 그림, 내일을여는책, 140쪽, 2019

+ 영화

「택시운전사」 A Taxi Driver, 2017

 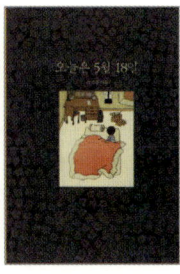 

057 우리는 사춘기, 자주적인 삶을 원합니다

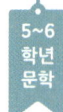

『블랙리스트』

오혜원 지음, 이갑규 그림, 스푼북, 180쪽, 2018

#블랙리스트 #사춘기 #통제 #음모 #주체성
#미래 사회

머리에 칩을 넣은 아이들이 사라지고 있다

예민하고 간섭을 싫어하는 사춘기 아이들. 학생으로서 공부를 열심히 하고 얌전하게 행동하게 하는 백신이 있다면 어떨까? 주인공 이한은 바이러스에 감염되었다고 쫓기는 친구, 시우를 돕다가 블랙리스트에 오른다. 블랙리스트 5단계가 되면 머리에 칩을 넣는 수술을 받아야 한다. 그 수술을 받은 아이들은 똑똑해지고 얌전해지는 대신 여러 부작용에 시달린다. 이한은 사라진 친구 시우를 찾다가 사춘기 아이들을 다루기 쉽게 통제하기 위해 머리에 칩을 넣고 백신을 맞게 하려는 거대한 음모를 알게 된다.

『블랙리스트』는 이 음모를 밝혀 자유롭고 주체적인 삶을 되찾고자 하는 아이들의 이야기다. 이것이 단지 동화 속의 이야기일까? 아이들은 이 책을 참 좋아하고 한번 읽기 시작하면 쏙 빠져서 읽는다. 아마 본인들의 현실과 크게 다르지 않은 내용에 공감하며 문학이 주는 카타르시스를 맛보기 때문일 것이다. 「흔들리지 않고 피는 꽃이 어디 있으랴」라는 시의 제목처럼 사춘기 아이들은 방황하기도 하지만 스스로 갈등을 해결하며 성장한다. 자신을 이해하고 존중하며 자주적인 삶의 의미와 중요성을 배우는, 이제 막 주체적인 삶을 위한 첫걸음을 내딛는 6학년에게 추천한다.

수업 성취 기준

[6도01-02] 자주적인 삶을 위해 자신을 이해하고 존중하며 자주적인 삶의 의미와 중요성을 깨닫고 실천 방법을 익힌다.

[6국05-02] 작품 속 세계와 현실 세계를 비교하며 작품을 감상한다.

수업 방향

- 사춘기에 느끼는 신체적·정신적 변화를 알고 어른들이 바라보는 사춘기 아이들은 어떨지 이야기 나눈 후 읽는다.
- 고민하지 않고 방황하지 않는 통제된 삶을 산다면 어떤 느낌일지 생각하며 읽는다.

생각 나누기

- '나는 사춘기를 경험하고 있다.'라는 주제로 자신의 경험과 사춘기의 특징에 대해 이야기 나눠봅시다.
- 주사 한 방으로 생각과 행동이 통제되는 대신 영재가 될 수 있다면 나는 어떤 선택을 할까요?
- 현실과 가장 비슷해 공감이 갔던 부분은 어디인지 이야기 나눠봅시다.

독서 활동

- 미래 사회의 모습을 그림과 글로 표현해봅시다.
- 사춘기의 특징을 조사하고 나에게 해당되는 것을 찾아봅시다.
- [서울형 토론] 질문을 만들어 토론해봅시다.

함께 읽으면 좋은 책

『지엠오 아이』 문선이 지음, 유준재 그림, 창비, 261쪽, 2005

『열세 번째 아이』 이은용 지음, 이고은 그림, 문학동네, 268쪽, 2012

『열세 살, 내 마음이 왜 이러지?』 김민화 지음, 성혜현 그림, 스콜라, 192쪽, 2011

『복제인간 윤봉구』 임은하 지음, 정용환 그림, 비룡소, 172쪽, 2017

058 반 친구끼리 좋은 관계 맺기

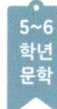

『내가 김소연진아일 동안』

황선미 지음, 박진아 그림, 위즈덤하우스
156쪽, 2018

#장애아 #도우미 #학교생활
#관계 #일기장 #부탁 거절하기

도우미가 되어 달라는 부탁을 받은 진아

친한 사람이 부담스러운 부탁을 한다면 거절할 수 있을까? 그 사람이 선생님이라면 어떨까? 진아는 자신에게는 버거운 일이라 생각하지만 선생님의 부탁 때문에 발달 영역의 장애로 반에 적응하기 어려워하는 소연이의 도우미가 된다. 진아는 소연이와 함께 등교하고, 준비물을 챙겨주고, 하교를 하며 감당해야 할 일이 많아 점점 힘들어한다. 느린 소연이와 소연이 엄마, 부탁을 한 선생님 그리고 소연이의 실수를 진아의 탓으로 여기는 반 친구들이 밉고 원망스럽다. 진아는 자신의 마음을 누구에게도 털어놓을 수 없어 비밀 일기장을 쓴다. 그런데 진아의 비밀 일기장을 새엄마와, 같은 반 정우가 몰래 훔쳐본다. 이 모든 일이 견디기 힘든 진아는 과연 자신의 마음을 표현하고 관계를 회복할 수 있을까?

작가는 칭찬과 인정이 필요한 아이들의 마음을 섬세한 필체로 잘 그려냈다. 건강한 관계 맺기를 주제로 한 책으로 작가의 전작 『건방진 장루이와 68일』의 주인공 장루이와 윤기가 이 책에도 등장해, 함께 읽으면 더 좋을 듯하다. 주인공 진아처럼 자신의 마음을 잘 표현하지 못하고, 관계 맺기를 고민하는 아이에게 권한다. 책 속 세계와 현실 세계를 비교해 읽기에 좋고, 진아가 성장하는 모습을 보며 자신의 삶에 적용해볼 수 있는 5~6학년 한 권 읽기 책으로 추천한다.

성취 기준

[6국05-02] 작품 속 세계와 현실 세계를 비교하며 작품을 감상한다.
[6국05-06] 작품에서 얻은 깨달음을 바탕으로 하여 바람직한 삶의 가치를 내면화하는 태도를 지닌다.

수업 방향

- 바람직한 관계를 위해 필요한 것은 무엇인지 생각하며 읽는다.
- 갈등이 생기면 어떻게 해결하는 것이 좋을지 생각해본다.

생각 나누기

- 만약 선생님이 나에게 소연이의 도우미가 되어 달라고 부탁한다면, 어떤 선택을 할 건가요?
- 우리 반에 소연이 같은 친구가 있다면, 잘 어울려 지낼 수 있을까요?
- 나와 진아를 비교해 비슷한 점과 다른 점을 찾아봅시다.
- 좋은 관계를 맺기 위해 가장 필요한 것은 무엇일까요?

독서 활동

- 최근 한 달 동안 가장 힘들었던 일을 적어봅시다.
- 정우에게 고마움을 전하는 편지를 써봅시다.
- 짝을 지어 서로 부탁을 거절하는 연습을 해봅시다.

함께 읽으면 좋은 책

『건방진 장루이와 68일』 황선미 지음, 신지수 그림, 스콜라, 148쪽, 2017

『잃어버린 일기장』 전성현 지음, 조성흠 그림, 창비, 186쪽, 2011

『가방 들어주는 아이』 고정욱 지음, 백남원 그림, 사계절, 96쪽, 2014

059 선택 뒤에 따라오는 책임의 무게감

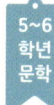
5~6학년 문학

『4카드』

정유소영 지음, 국민지 그림, 웅진주니어,
172쪽, 2019

#수영 #경쟁 #시간 여행 #빈부 격차
#인과응보 #선택 #책임

시간을 되돌리면 모든 것을 바로잡을 수 있을까?

수영 유망주 마루는 어느 날 갑자기 라이벌 다민이를 때린 학교 폭력 가해자가 되어 버린다. 힘들게 얻은 수영 대회 1등 타이틀도 빼앗기고 엄마는 가게에서 쫓겨나게 된다. 하지만 마루는 왜 자신이 다민이를 때렸는지 아무것도 기억나지 않는다. 그런 마루 앞에 우연히 한 카드가 나타난다. 시간을 되돌릴 수 있는 4카드의 도움으로 마루는 4일 전, 4시간 전, 4분 전, 4초 전으로 돌아가 어떻게든 일을 해결해보고자 한다. 하지만 오히려 상황은 꼬이기만 하고 결정적인 순간에는 아무것도 할 수 없게 된다. 이런 과정 속에서 마루는 자신 때문에 돌아가셨다고 생각하는 아빠가 남긴 메모를 발견하게 된다. 아빠 역시 4카드를 사용한 적이 있었던 것이다. 과연 마루는 모든 것들을 원래대로 되돌릴 수 있을까?

　짜임새 있는 구조와 시간 여행이라는 흥미로운 소재로 한 편의 영화를 보는 것 같이 몰입할 수 있는 책이다. 호흡이 짧은 독서 습관을 가진 아이에게 완독의 기쁨을 선사할 수 있을 것이다. 또한 결과로만 평가하는 경쟁이라는 치열한 구조 속에서도 잊지 말아야 할 가치는 무엇이며, 진정한 성취는 어떤 것인지를 자연스럽게 배움으로써 진정한 '나다움'의 중요성을 일깨워준다.

성취 기준

[6국05-06] 작품에서 얻은 깨달음을 바탕으로 하여 바람직한 삶의 가치를 내면화하는 태도를 지닌다.

[6도01-02] 자주적인 삶을 위해 자신을 이해하고 존중하며 자주적인 삶의 의미와 중요성을 깨닫고 실천 방법을 익힌다.

수업 방향

- 작가의 의도를 파악할 수 있는 내용으로 학습 활동을 구성한다.
- 다음 이야기에 대한 궁금증을 유발할 수 있도록 차시 분량을 조절한다.

생각 나누기

- 만약 내 앞에 4카드가 나타난다면 사용할 건가요? 사용한다면 어떤 순간으로 돌아가고 싶나요? 이유와 함께 적어봅시다.
- 시합을 앞둔 마루가 갑자기 감기에 걸려 쉴 수밖에 없자 몹시 불안해합니다. 이런 마루에게 코치님은 '노력은 배신하지 않는다'며 자기 자신을 믿으라고 합니다. 여러분은 무언가를 성취하기 위해 최선을 다한 적이 있나요? 성취 후에는 어떤 기분이 들었나요? -『4카드』 69쪽 참고

- 마지막으로 4카드가 요구한 '바뀐다'는 것은 '자신의 잘못은 자기에게 돌아간다'는 말이었습니다. 여러분은 이 말이 무슨 뜻이라고 생각하나요? 이 말에 동의하나요?

독서 활동

- 과거로 돌아갈 수 있는 4카드를 만들어봅시다.
- 마루와 다민이 역할을 할 친구들을 선택하고 나머지 친구들은 책 내용을 바탕으로 인물들에게 인터뷰를 해봅시다.
- 마루는 4카드에 '바뀐다. 대가를 달게 받을 용기가 있다면.'이라고 마지막 말을 남깁니다. 만약 여러분이라면 어떤 말을 남길 건가요? -『4카드』169쪽 참고

함께 읽으면 좋은 책

『열세 살의 타임슬립』 로스 웰포드 지음, 김루시아 옮김, 세종주니어, 440쪽, 2017

『우리들의 따뜻한 경쟁』 신현수 지음, 민소원 그림, 열다, 128쪽, 2014

060 진정한 나로 거듭나기

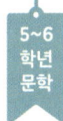
5~6학년 문학

『샤워』

정지원 지음, 노인경 그림, 문학과지성사,
215쪽, 2014

#바퀴벌레 #살충제 #편견 #자유 #우정
#외모 지상주의 #자존감

바퀴벌레들이 전하는 철학적 사유의 향연

평범하지 않은 주인공과 평범하지 않은 이야기로 마지막 책장을 넘길 때까지 먹먹함이 계속된다. 인간이 혐오하는 해충, 바퀴벌레의 이야기이며, 제10회 마해송문학상을 수상했다. 남들보다 못생긴 바퀴벌레 '아늑'은 어느 날 샤워실에서 정체를 알 수 있는 이상한 목소리의 도움으로 인간의 슬리퍼 공격을 피한다. 그 목소리의 주인공은 샤워기 속에 갇혀 혼자 어둠의 시간을 보내고 있는 '부드'다. 아무에게도 들려준 적 없는 아늑의 아름다운 노래에 부드는 칭찬을 아끼지 않고 둘은 그렇게 서서히 서로에게 물들어간다. 부드가 전해주는 여행자들의 이야기와 긴 시간 혼자이기에 가능했던 인생에 대한 고찰은 아늑에게 자신도 의미 있는 존재가 될 수 있음을 일깨워준다.

아이들은 다른 사람들의 시선과 기준에 맞춰 자신의 가치를 정하기 쉽다. 이런 과정 속에서 콤플렉스도 생기고 자존감이 낮아지는 경험도 한다. 이 책은 있는 그대로의 내 모습을 사랑하는 일이 얼마나 가치 있고 아름다운가를 설득력 있게 풀어낸다. 친구들과의 관계가 삶의 많은 부분을 차지하고 내 존재에 대한 고민을 하기 시작하는 고학년 친구들과 조금은 심오하게 삶과 관계에 대한 사유를 나누고 싶다면, 이 책을 추천한다.

성취 기준

[6국05-01] 문학은 가치 있는 내용을 언어로 표현하여 아름다움을 느끼게 하는 활동임을 이해하고 문학 활동을 한다.
[6국05-06] 작품에서 얻은 깨달음을 바탕으로 하여 바람직한 삶의 가치를 내면화하는 태도를 지닌다.

수업 방향

- 심미적 가치가 있는 문장들을 음미할 수 있도록 낭독하고 교육 연극을 활용한다.
- 다음 이야기에 대한 궁금증을 유발할 수 있도록 차시 분량을 조절한다.

생각 나누기

- 작가는 왜 '바퀴벌레'를 주인공으로 선택했을까요?
- 축제에서 선택받지 못한 아늑은 혼자 쓸쓸히 "껍질 아닌 본모습을 봐줄 수 없나요." 하며 노래합니다. 외모는 누군가를 평가하는 기준이 될까요?
  -『샤워』37쪽 참고
- "바퀴벌레라고 해서 꼭 주변의 온도에 맞춰 살아가야 한다는 건 잘못이

야." 부드의 말을 우리의 경우에 맞게 바꿔보고 그 의미에 대해 생각해봅시다. -『샤워』128쪽 참고

독서 활동

- 인상 깊었거나 마음의 울림이 되었던 책 속 문장을 적어봅시다.
- 읽기 전 두 번째 여행자가 말한 '가장 깊은 어둠'을 거치면 갈 수 있다는 '거대한 평면'은 어디일지 상상해봅시다.
- 상냥하고 다정한 '아늑', 성질은 급하지만 마음만은 부드러운 '부드'처럼 내 짝꿍의 좋은 점을 생각해보고 어울리는 이름을 지어봅시다.

함께 읽으면 좋은 책

『편견』고정욱 외 지음, 유기훈 그림, 뜨인돌어린이, 139쪽, 2007

『삶이란 무엇일까요?』오스카 브르니피에 지음, 제롬 루이에 그림, 박광신 옮김, 상수리, 97쪽, 2012

061 죽음을 통해 알게 되는 삶과 관계, 가족의 의미

『마지막 이벤트』

유은실 지음, 강경수 그림, 비룡소
204쪽, 2015

#할아버지 #죽음 #소외 #외로움 #장례식
#가족

할아버지가 남긴 마지막 이벤트

바보 같은 놈, 돼먹지 못한 자식이라고 하는 아빠 대신 나를 인정해주는 사람. 엄마와 누나는 밥맛 떨어지고 혐오스럽다며 피하지만 만지고 있으면 잠이 잘 오는 그의 검버섯. '표시한', 바로 우리 할아버지다. 그런데 할아버지가 이상하다. 평소엔 활명수만 마셔도 체한 게 금방 낫는데 오늘은 진짜 많이 아픈 것 같다. 가족들에게 죽을 것 같다고 모두 집합하라고 연락을 하지만 이번에도 관심받고 싶어 그러는 줄 알고 아무도 오지 않는다. 할아버지는 다음 날 떠났다. 그제야 할아버지가 보고 싶어 했던 사람들이 모이기 시작한다. 집도 없어 좋아하던 할머니한테 차였는데 장례식장엔 303호 할아버지 방이 생겼다. 보지도 못한 사람들의 화환을 받고, 할아버지의 이름이 신문에도 실린다. 할아버지가 남긴 마지막 이벤트를 두고도 말들이 많다.

조부모와의 관계가 서툰 요즘 친구들에게 가족의 의미에 대해 이야기할 수 있는 책이다. 또 죽음이 삶의 일부분이자 자연스러운 과정임을 이해한다면 평범한 하루, 주위 사람들과의 관계가 새롭게 느껴질 것이다. 더불어 마지막 장을 덮은 후 전해지는 깊은 울림을 통해 문학이 주는 즐거움을 오롯이 경험할 수 있다.

성취 기준

[6국05-05] 작품에 대한 이해와 감상을 바탕으로 하여 다른 사람과 적극적으로 소통한다.
[6실01-04] 건강한 가정생활을 위해 가족 구성원의 다양한 요구에 대하여 서로 간의 배려와 돌봄이 필요함을 이해한다.

수업 방향

- 작품 속 대화나 문장을 통해 등장인물의 성격과 특징을 파악하도록 한다.
- 작품 이해를 바탕으로 적극적으로 소통하는 학습 활동을 구성한다.

생각 나누기

- 나에게 '할아버지(또는 할머니)'는 어떤 의미인가요? '할아버지(또는 할머니)' 하면 떠오르는 단어를 생각나는 대로 적어봅시다. 또 책을 읽기 전과 후에 바뀐 생각이 있다면 이야기해봅시다.
- '이 세상 지혜는 장례식에서 배운다.'라는 말은 무슨 의미일까요? -『마지막 이벤트』185쪽 참고
- '꼭 여자로 태어나서 좋은 엄마가 되고 싶다.'는 글을 남긴 할아버지는 왜

여자 수의를 준비했을까요?
- 어른들은 영욱이가 할아버지 입관식에 참석하는 것을 반대합니다. 만약 여러분이라면 입관식에 참석할 건가요? 그 이유도 함께 이야기해봅시다.
　－『마지막 이벤트』 198쪽 참고

독서 활동
- 나를 '바람 빠진 풍선'처럼 만드는 말과 '빵빵하게 부풀어 오르는 풍선'처럼 만드는 말을 들은 적이 있나요? －『마지막 이벤트』 10쪽 참고
- 영욱이가 할아버지의 문자를 저장했던 것처럼 나에게도 영구 보관하고 싶은 문자나 사진, 또는 순간이 있나요? －『마지막 이벤트』 107쪽 참고
- 책 속에서 나온 장례식과 관련한 단어로 빙고 게임을 해봅시다.

함께 읽으면 좋은 책
『여행 가는 날』 서영 지음, 위즈덤하우스, 36쪽, 2018

『삶과 죽음에 대한 커다란 책』 실비 보시에 지음, 상드라 푸아로 세리프 그림, 배형은 옮김, 톡, 76쪽, 2012

『내가 함께 있을게』 볼프 에를브루흐 지음, 김경연 옮김, 웅진주니어, 32쪽, 2007

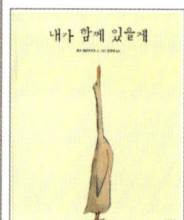

062 인생은 토너먼트가 아니라 리그다!

5~6학년 문학

『플레이 볼』

이현 지음, 최민호 그림, 한겨레아이들
188쪽, 2016

#야구 #승리 #재능 #실력 #최선 #최고
#노력 #도전

야구부 선수들의 치열한 고민에서 배우는 꿈을 향한 열정

한동구는 구천초 6학년 야구부 주장이다. 야구광인 엄마 덕분에 엄마 배 속에서부터 야구를 하며 놀았다. 야구가 좋고 머릿속은 오직 야구로 가득 차 있다. 그런데 좋아하는 마음만으로는 해낼 수 없는 일도 있다는 것을 알아가면서 많은 것들이 흔들리기 시작한다. 늘 함께였던 포수 푸른이는 실력이 모자란다는 이유로 5학년 후배에게 주전을 빼앗기고, 갑자기 등장한 영민이는 연습 며칠 만에 4번 타자이자 투수인 동구를 뛰어넘기 시작한다. 떨어져 살고 있는 아빠 역시 프로 야구 선수로 성공할 확률은 희박하다며 야구부를 접으라고 한다. 과연 동구는 야구 선수의 꿈을 계속 키워나갈 수 있을까?

꿈을 탐색하고 미래를 설계하다 보면 좋아하는 것과 잘하는 것

사이에서 고민하게 된다. 『플레이 볼』은 이런 고민에 조금 더 빨리, 그리고 현실적으로 마주하게 되는 야구부 친구들을 통해 선택의 기준에 대해 많은 생각을 제시한다. 노력만으로는 안 되는 한계에 부딪혀 도망도 가보지만, 결국 가장 중요한 선택의 기준은 미래의 알 수 없는 결과가 아니라 꿈을 향해 도전하는 오늘의 내 행복이다. 초등학교 진로 교육 '진로 디자인과 준비' 영역 학습과 연계하여 자아를 이해하고 다양한 상황에서 스스로 의사 결정을 내릴 수 있는 역량을 키우는 데 활용하면 좋은 책이다.

성취 기준

[6국05-06] 작품에서 얻은 깨달음을 바탕으로 하여 바람직한 삶의 가치를 내면화하는 태도를 지닌다.
[6실05-02] 나를 이해하고 적성, 흥미, 성격에 맞는 직업을 탐색한다.

수업 방향

- 다양한 논제를 제시하여 적극적으로 소통하는 과정을 통해 작품 해석의 개방성과 생각의 다양성을 학습할 수 있도록 한다.
- 작품의 내용을 바탕으로 진로 탐색 및 설계에 대한 기준을 스스로 세울 수 있도록 수업 활동을 구성한다.

생각 나누기

- 감독님은 스포츠에서는 최선이 아니라 최고가 되라고 말합니다. 여러분은 어떻게 생각하나요? '최선'과 '최고' 중 어느 것이 더 중요하다고 생각하나요? -『플레이 볼』 89쪽 참고
- 푸른이는 야구를 좋아하지만 실력이 좋지 않아 그만두려고 합니다. 초등

학생인 선수들이 현재 실력이 좋지 않다고 야구를 그만두는 것에 대해 어떻게 생각하나요?
- 감독님은 선발 라인업에 6학년 선수들을 빼고 기록이 더 좋은 5학년 선수들을 배정합니다. 감독님의 결정을 어떻게 생각하나요?

독서 활동

- 동구는 야구광인 엄마가 위대한 투수 최동원 선수를 생각하며 지은 이름입니다. 혹시 내 이름에도 특별한 사연이 있나요?
- 등장인물의 성격을 알 수 있는 문장을 찾아보고 인물들의 특징을 정리해 봅시다.

함께 읽으면 좋은 책

『생각하는 야구 교과서』 스포츠문화연구소 지음, 이창우 그림, 휴먼어린이, 232쪽, 2016

『푸른 축구공』 리네케 데익쉘 지음, 이유림 옮김, 스콜라, 464쪽, 2010

063 즐겁게 놀면서 배우는 것들

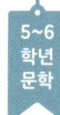

『소리 질러, 운동장』

진형민 지음, 이한솔 그림, 창비, 156쪽, 2015

#야구 #가치 #정의 #규칙 #평등
#스포츠 정신 #권리

막야구부, 방과 후 운동장을 지켜라!

중요한 경기에서 자기 팀에게 불리한 판정이 옳다고 말해 야구부에서 쫓겨난 김동해, 야구를 좋아하지만 여자라는 이유만으로 야구부에 들어가지 못한 공희주. 이 두 아이가 뭉쳐서 '막야구부'를 만들었다. 막야구부는 그냥 막 노는 야구부라서 특별한 장비도 필요 없다. 야구 방망이 대신 실내화로 공을 쳐도 되고, 글러브 대신 잠자리채로 공을 받아도 된다. 수업이 끝나면 막야구부 아이들은 운동장 한 귀퉁이에 모인다. 성별이나 학년에 상관없이 누구나 올 수 있고, 그때 모인 아이들이 나름대로의 규칙을 정해서 즐겁게 야구를 한다. 그런 막야구부을 못마땅하게 여긴 야구부 감독님이 운동장에서 막야구부를 쫓아내려고 한다. 막야구부는 운동장을 지켜낼 수 있을까?

운동장에서 쫓겨날 위기에 부딪힌 아이들은 좌절하지 않는다. 다 함께 머리를 모으고, 어른의 도움 없이 문제를 해결해간다. 이 과정에서 아이들은 기발하고 엉뚱하지만 오히려 어른보다 더 정의롭고 논리적이다. 운동장에서 뛰어노는 아이들의 모습 속에 다양한 가치가 담겨 있다. 삶의 가치를 생각하고 토론하기에 적당한 시기인 5~6학년에게 추천한다. 고학년 아이들이 읽으면 주인공들이 자유롭게 '막야구'를 하는 모습이나 어른들의 부당함에 당당하게 맞서는 모습에 해방감과 희열을 느낄 것 같다.

성취 기준

[6국01-02] 의견을 제시하고 함께 조정하며 토의한다.
[6국05-06] 작품에서 얻은 깨달음을 바탕으로 하여 바람직한 삶의 가치를 내면화하는 태도를 지닌다.
[6도01-03] 정직의 의미와 정직하게 살아가는 것의 중요성을 탐구하고, 정직과 관련된 갈등 상황에서 정직하게 판단하고 실천하는 방법을 익힌다.
[6체03-01] 필드형 게임을 체험함으로써 동일한 공간에서 공격과 수비를 번갈아 하며 상대의 빈 공간으로 공을 보내고 정해진 구역을 돌아 점수를 얻는 필드형 경쟁의 개념과 특성을 탐색한다.

수업 방향

- 인물의 삶과 나의 삶을 비교하여 문제를 해결할 수 있는 다양한 방법을 제시하고 함께 토의한다.

생각 나누기

- 나에게 가장 중요한 가치는 무엇인가요?

- 내가 동해라면 우리 팀이 패배할지라도 진실을 말할 것인가요?
- 우리 주변에서 남자와 여자를 차별하는 사례를 생각해보고 이야기를 나눠봅시다.
- 책 속에 나온 규칙을 보고 우리 학교나 학급 규칙에 대해 말해봅시다.
- 운동장을 지킬 수 있는 다양한 방법을 생각해보고 이야기해봅시다.

독서 활동

- 내가 중요하다고 생각하는 가치를 선택하고, 경험을 바탕으로 정의를 내려 '나만의 가치 사전'을 만들어봅시다.
- 내가 만들고 싶은 동아리를 생각해보고 회원 모집 포스터를 만들어봅시다.

함께 읽으면 좋은 책

『플레이 볼』 이현 지음, 최민호 그림, 한겨레아이들, 188쪽, 2016

『축구왕 이채연』 유우석 지음, 오승민 그림, 창비, 172쪽, 2019

064 크고 작은 고민과 함께 성장한다

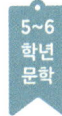

『5학년 5반 아이들』

윤숙희 지음, 푸른책들, 152쪽, 2013

#성장 #고민 #자존감 #꿈 #시험
#외모 #가족 #관계

일곱 아이들의 성장통

5학년 5반에는 서로 다른 고민을 가진 일곱 아이들이 있다. 천재는 이름과 반대로 머리가 너무 나빠서 고민이고, 수정이는 아토피가 콤플렉스다. 준석이는 아빠의 사업 실패로 비싼 아파트에서 다세대 주택으로 이사를 갔는데, 집이 망한 사실을 친구들에게 들킬까 봐 걱정이다. 아빠가 돌아가시고 엄마와 단둘이 사는 장미는 뚱뚱하고 가난하지만 슈퍼스타의 꿈을 가지고 있다. 폭력적인 아빠와 잔소리 많은 엄마에게서 항상 벗어나고 싶은 태경이는 학교에서도 문제아로 찍힌다. 얼음 공주 미래는 완벽하길 바라는 엄마의 공부 압박 때문에 숨이 막힐 지경이고, 한영이는 주의력 결핍 장애가 고민이다. 아이들은 이렇게 각자의 고민이 있지만 피하지 않고 당당히 고민과 마주하며 성장해간다.

　일곱 개의 단편이 서로 연결되어 하나의 큰 이야기를 이룬다. 일곱 명의 아이들이 각각 주인공이 되어 자신의 이야기를 들려주고, 다른 아이들은 그 이야기 속에 등장하여 서로 얽혀 있다. 책을 끝까지 읽어야 등장하는 아이들을 오롯이 이해할 수 있고, 각 단편에서 발견하지 못한 새로운 사실을 알게 된다. 외모, 진로, 가족, 성적 문제 등 사춘기 아이들의 다양한 고민거리를 다루고 있어서 고학년 아이들이 충분히 공감하며 읽을 수 있다.

관련 성취기준

[6국05-04] 일상생활의 경험을 이야기나 극의 형식으로 표현한다.
[6도01-02] 자주적인 삶을 위해 자신을 이해하고 존중하며 자주적인 삶의 의미와 중요성을 깨닫고 실천 방법을 익힌다.

수업 방향

- 등장인물이 처한 상황을 잘 살펴보고, 등장인물의 입장에서 생각해본다.
- 최근 나의 고민을 떠올려보고, 긍정적인 해결 방안을 생각해본다.

생각 나누기

- 요즘 고민이 있나요?
- 가장 공감이 되거나 기억에 남는 등장인물은 누구인가요? 그 이유는 무엇인가요?
- 공부와 행복한 삶의 상관관계에 대해 이야기해봅시다.

독서 활동

- 모둠별로 인상 깊은 장면을 뽑아 극본을 쓰고 역할을 정해서 극으로 표현해봅시다.
- 등장인물의 고민을 적어보고, 해결 방법을 다양하게 생각해봅시다.
- 색종이에 익명으로 나의 고민을 적고, 종이비행기로 접어 교실 앞쪽으로 날립니다. 이 중 몇 개를 골라 친구들과 함께 그 고민에 대해 이야기 나누어 봅시다.
- 감추고 싶은 나의 비밀, 최근 나의 고민, 나의 콤플렉스 중 하나를 골라 글을 써봅시다.

함께 읽으면 좋은 책

『굿바이 6학년』 최영희 외 지음, 최보윤·안경미 그림, 위즈덤하우스, 200쪽, 2018

『붉은 실』 이나영 지음, 이수희 그림, 시공주니어, 204쪽, 2017

065 전쟁과 분단의 아픔

『할아버지의 뒤주』

이준호 지음, 백남원 그림, 사계절, 182쪽, 2007

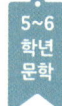
5~6학년 문학

#과거 #시간 여행 #타임머신 #판타지
#한국 전쟁 #선택 #6.25 #역사

뒤주를 통해 떠나는 시간 여행

할아버지가 낡고 커다란 뒤주를 가지고 민제네 집으로 왔다. 집이 좁은 탓에 민제는 할아버지와 한 방을 쓰게 되고, 커다란 뒤주 역시 민제 방에 들여놓았다. 어느 날, 민제는 한밤중에 등산용 배낭을 메고 뒤주에서 나오는 할아버지를 목격한다. 뒤주 속이 궁금해서 기회를 엿보던 민제는 할아버지 몰래 뒤주 안으로 들어가고, 뒤주가 과거의 세상과 연결되어 있다는 것을 알게 된다. 그렇게 뒤주를 통해 다른 세상을 오가던 중, 6.25 전쟁 때 할아버지의 실수로 큰형님이 인민군에게 끌려가게 된 사연을 듣게 된다. 할아버지는 큰형님에 대한 죄책감과 그리움 때문에 밤마다 뒤주 속에서 그 사건이 벌어진 시간을 찾아 헤맸던 것이다. 민제는 아픈 할아버지를 대신해서 자신이 직접 과거의 위험한 사건 속으로 들어간다.

『할아버지의 뒤주』는 뒤주를 통해 과거의 역사적 사실과 만나는 판타지 동화다. 시간 여행이라는 소재 자체가 아이들의 흥미를 끌기 충분하다. 게다가 뒤주라는 어둡고 폐쇄적인 공간이 주는 두려움과, 어느 시대로 연결될지 모르는 불확실성이 끝까지 긴장을 놓지 않고 책을 읽게 만든다. 주인공이 과거로의 시간 여행에서 사도 세자, 5.18 민주화 운동, 임진왜란, 6.25 전쟁 등 역사적 사실과 만나기 때문에 사회과의 한국사와 연계하거나 역사적 배경을 살펴보면서 읽으면 더 큰 재미를 느낄 수 있다. 책을 읽은 후 6.25 전쟁을 배경으로 한 다른 동화도 함께 읽어보기를 권한다.

관련 성취기준

[6국05-02] 작품 속 세계와 현실 세계를 비교하며 작품을 감상한다.
[6사04-06] 6.25 전쟁의 원인과 과정을 이해하고, 그 피해상과 영향을 탐구한다.

수업 방향

- 책 속의 역사적 사실을 짚어보면서 읽는다.
- 과거의 사건과 현재의 연관성에 대해 생각해본다.

생각 나누기

- 만약 시간 여행을 할 수 있다면 되돌리고 싶은 과거 사건이 있나요?
- 만약 시간 여행을 할 수 있다면 어느 시대로 가고 싶나요?
- 타임머신을 만든다면 어떤 물건을 이용해 현재와 다른 세계를 연결하고 싶나요?

- 할아버지에게 뒤주는 어떤 의미일까요?
- 민제가 과거로 돌아가 사건을 바꿨다면 현재는 달라질까요?

독서 활동

- 책 속에 등장하는 역사적 사실을 모둠별로 나누어 조사해봅시다.
- 뒷이야기를 이어 써보거나 인민군에 끌려간 큰할아버지는 어떻게 됐을지 상상하여 써봅시다.
- 내가 뒤주를 통해 가고 싶은 과거를 생각해보고 그때의 시대적 상황을 조사해봅시다.
- 타임머신을 통해 과거로 간다면 무엇을 바꾸고 싶은지 또 그로 인해 현재의 내 모습과 상황이 어떻게 바뀌었을지 상상해 써봅시다.

함께 읽으면 좋은 책

『황금 깃털』 정설아 지음, 소윤경 그림, 문학과지성사, 235쪽, 2012

『몽실 언니』 권정생 지음, 이철수 그림, 창비, 300쪽, 2012

『그 여름의 덤더디』 이향안 지음, 김동성 그림, 시공주니어, 124쪽, 2016

066 혼자가 되면 보이는 새로운 세상

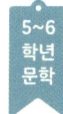

『혼자 되었을 때 보이는 것』

남찬숙 지음, 정지혜 그림, 미세기, 168쪽, 2015

#관계 #외톨이 #친구 #따돌림 #편견
#임대 아파트 #부모님

많은 친구들 사이에서 외톨이가 된 나, 어떻게 해야 할까?

5학년이 된 시원이는 여러 명의 친구보다 마음이 맞는 한 명하고만 친하게 지내기로 마음먹고, 혜진이와 단짝이 된다. 그런데 눈병으로 열흘 동안 결석을 했더니 혜진이가 다른 친구와 다니는 것이 아닌가? 외톨이가 된 시원이는 다른 그룹에 끼어보려고 애쓰지만 어디에도 들어가지 못한다. 결국 혼자서 당당하게 아무렇지도 않은 척 지내보기로 한 시원이. 혼자가 되니 눈에 띄지 않았던 민지가 보이기 시작한다. 부모님의 이혼으로 할머니와 임대 아파트에서 살고 있는 민지는 누구와도 섞이지 않고 언제나 혼자다. 평소에 말이 없는 민지는 발달 장애가 있는 성현이가 괴롭힘을 당할 때면 주저 없이 나서서 도와준다. 그런 민지가 궁금해진 시원이는 마음을 열고 민지에게 다가가고, 자기와 환경이 너무 다른 민지를 보면서 또 다른 세상에 눈을 뜬다.

주인공 시원이의 시점에서 여러 가지 상황에 부딪혔을 때 겪는 내적 갈등을 생생하게 묘사했다. 그래서 책을 읽을 때 마치 내가 주인공이 된 듯 동요하게 된다. 특히 친구들 사이에 미묘한 신경전이라든지 엄마와의 대화에서 느껴지는 갈등이 사춘기를 겪는 5~6학년 아이들의 마음에 쉽게 다가올 것이다. 주인공이 처음으로 혼자가 되고 겪는 사건들에 이야깃거리가 많아 토론하기 좋다. 친구 관계와 따돌림, 자녀를 대하는 부모님의 태도, 어른들의 편견과 이기적인 모습에 대해 깊이 생각해볼 만하다.

성취 기준
[6국05-05] 작품에 대한 이해와 감상을 바탕으로 하여 다른 사람과 적극적으로 소통한다.
[6국05-06] 작품에서 얻은 깨달음을 바탕으로 하여 바람직한 삶의 가치를 내면화하는 태도를 지닌다.

수업 방향
- 주인공과 주변 인물들의 말과 행동을 생각하면서 읽는다.
- 바람직한 친구와의 관계, 부모님과의 관계에 대해 생각해보고, 나를 되돌아본다.

생각 나누기
- 내가 주인공이라면 혼자되었을 때 어떤 선택을 했을까요?
- 친구 관계에 문제가 생겼을 경우 엄마가 나서서 해결하려고 한다면 어떨까요?

- 부모님이 나에게 좋은 환경의 친구와 사귀라고 한다면 어떨까요?
- 부모님에게서 가장 듣기 싫은 말은 무엇인가요?
- 부모님이 나와 함께 의논하고 결정했으면 하는 것이 있다면 무엇인가요?
- 다수에게 괴롭힘당하는 친구를 목격한다면 나는 어떻게 할까요?

독서 활동

- 주인공의 생각과 행동에서 공감 가는 부분을 체크하고, 가장 많은 사람들이 공감한 부분에 대해 이야기를 나눠봅시다.
- 등장인물과 인터뷰를 진행해봅시다.

함께 읽으면 좋은 책

『일톱성이 제아』 황선미 지음, 최정인 그림, 이마주, 144쪽, 2017

067 어려운 결정, 장기 기증

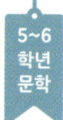

『살아난다면 살아난다』

최은영 지음, 최정인 그림, 우리교육,
172쪽, 2009

#소통 #대화 #안락사 #장기 기증 #죽음
#재혼 가정 #한 부모 가정

만약 나라면? 근호 가족을 통해 생각해보는 장기 기증

근호는 아픈 곳은 건드리지 않으려고 서로 말을 아끼는 재혼 가정의 아이다. 불의의 사고를 당해 뇌사 상태가 된 근호는 영혼이 되어 병원을 떠돌다 영혼을 볼 수 있는 괴팍한 703호 할머니와 심장이 아픈 형을 돌보는 밝고 씩씩한 동우를 만난다. 살아날 수 있는 방법을 묻는 근호에게 할머니는 원망이 많아 편안히 세상을 떠날 수 없다며 고개만 젓는다. 새아빠는 뇌사 상태인 근호의 장기 기증을 권하지만 엄마는 완강히 반대한다. 근호는 자신이 다시 살아날 수 있는 방법이 동우의 형 형우에게 심장을 이식해주는 것임을 깨닫고, 703호 할머니를 통해 가족들에게 이 사실을 알린다. 그동안 소통하지 못했던 가족들이 이 일로 서로 화해하며, 장기 기증에 동의하게 된다. 근호가 가족과 함께 그토록 보고 싶었던 코스모스를 형우의 눈을 통해 보며 이야기는 끝난다.

요즘 이슈가 되고 있는 존엄한 죽음, 안락사, 장기 기증에 대해 깊이 생각해볼 수 있는 책이다. 또한 쉽게 꺼내기 힘든 재혼 가정과 한 부모 가정에 대한 이야기도 나눌 수 있으며, 가족 간 소통의 중요성을 알 수 있는 이야기다. 6학년에게 권하며 책을 읽기 전 안락사와 장기 기증, 연명 치료 거부 등의 배경지식을 미리 어린이들에게 설명해주면 내용 파악에 많은 도움이 될 것이다.

성취 기준

[6국01-07] 상대가 처한 상황을 이해하고 공감하며 듣는 태도를 지닌다.
[6국02-01] 읽기는 배경지식을 활용하여 의미를 구성하는 과정임을 이해하고 글을 읽는다.
[6도03-01] 인권의 의미와 인권을 존중하는 삶의 중요성을 이해하고, 인권 존중의 방법을 익힌다.
[6도04-01] 긍정적 태도의 의미와 중요성을 알고, 어려움을 극복하기 위한 긍정적 삶의 태도를 습관화한다.

수업 방향

- 장기 기증, 뇌사 등 관련 배경지식을 읽기 전, 읽기 후에 제공한다.
- 책에서 서술된 근호의 입장뿐만 아니라 엄마, 새아빠, 할머니의 입장에서 생각해보며 책을 읽는다.

생각 나누기

- 근호는 원망이 많아 세상을 편하게 떠나지 못한다고 합니다. 근호의 원망

은 어떤 것들일까요?
- 안락사와 장기 기증에 대해 어떻게 생각하나요?
- 가족 간, 혹은 사람과 사람 사이의 소통을 위해 가장 중요한 것은 무엇일까요?

독서 활동
- 안락사 허용에 대해 토론해봅시다.
- 근호는 가족들과 함께 코스모스 길을 걷고 싶다는 희망 일기를 씁니다. 나만의 희망 일기를 써봅시다.

함께 읽으면 좋은 책

『세상에 대하여 우리가 더 잘 알아야 할 교양 21: 안락사, 허용해야 할까?』
케이 스티어만 지음, 장희재 옮김, 내인생의책, 124쪽, 2013

068 어려워 보이는 물리학 개념 속 따뜻한 사람들

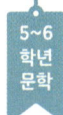
5~6학년 문학

『우주로 가는 계단』

전수경 지음, 소윤경 그림, 창비, 176쪽, 2019

#평행 우주 #가족 #물리학 #과학자 #꿈
#친구 #SF #괴짜 할머니

가족을 잃은 지수에게 찾아온 평행 우주

쓰나미 사고로 가족을 잃고, 외삼촌과 함께 살고 있는 지수는 사고 이후 평행 우주 이론을 믿으며, 가족들이 다른 차원의 우주에서 행복하게 살아가길 바란다. 사고 후유증으로 생긴 폐소 공포증 때문에 엘리베이터를 탈 수 없는 지수는 아파트 20층까지 계단을 이용해 오르내린다. 계단을 걷다 우연히 701호에 사는, 물리학에 박학다식한 괴짜 할머니를 만난다. 나이를 초월한 우정을 나누던 어느 날 갑자기 할머니가 사라진다. 할머니가 남긴 여러 힌트로 할머니가 평행 우주를 통해 미래에서 온 사람이라는 사실을 알게 된다. 친한 친구들 외에 다른 사람과는 거의 소통하지 않았던 지수는 이 일을 계기로 마음의 문을 활짝 열게 되며, 할머니와 약속한 2025년 9월 7일, 케임브리지에서 우주적 끌림이 있는 친구를 만나게 될 날을 기대한다.

펜로즈의 계단, 평행 우주, 영화 「인셉션」, 프리재즈에서의 불협화음 등 어려운 개념들이 많이 등장하지만 이런 소재를 통해 확장 독서를 할 수 있다. 또한 지수의 친구들이 자신의 꿈을 위해 노력하는 모습을 통해 진로와 꿈에 대해서도 생각해볼 수 있다. 할머니의 실종 사건을 조사하는 흥미로운 이야기로 아이들의 몰입도가 높다. 어려운 단어와 개념이 많아 6학년에게 권한다.

성취 기준

[6국02-01] 읽기는 배경지식을 활용하여 의미를 구성하는 과정임을 이해하고 글을 읽는다.
[6국01-07] 상대가 처한 상황을 이해하고 공감하며 듣는 태도를 지닌다.
[6도04-01] 긍정적 태도의 의미와 중요성을 알고, 어려움을 극복하기 위한 긍정적 삶의 태도를 습관화한다.
[6도02-02] 다양한 갈등을 평화적으로 해결하는 것의 중요성과 방법을 알고, 평화적으로 갈등을 해결하려는 의지를 기른다.

수업 방향

- 책에 등장하는 여러 개념을 조사하면서 확장 독서를 할 수 있다.
- 책에서 드러나지 않거나 생략된 내용을 추론하면서 읽을 수 있다.

생각 나누기

- 지수는 폐소 공포증 때문에 아파트 20층까지 계단을 이용해 오르내립니다. 나에게도 지수처럼 견디기 힘든 상황이나 공포증이 있나요?

- 과거나 미래의 인물을 만날 수 있다면 나는 누구를 만나고 싶은지 이야기 해봅시다.

독서 활동

- 이 책에 등장하는 여러 인물, 이론, 영화, 드라마 등 다양한 소재 중에서 내가 원하는 한 가지를 골라 조사한 후 발표해봅시다.
- 모스 부호로 비밀 편지를 써봅시다.

함께 읽으면 좋은 책

『할아버지의 뒤주』 이준호 지음, 백남원 그림, 사계절, 182쪽, 2007

『순재와 키완』 오하림 지음, 애슝 그림, 문학동네, 124쪽, 2018

「조지와 빅뱅」(전 2권) 루시 호킹·스티븐 호킹 지음, 김혜원 옮김, 주니어RHK, 각 200쪽 내외, 2018

『과학자들 2』 김재훈 지음, 휴머니스트, 320쪽, 2018

   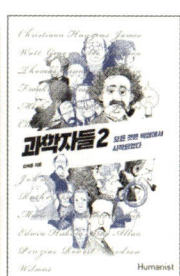

069 인간이 만들어놓은 공간에서 평생을 보내는 동물들

5~6학년 문학

『해리엇』

한윤섭 지음, 서영아 그림, 문학동네,
156쪽, 2011

#동물 #원숭이 #거북 #멘토 #동물원
#갈라파고스 #자유 #동물 복지

갈라파고스 거북, 해리엇이 우리에게 남긴 메시지

자바 원숭이 '찰리'는 인간들이 인공적으로 만들어놓은 보호 구역에서 엄마와 헤어져 한 아이의 애완동물이 된다. 두렵고 외로웠지만 안락한 일상을 보내던 찰리는 아이가 멀리 떠나게 되면서 동물원으로 보내진다. 동물원에서의 삶은 녹록지 않았다. 개코 원숭이들의 우두머리 '스미스'가 인간의 습성에 젖어 있던 찰리를 배척하며 받아들이지 않았기 때문이다. 하지만 찰리의 손에 동물원의 열쇠가 있다는 사실을 알게 된 스미스는 회유와 협박으로 어린 찰리를 두려움에 떨게 한다. 그때 한 발짝 한 발짝 느린 걸음을 내디뎌 찰리의 보호자가 되어준 지혜로운 '해리엇'. 해리엇은 동물원의 지도자이며 멘토였다. 어느덧 175년을 살아낸 해리엇의 생명이 3일밖에 남지 않았다. 동물원의 여러 동물들은 해리엇이 마지막 소원인 고향, 갈라파고스 바다로 돌아갈 수 있도록 힘을 모은다.

『해리엇』은 토론 주제로 자주 등장하는 동물원의 존폐 여부와 멘토, 나의 버킷 리스트에 대해 생각해볼 수 있는 책이다. 분량이 많지는 않지만 동물의 시점으로 이야기가 진행되고, 깊이 생각할 만한 내용이 많아 5학년 2학기 이후에 함께 읽기를 권한다.

성취 기준

[6국05-06] 작품에서 얻은 깨달음을 바탕으로 하여 바람직한 삶의 가치를 내면화하는 태도를 지닌다.
[6국02-03] 글을 읽고 글쓴이가 말하고자 하는 주장이나 주제를 파악한다.
[6도02-02] 다양한 갈등을 평화적으로 해결하는 것의 중요성과 방법을 알고, 평화적으로 갈등을 해결하려는 의지를 기른다.
[6과05-03] 생태계 보전의 필요성을 인식하고 생태계 보전을 위해 우리가 할 수 있는 일에 대해 토의할 수 있다.

수업 방향

- 실제 생존했던 갈라파고스 거북 해리엇의 관련 자료를 제공하여 충분한 배경지식을 쌓도록 도와준다.
- 해리엇, 찰리, 스미스 등 등장인물의 입장을 이해하며 읽을 수 있도록 지도한다.

생각 나누기

- 나에게도 해리엇 같은 멘토가 있나요?

- 해리엇처럼 남은 삶이 3일이라면 나는 무엇을 할까요?

독서 활동

- 마지막 장면에서 스미스가 동물원을 탈출할지, 아니면 동물원에 계속 남아 있을지 이야기 나눠봅시다.
- 동물원의 존폐에 대한 찬반 토론을 해봅시다.

함께 읽으면 좋은 책

『푸른 사자 와니니』 이현 지음, 오윤화 그림, 창비, 216쪽, 2015

『초록 눈 코끼리』 강정연 지음, 백대승 그림, 푸른숲주니어, 208쪽, 2010

『세상에 대하여 우리가 더 잘 알아야 할 교양 51: 동물원, 좋은 동물원은 있을까?』 전채은 지음, 내인생의책, 128쪽, 2017

070 영원히 죽지 않는 불멸의 삶

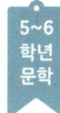

『트리갭의 샘물』

나탈리 배비트 지음, 윤미숙 그림, 최순희 옮김
대교북스주니어, 216쪽, 2018

#죽음 #죽지 않는 삶 #샘물 #나이 #인생
#욕망

내가 만약 위니라면 어떤 결정을 할까?

집 안에 갇혀 간섭받는 삶이 지루했던 위니는, 어느 날 가족들 모르게 어두컴컴한 숲속으로 들어가 열일곱 살 제시를 만나게 된다. 제시의 가족은 87년 전, 숲을 지나다 우연히 트리갭의 샘물을 마시고 더 이상 늙지도, 죽지도 않는 불사의 몸을 갖게 되었다. 제시의 가족은 이 비밀을 알게 된 위니를 유괴한다. 트리갭의 샘물에 대해 의혹을 가지고 있던 노란 양복의 사나이는 가족을 뒤쫓아 위협하지만, 실랑이 끝에 목숨을 잃고 만다. 실수로 노란 양복의 사나이를 죽게 한 엄마 '매'는 감옥에 갇히고, 위니는 매가 탈옥할 수 있도록 돕는다. 제시는 위니에게 제시와 비슷한 나이가 되면 트리갭의 샘물을 마시고 영원한 삶을 함께 누리자고 제안하지만, 위니는 순리대로 삶을 살기로 결심한다.

　유괴, 살인 사건이 여과 없이 나오지만, 현재에도 여전히 인류 최대의 관심사인 죽지 않는 삶, 늙지 않는 삶에 대한 이야기를 나눌 수 있다. 돈 욕심 때문에 죽게 된 노란 옷의 남자와 제시의 제의를 거절하고 자연 그대로의 삶을 선택한 위니, 정당방위에 대한 이야기 등 다방면으로 토론 거리가 많아 6학년에게 추천한다.

성취 기준

[6국01-03] 절차와 규칙을 지키고 근거를 제시하며 토론한다.
[6국05-06] 작품에서 얻은 깨달음을 바탕으로 하여 바람직한 삶의 가치를 내면화하는 태도를 지닌다.
[6도04-02] 올바르게 산다는 것의 의미와 중요성을 알고, 자기반성과 마음 다스리기를 통해 올바르게 살아가기 위한 능력과 실천 의지를 기른다.

수업 방향

- 내가 위니라면 어떤 결정을 할지 생각해보며 책을 읽는다.
- 책에 등장하는 인물, 사건, 배경을 파악하며 작품을 이해한다.
- 죽지 않는 삶과 유한한 삶에 대해 생각하며 작품을 읽는다.

생각 나누기

- 내가 위니라면 트리갭의 샘물을 마실까요? 만약 마신다면 몇 살에 마시고 싶나요? 마시지 않는다면 그 이유는 무엇인가요?
- 터크 가족들은 지저분한 곳에서 살아갑니다. 그 이유는 무엇일까요?
- 만약 내가 선택할 수 있다면 터크 가족 중 누구처럼 살고 싶은가요?

독서 활동

- 내 인생을 '생명의 수레바퀴'로 표현해 자서전을 만들어봅시다.
- 만약 노란 옷의 남자가 죽지 않았다면 이야기가 어떻게 전개되었을지 뒷이야기를 써봅시다.
- 죽지 않는 삶과 죽음이 있는 삶에 대해서 토론해봅시다.

함께 읽으면 좋은 책

『지엠오 아이』 문선이 지음, 유준재 그림, 창비, 261쪽, 2005

『피터 팬』 제임스 매튜 배리 지음, 메이블 루시 애트웰 그림, 김영선 옮김, 시공주니어, 279쪽, 2005

071 진정한 친구

『저녁까지만 거짓말하기로 한 날』

신현이 지음, 개암나무, 160쪽, 2015

#사춘기 #거짓말 #복수 #우정 #친구
#성장

우린 이렇게 어른이 되는 걸까?

달려야만 간지러움이 멈추는 현우는 다니는 학원이 너무 많아 벅차다. 그러던 어느 날 기태의 초대로 엄마에게 거짓말을 하고 학원을 빠진다. 그렇게 친구들을 만나러 가는 길에 현우는 무단횡단을 하고 학원 버스에 치일 뻔한다. 깜짝 놀란 현우는 아무런 대항도 못한 채 성난 운전기사 아저씨에게 뺨을 얻어맞는다. 이 사건을 본 친구들은 아저씨를 찾아내 복수를 하기로 결심하고 계획을 세운다. 책 속 아이들은 저마다 자라온 환경이 다르고 나름의 아픔이 있다. 어른의 폭행과 거짓말에 대항해 서로 의지하며 일을 해결해가는 과정에서 진정한 친구가 되고 함께 성장한다.

이 책은 어른으로부터 독립하고 싶은 마음과 불안한 마음이 공존

하는 사춘기 아이들의 이야기라, 초등 고학년 아이들의 한 권 읽기로 적절하다. 아직은 서툴고 두렵지만 넓은 세계로 나아가기 위한 첫걸음을 떼는 아이들의 모습이 잘 담겨 있다. 학급과 가정에서 일어나는 일상적인 이야기로, 함께 읽고 생각을 나눌 거리가 많다.

성취기준

[6국05-05] 작품에 대한 이해와 감상을 바탕으로 하여 다른 사람과 적극적으로 소통한다.
[6도01-02] 자주적인 삶을 위해 자신을 이해하고 존중하며 자주적인 삶의 의미와 중요성을 깨닫고 실천 방법을 익힌다.

수업 방향

- 사춘기 아이들의 마음에 공감하며 읽는다.

생각 나누기

- 진정한 친구란 무엇일까요?
- 어른들의 말과 행동이 이해되지 않거나 거부하고 싶을 때가 있나요? 그 이유는 무엇인가요?
- 내가 만약 현우라면 어른한테 폭행당했을 때 어떻게 대처했을까요?

독서 활동

- 등장인물을 마인드맵으로 정리해봅시다.
- 고민이나 걱정거리를 주제로 친구나 부모님께 편지를 써봅시다.

함께 읽으면 좋은 책

『나는 설탕으로 만들어지지 않았다』 이은재 지음, 김주경 그림, 잇츠북, 188쪽, 2019

『열네 살이 어때서?』 노경실 지음, 홍익출판사, 256쪽, 2010

『미지의 파랑』 차율이 지음, 샤토 그림, 고릴라박스, 196쪽, 2019

072 나를 변하게 하는 힘

『너는 나의 달콤한 □□』

이민혜 지음, 오정택 그림, 문학동네,
232쪽, 2008

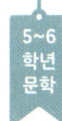

#친구 #관점 #오해 #착각 #기억
#가족

엄마, 아빠를 선택할 수 없잖아요

지혜와 일진이의 이야기가 앞뒤로 전개되는 이야기다. 우울증에 걸린 엄마와 폭력을 일삼는 아빠 때문에 지혜는 언제나 마음이 무겁다. 그 화를 친구에게 풀면서 난폭한 아이로 소문난 지혜에겐 이제 친구도 없다. 재혼한 엄마와 함께 사는 모범생 일진이는 6학년이 되어, 공부만 잘하는 전교 깡패 지혜와 실수로 짝이 된다. 지혜는 다른 친구와 다르게 자신을 대해주는 일진이 좋아지고, 일진도 엄마처럼 까칠하지만 예쁘고 똑똑한 지혜가 조금씩 좋아진다.

앞의 이야기는 엄마, 아빠로부터 받은 스트레스를 해소하기 힘들어 폭력성을 띠게 된 지혜 이야기가 지혜의 관점에서 전개된다. 뒤에서부터 시작하는 일진이 이야기는 일진이의 관점에서 전개되며 두 이야기를 비교하면 각각 다른 입장에서 오해와 착각이 있었음을 확인할 수 있다. 인물의 감정과 기분에 공감하며 읽어야 하는 책으로 6학년에게 추천한다. 이 책을 통해 같은 사건도 다르게 이해하고 행동할 수 있음을 깨달을 수 있으며, 객관적인 관점에서 가정의 문제를 바라볼 수 있다.

성취 기준

[6국05-02] 작품 속 세계와 현실 세계를 비교하며 작품을 감상한다.
[6국05-06] 작품에서 얻은 깨달음을 바탕으로 하여 바람직한 삶의 가치를 내면화하는 태도를 지닌다.

수업 방향

- 입장에 따라 관점이 달라질 수 있음을 알 수 있다.
- 불편하고 힘든 감정, 고민을 해소할 수 있는 방법을 생각하며 읽는다.

생각 나누기

- 일진이는 지혜에게 뺨 맞은 기억을 지우고 싶어 머릿속에서 도려내다 머리가 비어버리면 어쩌나 걱정하기도 합니다. 여러분은 기억 속에서 지워버리고 싶은 일이 있나요? 반대로 꼭 남겨두고 싶은 기억은 무엇인가요?
- 지혜는 가정에서 받은 스트레스를 친구들에게 풀어냅니다. 이러한 행동을 어떻게 생각하나요?
- 부모님이 폭력을 행사할 때 내가 지혜라면 어떻게 할까요?

독서 활동

- 책 제목 『너는 나의 달콤한 □□』에서 □□에 들어갈 단어를 써봅시다.

함께 읽으면 좋은 책

『넘어진 교실』 후쿠다 다카히로 지음, 김영인 옮김, 개암나무, 164쪽, 2016

「아름다운 아이」(전 4권) R. J. 팔라시오 지음, 책과콩나무, 각 144~480쪽, 2017

073 조회 수를 올리기 위한 유튜브 전쟁

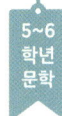

『유튜브 전쟁』

양은진 지음, 류한서 그림, 엠앤키즈, 196쪽, 2019

#유튜브 #유튜버 #크리에이터 #몰카 #친구
#윤리 #고양이 #캣맘

외로운 마리의 유일한 친구였던 유튜브

엄마가 돌아가시고 아빠와 사는 마리는 마음을 털어놓을 친구도 없는 외로운 아이다. 마리가 의지하는 것은 유튜브와 길고양이 츄츄뿐. 길고양이 츄츄의 일상을 유튜브에 올리던 마리는 쌍둥이 남매 유진, 호진과 친해진다. 마리는 유튜버가 되고 싶어 하는 호진을 위해 동영상 편집을 도와준다. 그러다 호진이 조회 수를 높이기 위해 학교 친구들을 대상으로 몰카를 찍어 유튜브에 올리려는 것을 알게 된다. 친구들을 놀라게 하고, 상처 주는 행동을 한 호진이는 츄츄와 아기 고양이들마저 위험에 빠뜨리는데······.

뉴스에서 들어봤음직한 유명 BJ의 사건과 초등학생 호진이의 이야기, 외로운 마리의 이야기가 교차 서술되면서 현실성을 높이고 있다. 유튜브에 관심이 많은 5~6학년에게 적절한 내용이며, 6학년 국어과 '다양한 매체를 활용한 발표', '뉴스 제작', 또는 '흥미 있는 분야의 동영상 제작' 등의 활동과 연계할 수 있어, 6학년 한 권 읽기로 추천한다. 유튜브뿐만 아니라 SNS, 단체 대화방, 댓글 문화 등 사이버 공간에서 발생하는 여러 문제에 대해 도덕적 민감성을 키울 수 있으며, 반려묘, 캣맘 등 다양한 사회 문제에 대해서도 생각해볼 수 있는 책이다.

성취 기준

[6국01-05] 매체 자료를 활용하여 내용을 효과적으로 발표한다.
[6국01-07] 상대가 처한 상황을 이해하고 공감하며 듣는 태도를 지닌다.
[6도02-01] 사이버 공간에서 발생하는 여러 문제에 대한 도덕적 민감성을 기르며, 사이버 공간에서 지켜야 할 예절과 법을 알고 습관화한다.

수업 방향

- 등장인물의 입장이 되어, '나라면 어떻게 했을까?'라는 질문을 하며 읽을 수 있으며, 타인에 대한 공감 능력을 키울 수 있다.
- 국어 6-2 가 〈4. 효과적으로 발표해요〉 단원과 연계해 모둠별로 관심 있는 주제의 동영상을 만들고 발표할 수 있다.

생각 나누기

- 내가 가장 좋아하는 유튜브 영상은 어떤 내용인가요?
- 내가 유튜브 채널을 운영한다면 어떤 주제의 영상을 올리고 싶나요?
- 유튜브, SNS, 단체 대화방, 댓글 등 사이버 공간에서 지켜야 할 예의는 무엇인가요?

독서 활동

- 스마트폰 중독 진단 설문지를 작성해보고 나의 스마트폰 습관에 대해 생각해봅시다. -『유튜브 전쟁』 38~39쪽 참고
- 모둠별로 관심 있는 주제의 동영상을 만들고 발표해봅시다.

함께 읽으면 좋은 책

『유튜브 스타 금은동』임지형 지음, 정용환 그림, 국민서관, 176쪽, 2018

『유튜브 쫌 아는 10대』금준경 지음, 하루치 그림, 풀빛, 184쪽, 2019

『우리 반에서 유튜브 전쟁이 일어났다!』박선희 지음, 박연옥 그림, 팜파스, 129쪽, 2019

『얼렁뚱땅 크리에이터: 유튜브 나도 해 볼까?』최형미 지음, 지영이 그림, 아르볼, 120쪽, 2019

074   모범생과 문제아

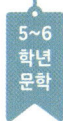

『나는 진짜 나일까』

최유정 지음, 푸른책들, 229쪽, 2009

#친구 #폭력 #우정 #왕따 #용기 #진실
#성장 #문제아 #모범생

문제아 건주와 전학생 시우의 이야기

아빠의 폭력으로 어두운 가정 분위기에서 자란 건주는 마음과 달리 폭력적인 행동을 보인다. 문제아 취급을 받으며 외로운 학교생활을 하던 중 시우가 전학을 오고 둘은 가까워진다. 그러나 은찬이와 친하게 지내라는 엄마 때문에 시우는 은찬이와 가까워지는데 그럴수록 건주와는 멀어진다. 겉으로는 반듯하고 모범적인 은찬이는 자신의 이익을 위해 다른 사람을 이용하는 이중적인 모습을 보인다. 건주와 시우가 각각 1인칭 시점으로 서로의 사정과 마음을 말해준다.

선생님 말에 순종적이고 공부 잘하는 아이는 '모범생', 거칠고 반항적인 아이는 '문제아'라고 섣불리 판단하고 아무렇지도 않게 아이들에게 상처를 주는 행동을 하지 않았는지 돌아보게 된다. 6학년 아이들의 친구 맺기, 우정, 상처, 왕따, 용기, 성장을 통해 건강하게 자기 자신을 찾아가는 모습을 담은 책으로 학년 초나 친구 관계로 어려움을 겪을 때, 반에 왕따가 있을 때 함께 읽으면 서로를 이해하고 공감하고 배려하는 데 도움을 줄 수 있다.

성취 기준

[6국02-01] 읽기는 배경지식을 활용하여 의미를 구성하는 과정임을 이해하고 글을 읽는다.

[6국05-05] 작품에 대한 이해와 감상을 바탕으로 하여 다른 사람과 적극적으로 소통한다.

[6사02-02] 생활 속에서 인권 보장이 필요한 사례를 탐구하여 인권의 중요성을 인식하고, 인권 보호를 실천하는 태도를 기른다.

수업 방향

- 1인칭 시점에서 건주와 시우의 이야기가 번갈아 나오므로 모둠을 두 개로 나누거나 혹은 짝과 함께 역할을 나누어 읽어본다.
- 내가 생각하는 나, 다른 친구들이 생각하는 나를 발표할 때 객관적이고 솔직하게 표현하고, 긍정적으로 받아들일 수 있도록 지도한다.

생각 나누기

- 내가 생각하는 좋은 친구란 어떤 친구인가요?
- 시우 엄마의 태도에 대해 어떻게 생각하나요? -『나는 진짜 나일까』 99쪽 참고
- 상담 선생님처럼 나에게도 멘토 또는 편안하게 마음을 터놓고 이야기 나눌 수 있는 사람이 있나요? 그렇게 생각한 이유는 무엇인가요?

- 어떻게든 아픈 상처가 있는 아버지를 품고 가정을 유지하려던 건주 엄마는 결국 건주를 위해 이혼을 결심합니다. 여러분은 이혼에 대해 어떻게 생각하나요? -『나는 진짜 나일까』 185쪽 참고

독서 활동

- 부모님 또는 다른 사람으로부터 듣고 싶지 않은 말을 종이에 써서 쓰레기통에 버려봅시다. -『나는 진짜 나일까』 23쪽, 28쪽 참고
- 내가 생각하는 나와 다른 친구들이 생각하는 나는 어떻게 다른가요? 내가 적은 나와 모둠 친구들이 나에 대해서 한마디씩 적은 것을 비교하여 발표해봅시다.
- 등장인물의 마음을 표현하는 프리즘 카드를 고르고 그 이유를 말해봅시다.

함께 읽으면 좋은 책

『양파의 왕따일기』 문선이 지음, 박철민 그림, 주니어파랑새, 144쪽, 2001

『6학년 1반 구덕천』 허은순 지음, 곽정우 그림, 현암사, 189쪽, 2008

『내겐 드레스 백 벌이 있어』 엘레노어 에스테스 지음, 루이스 슬로보드킨 그림, 엄혜숙 옮김, 비룡소, 86쪽, 2002

075 가족과 함께하는 평범한 일상의 소중함

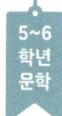
5~6학년 문학

『분홍 문의 기적』

강정연 지음, 김정은 그림, 비룡소, 212쪽, 2016

#가족 #일상의 소중함 #이별 #기적
#죽은 엄마와의 짧은 재회

분홍 문 집 아빠와 아들에게 주어진 72시간의 선물

'아파트 현관문' 하면 으레 회색빛 철문을 떠올린다. 그러나 장미아파트 101동 406호의 문은 특이하게도 형광 분홍색이다. 이 사랑스러운 분홍 문에는 누가 살고 있을까? 책 표지만으로 짐작해본다면 아주 행복한 가족이 아기자기하게 살고 있을 것만 같다. 하지만 이 집에는 전혀 행복하지 않은 아빠와 아들이 살고 있다. 갑자기 사랑하는 아내, 엄마를 사고로 잃은 박진정 씨와 박향기 부자가 그들이다. 상실의 늪에서 아빠는 아빠대로, 아들은 아들대로 허우적대며 살아가던 어느 날 엄마가 엄지공주 같은 모습으로 마법처럼 돌아온다. 하지만 그들에게 주어진 시간은 단 72시간!

가족들과 마주하며 밥을 먹고, 텔레비전을 보며 웃고, 이야기 나누는 모든 일상이 소중하게 느껴지는 책이다. 작지만 확실한 행복이라는 뜻의 '소확행'이라는 말이 라이프 스타일을 설명하는 키워드로 부상한 요즘, 지금 우리가 누리고 있는 모든 평범하고 사소한 것들이 얼마나 귀하고 소중한 것인지 아이들이 깨달았으면 좋겠다. 사춘기로 접어들어 부모와 잦은 갈등이 생기기 시작하는 5~6학년 아이들과 함께 읽기를 추천한다.

성취 기준

[6국05-06] 작품에서 얻은 깨달음을 바탕으로 하여 바람직한 삶의 가치를 내면화하는 태도를 지닌다.

[6도01-02] 자주적인 삶을 위해 자신을 이해하고 존중하며 자주적인 삶의 의미와 중요성을 깨닫고 실천 방법을 익힌다.

[6실01-04] 건강한 가정생활을 위해 가족 구성원의 다양한 요구에 의하여 서로 간의 배려와 돌봄이 필요함을 이해한다.

수업 방향

- 작품에 등장하는 인물의 삶을 이해하고 자신의 삶과 비교해본다.
- 인물 간 대화를 소리 내어 읽고, 삽화 속 인물의 표정에 유의하며 이야기의 흐름과 감정의 변화를 알아본다.

생각 나누기

- 책을 읽기 전 표지를 보며 분홍 문 집에는 누가 살고 있을지 생각해봅시다.
- 주인공처럼 엄마와 지낼 수 있는 시간이 단 3일뿐이라면 무엇을 하고 싶나요?
- 선물 같은 엄마와의 재회가 끝나고 아빠와 아들은 분홍 문을 초록 문으

로 바꿉니다. 우리 집 현관문은 어떤 색깔과 문구를 써서 꾸미고 싶나요? 그 이유는 뭔가요?
- 가족과 함께하는 평범한 일상이 얼마나 소중하고 특별한 것인지를 아빠와 아들은 엄마의 죽음, 그리고 짧은 재회로 깨닫습니다. 나에게도 소중하게 느껴지는 일상이 있나요?

독서 활동

- 세상엔 믿을 수 없는 일들이 종종 일어나기도 합니다. 엄지공주 같은 모습으로 돌아온 엄마처럼요. 이 세상의 불가사의한 일, 기적 같은 일을 모둠별로 조사해 소개해봅시다.
- 가족에게 전하는 감사 편지나 감사 일기를 써봅시다.

함께 읽으면 좋은 책

『아빠가 내게 남긴 것』 캐럴 캐릭 지음, 패디 부머 그림, 지혜연 옮김, 베틀북, 97쪽, 2000

『아빠 보내기』 박미라 지음, 최정인 그림, 시공주니어, 116쪽, 2004

『무릎딱지』 샤를로트 문드리크 지음, 올리비에 탈레크 그림, 이경혜 옮김, 한울림어린이, 32쪽, 2010

076 유혹을 이겨내는 용기와 진실의 힘

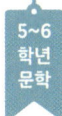

『빨강 연필』
신수현 지음, 김성희 그림, 비룡소, 212쪽, 2011

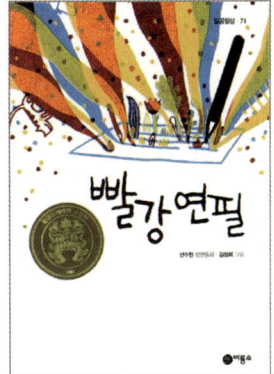

#가족 #글쓰기 #일기 #진실 #거짓 #비밀
#용기 #유혹 #성장

이야기가 술술 써지는 마법의 연필과 민호의 비밀

학년이 올라갈수록 글쓰기를 어려워하고, 글짓기는 재미없고 지루하다고 생각하는 학생이 많다. 사실 아이나 어른이나 글로 자신의 마음과 생각을 온전하게 표현하는 것은 쉬운 일이 아니다. 남에게 보이는 글에 솔직한 마음을 담기는 더더욱 어렵다. 작가도 "일기는 읽는 사람을 의식해서 써야 해요."라는 조카의 말을 듣고 이 작품을 쓰게 되었다고 밝힌다.

『빨강 연필』은 글쓰기에 대한 걱정과 두려움을 한방에 날려줄, 무엇이든 술술 써내는 요술 연필을 갖게 된 민호의 이야기를 담은 판타지 동화다. 엄마, 아빠의 별거로 외롭고 답답한 마음을 비밀 일기장에 적는 민호는 마법의 빨강 연필이 생기면서 글쓰기로 상도 받고 엄마가 행복해하자 기쁘기도 하지만 참과 거짓 사이에서 갈등하게 된다.

돋보이고 인정받고 싶은 욕구, 부모의 잦은 다툼으로 인한 불안, 솔직하기 위한 용기 등이 잘 표현되어 있어 5~6학년 어린이가 공감하며 읽기 좋다. 대화체도 많아 역할을 정해 낭독이나 연극 활동으로 꾸며보아도 좋다.

성취 기준

[6국01-01] 구어 의사소통의 특성을 바탕으로 하여 듣기, 말하기 활동을 한다.
[6국03-05] 체험한 일에 대한 감상이 드러나게 글을 쓴다.
[6도01-03] 정직의 의미와 정직하게 살아가는 것의 중요성을 탐구하고, 정직과 관련된 갈등 상황에서 정직하게 판단하고 실천하는 방법을 익힌다.

수업 방향

- 호흡이 긴 장편 동화에 익숙하지 않은 친구들도 잘 따라올 수 있도록 두려움을 덜어주고 완독할 수 있다는 자신감을 심어준다.
- 처음에만 선생님이 읽어주고 이야기가 전개되면서는 아이들이 인물 역할을 정해 읽기, 짝과 번갈아 가며 소리 내어 읽기로 진행한다.
- 작품 속 인물의 마음을 이해해보고 서로의 경험을 자유롭게 나눠 다양한 생각과 감정을 수용하게 한다.

생각 나누기

- 빨강 연필을 통해 민호가 얻은 것과 잃은 것은 무엇인가요?
- 어느 날 찾아온 행운이 과연 진정한 행복이 될 수 있을까요?
- 비밀 일기장과 학교에 내는 일기장을 따로 쓰는 것에 대해서 어떻게 생각

하나요? 또 선생님이 일기장을 검사하는 것에 대해 어떻게 생각하나요?
  –『빨강 연필』33쪽 참고
- 글을 잘 쓰면 어떤 장점이 있을까요? –『빨강 연필』73쪽 참고
- 오랫동안 망설였던 민호는 드디어 아빠와 연락을 합니다. 아빠와 민호는 어떤 이야기를 나누었을까요?
- 솔직한 글과 남들이 좋아하는 글, 내가 민호라면 어떤 글을 썼을까요?

독서 활동

- 민호가 겪은 이야기를 흐름도로 표현하거나 사건 일지처럼 작성해봅시다.
- 기억에 남는 장면을 정지 화면으로 표현해봅시다.
- 『빨강 연필』이야기를 토대로 낭독 또는 연극을 해봅시다.

함께 읽으면 좋은 책

『앤서니 브라운의 마술 연필』앤서니 브라운·꼬마 작가들 지음, 서애경 옮김, 웅진주니어, 26쪽, 2010

『요술 연필 페니』에일린 오헬리 지음, 니키 펠란 그림, 공경희 옮김, 좋은책어린이, 224쪽, 2006

077 어느 날 찾아온 고민, 풋사랑, 우정, 비밀

『어느 날 그 애가』

이은용 지음, 국민지 그림, 문학동네,
152쪽, 2017

#가족 #이성 친구 #갈등 #위로 #우정 #사랑
#성장 #열두 살 #사춘기

열두 살, 다섯 소녀의 풋풋하고 사랑스러운 성장기

엄마의 재혼으로 새아빠와 언니가 생겼지만 자신을 미워하는 언니 때문에 고민하는 소라, 같은 반 남학생이 어느 날 이성으로 다가와 설레는 현지, 부모님의 잦은 다툼으로 사랑받지 못한다고 느끼는 인아, 얼떨결에 주운 돈 때문에 마음을 졸이는 다윤과 아빠의 건강 문제로 새로운 곳으로 전학 가서 적응해가는 안나의 이야기가 국민지 작가의 삽화와 더불어 섬세하고 생생하게 전달된다.

『어느 날 그 애가』는 열두 살이 된 다섯 소녀의 이야기가 서로 얽힌 듯 아닌 듯 연결 고리를 가진 다섯 편의 연작 동화다. 처음 읽을 때는 다섯 명의 소녀가 서로 같은 반 친구라는 사실을 눈치 채지 못하다가 어느 순간 퍼즐이 딱 맞춰지는 재미가 있다. 열두 살 사춘기 소녀들의 속마음과 고민, 우정, 비밀을 엿볼 수 있다. 이 책을 읽으면서 교사나 학부모들은 아이들의 눈높이에서 아이들을 이해할 수 있으며, 학생들은 마치 자신의 마음을 알아주는 친구를 만난 것 같은 따뜻함을 느낄 수 있다. 주인공이 모두 여자지만 학교생활, 이성 친구, 가족 등 모두가 공감할 수 있는 소재를 다루고 있어 5~6학년 남녀 모두가 함께 읽어도 좋겠다.

성취 기준

[6국01-07] 상대가 처한 상황을 이해하고 공감하며 듣는 태도를 지닌다.
[6국05-02] 작품 속 세계와 현실 세계를 비교하며 작품을 감상한다.
[6도01-01] 감정과 욕구를 조절하지 못해 나타날 수 있는 결과를 도덕적으로 상상해보고, 올바르게 자신의 감정을 조절하고 표현할 수 있는 방법을 습관화한다

수업 방향

- '작품에 대한 이해와 감상을 바탕으로 다른 사람과 적극적으로 소통하기'를 목표로 두고 작품 속 인물들의 행동과 마음 상태를 살펴보도록 한다.
- 다섯 편의 동화가 끝날 때마다 작품 속 인물과 나를 연결 지어 '작품을 읽고 가치를 내면화'할 수 있게 수업을 전개한다.
- 교사의 읽어 주기 활동 후 혼자 읽기를 하며 인물의 행동에 대한 생각을 정리해볼 수 있게 한다.

생각 나누기

- 희영 언니와 소라는 어떻게 되었을까요? -『어느 날 그 애가』 31쪽 참고
- 나에게 여자 친구 혹은 남자 친구가 생긴다면 어떨까요? 어떤 이성이 좋

은가요?
- 내가 '사랑받고 있다'는 느낌을 받을 때는 언제인가요?
- 사실대로 말할 기회를 놓쳐 곤란했거나 힘들었던 경험을 이야기해봅시다. —『어느 날 그 애가』 101쪽 참고

독서 활동

- 다섯 편의 이야기 중 어떤 인물에 가장 공감 갔는지 투표하고 그 이유 말해봅시다.
- 다섯 편의 이야기를 다섯 모둠이 나누어 읽은 다음 다른 모둠원에게 가서 자기가 읽은 이야기를 설명해줍시다.
- 등장인물들을 핫시팅 기법으로 인터뷰해봅시다.
- 남자 친구 혹은 여자 친구를 사귀는 것에 찬성하는지, 아니면 아직 이르다고 생각하는지 각자의 의견을 이야기해봅시다.

함께 읽으면 좋은 책

『오늘의 날씨는』 이현 지음, 김홍모 그림, 창비, 204쪽, 2010
『주병국 주방장』 정연철 지음, 윤정주 그림, 문학동네, 216쪽, 2010
『만국기 소년』 유은실 지음, 정성화 그림, 창비, 178쪽, 2007

078 통일은 반드시 해야 하는 걸까?

『봉주르, 뚜르』

한윤섭 지음, 김진화 그림, 문학동네
216쪽, 2010

#북한 #분단 #통일 #조국
#화합

프랑스 마을 뚜르에서 만난 두 아이의 우정

남과 북이 분단된 지 70년이 넘었다. 원래 한민족이었음을 잊지 말자고 외쳤건만 남과 북은 다른 나라가 되어버렸다. 이제는 일본이나 중국처럼 이웃나라가 되어버린 느낌이다.

이 책은 프랑스의 작은 마을 '뚜르'에서 만난 같은 민족이면서 다른 나라 사람인 봉주와 토시의 이야기다. 뚜르로 이사 간 봉주는 한국인이 산 적 없다던 집에서 '사랑하는 나의 조국, 사랑하는 나의 가족' '살아야 한다'라는 한글 낙서를 발견한다. 조국이라니! 이런 표현을 지금도 쓰는 사람이 누구일까 궁금해진 봉주는 낙서의 주인공을 찾아나섰고 이어서 토시의 정체를 알게 된다.

원수로 알았지만 사실 형제일 수밖에 없는 봉주와 토시의 우정을 통해 대한민국의 분단에 대해 다시 한번 생각해볼 수 있다. 사상이 다르지만 형제이기 때문에 이해하는, 적대시해서는 안 되는 관계! 분단 국가인 우리나라 학생들이 반드시 짚고 넘어가야 하는 문제다. 남북한의 관계나 통일에 대해 구체적으로 생각할 수 있는 기회를 주는 좋은 책이다.

성취 기준

[6사08-02] 남북통일을 위한 노력을 살펴보고, 지구촌 평화에 기여하는 통일 한국의 미래상을 그려본다.

[6사07-06] 이웃 나라들(중국, 일본, 러시아)의 자연적, 인문적 특성과 교류 현황을 조사하고, 이를 바탕으로 하여 상호 이해와 협력의 태도를 기른다.

수업 방향

- 분단된 우리나라의 현황에 대해 잘 알 수 있도록 사전 학습이 필요하다.
- 분단 국가의 현실에 대한 학생들의 생각을 정립할 수 있도록 돕는다.
- 만약 통일이 된다면 내가 할 일은 무엇일지 생각하도록 유도한다.

생각 나누기

- 현재 남과 북은 다른 나라일까요, 같은 나라일까요?
- 만약 통일이 된다면 가장 하고 싶은 일은 무엇인가요?
- 남과 북은 통일되는 게 좋을까요, 아니면 지금처럼 분단된 채 있는 게 좋을까요? (학생들이 자신의 생각을 솔직하게 표현할 수 있도록 유도한다.)
- 외국에서 북한 사람을 만났을 때 어떻게 행동하는 것이 좋을까요?

독서 활동

- 북한 말 사전을 이용해 우리가 쓰는 말을 북한 말로 바꿔봅시다.
- 1950년 휴전 이후 남북한 관계에 대한 기사를 찾아봅시다.
- 각 나라의 인사말을 찾아봅시다.

함께 읽으면 좋은 책

『나는 통일복서 최현미』 이지원 지음, 김기석 그림, 서울문화사, 183쪽, 2005

『렛츠 통일: 평화와 소통』 건국대학교 통일인문학연구단 지음, 씽크스마트, 128쪽, 2019

『통일이 분단보다 좋을 수밖에 없는 12가지 이유』 홍민정 지음, 김명선 그림, 단비어린이, 48쪽, 2019

079 조상들의 해학

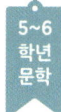

『토끼전』

이혜숙 지음, 김성민 그림, 창비, 122쪽, 2003

#고전 #토끼의 간 #거북이 #질병
#치료 #용왕님

고전 읽기에 입문하기 좋은 책

우리나라에서 태어나고 자란 사람이라면 '토끼와 자라' 이야기를 모르는 사람은 없을 것이다. 그 이야기의 원본인 『토끼전』을 읽는 것은 우리 고전을 알아간다는 데 큰 의미가 있다. 고전은 역사적 가치와 현대적 의의를 동시에 지니는 문학이기 때문이다. 그러나 고전은 자칫 시대적 이해 부족으로 지루하거나 어려운 책으로 치부될 수 있으므로, 읽는 재미를 느낄 수 있도록 지도하는 것이 중요하다.

『토끼전』은 위기를 벗어나는 우리 조상들의 해학과 재미가 있어, 아이들이 처음 접하기에 좋은 고전 작품이다. 용왕님이 사는 수중 궁궐! 병에 걸린 용왕님의 치료 약으로 육지 동물 토끼의 간을 선택한 것은 생각할수록 의아하다. 작가는 왜 그 많은 육지 동물 중에 토끼를 골랐을까? 원래 '소리'를 위해 만들어진 이야기라 리듬을 타면서 소리 내어 읽으면 더 재미있게 읽을 수 있다. 함께 읽으며 그 이유를 유추하고 고전의 재미와 가치를 알려주어 거부감을 없애주면 어떨까?

성취 기준

[6국03-02] 목적이나 주제에 따라 알맞은 내용과 매체를 선정하여 글을 쓴다.
[6국05-03] 비유적 표현의 특성과 효과를 살려 생각과 느낌을 다양하게 표현한다.

수업 방향

- 이야기를 발단, 전개, 위기, 절정, 결말의 순서대로 정리하도록 한다.
- 희곡의 구성과 특징을 지도하여 재미있는 부분을 희곡으로 바꿔 써본다.
- 내용 파악, 추론, 성찰의 주제로 3질문 만들기를 하여 책 읽기를 정리한다.
- 판소리계 소설이므로 판소리에 대해 알려주고 책 속에서 재미있는 표현을 찾는다.

생각 나누기

- 작품에서 용왕님의 치료 약을 왜 토끼의 간으로 설정했을까요?
- 내가 만약 별주부라면 토끼의 간을 어떻게 구했을까요?
- 우리는 흔히 거짓말은 나쁜 것이라고 생각합니다. 여러분은 토끼의 간을 얻기 위해 거짓말을 한 별주부와 살기 위해 육지에 간을 두고 왔다고 말한 토끼의 행동에 대해 어떻게 생각하나요?

독서 활동

- 질문을 만들어 메모지에 적고, 책상이나 칠판에 놓은 후 대답을 하는 게임을 진행해봅시다.
- 이야기를 바탕으로 짧은 희곡을 만들어봅시다. 각자 하고 싶은 역할을 정해 역할극을 해봅시다.
- 고전이므로 현재 사용하지 않는 낱말이 많이 나옵니다. 낯선 낱말을 골라 빙고 칸을 채우고 빙고 게임을 해봅시다.

함께 읽으면 좋은 책

『스마트폰을 공짜로 드립니다』 미우 지음, 노란돼지, 48쪽, 2018

『별주부전』 김해원 지음, 박해남 그림, 웅진주니어, 116쪽, 2014

080 아이들이 생각하는 좋은 부모란?

『페인트』

이희영 지음, 창비, 204쪽, 2019

#부모 #고아 #가정 #가족 관계
#가족의 역할 #부모 면접 #입양

부모의 정의를 생각하게 하는 이야기

2020년 수능에서 가장 큰 이슈는 시험 난이도가 아니라 처음으로 수험생이 50만 명 미만이 된 것이었다. 인구의 급감은 모든 인류의 미래를 위협한다. 작가는 이런 불안한 미래를 꼬집었다.

『페인트』 속 사회에서는 인구 감소 문제에서 인류를 구하는 방책으로 버려진 아이들을 키우는 NC 센터를 설립한다. 통일된 대한민국에서는 더 이상 국방비가 들지 않는다. 그래서 그 비용으로 국가는 NC 센터의 아이들을 입양하는 자에게 큰 혜택을 주게 되고 사정이 어려워진 어른들은 이곳의 아이들을 입양하려고 노력한다. 하지만 인격이 좋지 못한 사람들에게 입양되어 아이들이 불행해지는 사건이 일어난다. 그 후 NC 센터의 아이들은 13세가 되면 홀로그램으로 부모 후

보자를 미리 만나보고, 몇 번의 면접을 통해 부모를 직접 결정하게 되었다. 주인공 제누 301은 부모를 고르는 기준이 센터의 가드들과 달라 걱정을 사지만 자신의 인생을 스스로 설계하는 영특함을 보인다.

과연 아이들이 생각하는 좋은 부모는 어떤 부모일지, 좋은 부모의 기준은 무엇인지를 생각해볼 수 있다. 부모와 아이가 생각하는 행복한 가정의 기준이 어떻게 다른지 이해하고 가족 구성원으로서 행복해지기 위한 방법을 고민해볼 수 있다.

성취 기준

[6실01-03] 주변 가족의 모습을 통해 나와 가족의 관계 및 역할을 이해하고, 다양한 가족의 가정생활 공통점을 파악하여 가정생활의 중요성을 설명한다.

[6국02-03] 글을 읽고 글쓴이가 말하고자 하는 주장이나 주제를 파악한다.

수업 방향

- 학생들이 생각하는 좋은 부모의 정의에 대해 충분히 토론하여 사고를 정립할 수 있도록 돕는다.
- 부모와 살지 않는 세상이 되면 사회는 어떻게 변할지 학생들이 예측할 수 있도록 유도한다.

생각 나누기

- 제누 301은 NC 센터에서 좋은 점수를 받은 부모 후보자보다 좋지 않은 점수를 받은 후보자에게 더 후한 점수를 줍니다. 나라면 책에 나오는 후보자 중 어느 후보자에게 좋은 점수를 주고 싶은가요? 그 이유는 무엇인

가요?
- NC 센터에서 사는 것과 마음이 맞지 않는 부모와 사는 것 중 어느 것이 더 좋을까요?
- 부모님은 나를 낳아서 어떤 점이 좋을까요? 인터뷰를 해보세요.
- 내가 만약 NC 센터의 아이를 입양하고 싶다면 면접을 위해 어떤 준비를 하면 좋을까요?

독서 활동
- '좋은 부모'는 어떤 부모인지 허니콤 보드를 이용해 토론해봅시다.
- 나를 낳아주신 부모님께 편지를 써봅시다.
- 부모님께 불만스러운 것을 쪽지에 써서 비밀 상자에 넣은 후 무작위로 뽑아 친구들과 함께 그 고민을 해결할 방법을 찾아봅시다.

함께 읽으면 좋은 책

『마법의 설탕 두 조각』 미하엘 엔데 지음, 유혜자 옮김, 한길사, 92쪽, 2001

『왕창 세일! 엄마 아빠 팔아요』 이용포 지음, 노인경 그림, 창비, 80쪽, 2011

한 학기 한 권 읽기,
무엇을 읽을까?
- 비문학 편

비문학, 이런 책을 골랐습니다.

- 비문학이지만 문학책을 읽듯이 쉽게 읽을 수 있는 책
- 지구 온난화, 유튜브, 미세 먼지 등 현 시대를 반영하는 책
- 교과와 연계하여 지식을 확장해주는 책
- 철학, 사회, 자연, 역사 등 다양한 주제의 책

비문학 책은 아이들의 손이 잘 가지 않는 책입니다. 딱딱하고 지루하다고 생각하기 때문입니다. 그래서 본 책에서는 쉽고 재미있게 읽을 수 있는 책으로 선정하였습니다.

비문학 책은 학년 구분의 의미가 크지 않을 수 있습니다. 어떤 교과와 어떻게 접목하느냐에 따라 다양한 학년에서 적용이 가능합니다. 또한 비문학 책을 활용해 너무 교과 지식을 집어넣으려다 보면 자칫 책에 대한 흥미가 떨어질 수 있습니다. 비문학 책은 교과에 나온 내용에 좀 더 쉽고 재미있게 접근하거나 교과서에서 미처 다루지 못한 내용을 더 알려주는 도구로 활용할 때 효과적입니다.

3

081 도로의 이름은 어떻게 붙여질까

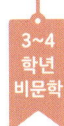

『길이름 따라 역사 한 바퀴: 도로명 속 역사 이야기』

김은의 지음, 조윤주 그림, 꿈초, 112쪽, 2016

#길 #도로명 #서울 #도로명 유래 #세종로
#종로 #청계천로

길 따라 읽어보는 역사 이야기

주소나 도로의 표지판을 볼 때면 종종 특이한 도로 이름이 눈에 띈다. 도로 이름은 어떤 방식으로 짓는 것일까? 도로명은 유명한 인물이 나고 자란 곳인지, 기념이 될 만한 사건이 있는지, 주목할 만한 지리적 조건이나 자연 환경이 있는지를 살펴서 가장 적합한 이름을 고른다고 한다.

이 책은 서울 여덟 곳의 도로명을 소개한다. 이 도로명이 어떻게 붙여지게 되었는지, 그 도로와 관련한 옛날이야기를 재미있게 들려준다. 이야기 형식으로 구성되어 역사 지식이 없더라도 쉽게 이해할 수 있다. 또 각 이야기마다 관련된 역사 지식을 사진이나 그림을 통해 설명하는 페이지를 넣어 배경지식을 넓히는 데 도움을 준다.

「길이름 따라 역사 한 바퀴」 시리즈의 1편은 이처럼 서울 도로명을 다루고, 2편에서는 전국 곳곳의 도로명을 담았다. 3학년 1학기 사회 시간에 지역명의 유래를 공부하면서 한 권 읽기로 함께 읽으면 흥미를 유발할 수 있을 것이다.

성취 기준
[4사03-04] 우리 지역과 관련된 역사적 인물의 삶을 알아보고, 지역의 역사에 대해 자부심을 갖는다.
[4국05-05] 재미나 감동을 느끼며 작품을 즐겨 감상하는 태도를 지닌다.

수업 방향
- 역사적 사실보다 이야기에 초점을 맞춰 재미있게 접근한다.
- 사회과와 연계하여 우리 마을의 지역명이나 도로명의 유래를 찾아봄으로써 교육 과정과 연계한 책읽기가 되도록 한다.

생각 나누기
- 사람은 모두 이름이 있습니다. 이름을 지을 때 중요하게 생각하는 것은 무엇일까요? 내 이름은 어떻게 지어졌는지 이야기해봅시다.

독서 활동
- 책 속에 나온 길을 서울 지도에서 찾으며 읽어봅시다.
- 우리 마을의 도로명과 그 유래를 조사해봅시다.
- 책 속에 나오는 도로 중 하나를 골라 더 많은 정보를 찾아봅시다.
- 내 물건에 어울리는 이름을 붙여주고 그 이유를 설명해봅시다.

함께 읽으면 좋은 책

『그래서 이런 지명이 생겼대요』 우리누리 지음, 이경석 그림, 길벗스쿨, 184쪽, 2011

『이름 짓기 좋아하는 할머니』 신시아 라일런트 지음, 캐드린 브라운 그림, 신형건 옮김, 보물창고, 32쪽, 2004

082 서로 비슷하게 생긴 자연을 비교해보자

3~4학년 비문학

『사소한 구별법』

김은정 지음, 한권의책, 84쪽, 2018

#동물 #식물 #곤충 #구별 #차이 #생김새 #비교

부엉이와 올빼미를 구별할 수 있나요?

봄이 되면 학교에 여러 가지 울긋불긋한 꽃이 많이 핀다. 그중 가장 많이 볼 수 있는 꽃이 진달래와 철쭉이다. 도시에서 태어나고 자란 아이들은 과연 진달래와 철쭉을 구별할 수 있을까? 가을 체험 학습으로 만났을 법한 갈대와 억새는 또 어떨까?

『사소한 구별법』에서는 비슷해 구별이 쉽지 않았던 동식물 34종을 한 쌍씩 묶어 모두 17편의 흥미로운 이야기로 풀어놓았다. 이 책 한 권이면 앨리게이터와 크로커다일, 두루미와 황새, 연꽃과 수련, 소나무와 잣나무, 사슴벌레와 장수풍뎅이 등 비슷하게 생겨서 구별이 어려웠던 동식물을 확실하게 구별할 수 있다. 그 과정에서 자연에 대한 지적 호기심 또한 자연스레 샘솟는다.

비슷한 것을 비교하는 방법을 쉽게 설명하고 또 자세한 그림으로 보여주어 독자의 이해를 도와준다. 3~4학년 과학 시간, 동식물에 대한 교육 과정을 배울 때 함께 읽으면 좋다. "좋아하는 사람이 생기는 첫 단계가 다른 사람들과 그 사람이 구별되는 순간인 것처럼, 관심과 사랑의 첫 번째 단계가 바로 구별이거든요."라는 저자의 말처럼 이 책을 통해 동물과 곤충의 사소하고 작은 차이를 찾아보고 구별할 수 있게 됐다면 이미 자연과 사랑에 빠진 것이 틀림없다.

성취 기준

[4과03-01] 여러 가지 동물을 관찰하여 특징에 따라 동물을 분류할 수 있다.
[4과03-02] 동물의 생김새나 생활방식이 환경과 관련되어 있음을 설명할 수 있다.
[4과05-01] 여러 가지 식물을 관찰하여 특징에 따라 식물을 분류할 수 있다.
[4과05-02] 식물의 생김새나 생활방식이 환경과 관련되어 있음을 설명할 수 있다.

수업 방향

- 사진을 보고 동식물의 이름을 알아맞히면서 과학 도서에 대한 흥미를 유발시킨다.
- 삽화로 곁들인 여러 사진 자료로 호기심과 흥미를 더하고 비교하는 방법을 통해 차이를 알게 한다. 마인드맵을 활용하면 좋다.
- 몇 개의 동식물 편은 선생님이 읽어주고 나머지는 개별, 모둠별로 선택해서 읽게 한 후 프로젝트 수업으로 발표하는 시간을 갖는다.

생각 나누기

- 책을 읽으면서 내가 가장 관심 있게 봤던 동식물이 있나요? 그 이유는 무엇인가요?
- 책에 등장하는 동식물 외에 서로 비슷한 동물은 무엇이 있을까요?
- 고양이는 어떻게 인사하나요? -『사소한 구별법』 14쪽 참고
- 벌레와 곤충은 어떻게 다를까요? -『사소한 구별법』 82쪽 참고

독서 활동

- 그림을 보고 동식물 이름을 맞혀봅시다.
- 모둠별로 그림과 특이사항을 담은 동식물 도감 카드를 만들어봅시다.
- 책의 내용을 KWL(Know: 알고 있는 것, Want: 알기 원하는 것, Learn: 배운 것)로 정리해봅시다.
- 실외로 나가 동식물을 관찰해봅시다.

함께 읽으면 좋은 책

『우리 학교 뜰에는 무엇이 살까?』 손옥희 외 지음, 청어람미디어, 190쪽, 2012

『우리 마당으로 놀러 와』 문영미 지음, 조미자 그림, 우리교육, 54쪽, 2007

『대단한 동물 이야기』 권오길 지음, 남정훈 그림, 애플비, 216쪽, 2007

『세상에서 젤 푸릇푸릇한 식물책』 황미라 지음, 곽재연 그림, 씽크하우스, 135쪽, 2009

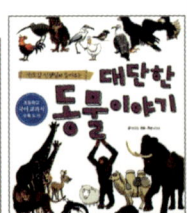

083 디자인의 역할과 창의적 사고

『디자인은 어디에나 있어!』

이남석·이규리·이규린 지음, 김정윤 그림, 창비,
120쪽, 2018

#디자인 #유니버설 디자인 #창의
#인간 공학 #가치 #환경 #재활용
#리사이클링 #업사이클링

디자인이 세상을 바꾼다!

다소 딱딱하고 이해하기 어려울 수 있는 디자인 관련 정보를 쌍둥이 남매가 디자인 엑스포를 관람하는 형식으로 쉽고 재미있게 풀어놓았다. 모두를 위한 유니버설 디자인, 사람을 연구하는 인간 공학 디자인, 사람을 움직이고 환경을 생각하는 디자인, 가치를 담은 디자인에 이르기까지 디자이너가 꿈인 학생뿐만 아니라 모두가 관심과 흥미를 가지기에 충분하다. 박람회나 전시회라면 자칫 재미없고 딱딱하다고 생각하기 쉽지만 이야기 속의 쌍둥이 남매를 따라가다 보면 의외로 재미있고 신나게 이야기에 집중할 수 있다.

쌍둥이 남매 유진, 예린이는 관람객, 안내원과 함께 디자인 엑스포를 관람하는데 매 부스를 관람할 때마다 디자인이 우리 삶을 얼마나 아름답고 편리하게 만드는지 깨닫고 책 제목처럼 우리 삶 구석구석 어디에나 디자인이 있음을 실감한다. 중간 중간 등장하는 사진과 흥미로운 사례가 재미를 더해준다. 아이들이 이 책을 통해 주위에 숨어 있는 디자인을 발견하고 디자인에 대한 사고를 넓혀 나갔으면 좋겠다.

성취 기준

[4도04-01] 생명의 소중함을 이해하고 인간 생명과 환경 문제에 관심을 가지며 인간 생명과 자연을 보호하려는 태도를 가진다.

[4사04-05] 사회 변화로 나타난 일상생활의 모습을 조사하고 그 특징을 분석한다.

[4미03-03] 미술 작품에 대한 자신의 느낌과 생각을 발표하고, 그 이유를 설명할 수 있다.

수업 방향

- 책 속 사진 자료로 호기심과 흥미를 유발시킨다.
- 단원별로 책을 읽고 충분히 이야기를 나누는 과정을 통해 이해를 돕고 생각을 나누는 시간을 갖는다.
- 쌍둥이, 안내원 등 역할을 정하여 소리 내어 읽어본다.

생각 나누기

- 박물관이나 박람회, 전시회를 다녀온 경험이 있다면 이야기해봅시다.
- 책 속에서 가장 흥미로웠던 디자인이 있나요? 그 이유는 무엇인가요?
- 리사이클링과 업사이클링의 차이점은 무엇인가요? -『디자인은 어디에나 있어!』 53~65쪽 참고

- 아프리카에 파견된 디자이너가 되었다고 상상하고 사람들에게 깨끗한 물을 제공할 수 있는 방법을 생각해봅시다. -『디자인은 어디에나 있어!』 86쪽 참고

독서 활동

- 주위에서 안전하고 아름다운 세상을 만드는 디자인을 찾아봅시다.
- "디자인은 ○○이다." 동그라미에 어울리는 단어를 찾아보고 그 이유도 말해봅시다.
- 주변에 흔히 볼 수 있는 물건 중 하나를 골라 직접 디자인해봅시다.
- 동그라미로 만들 수 있는 것을 그려봅시다.
- 모둠별로 신문지로 할 수 있는 다양한 활동을 생각해보고 함께 만들어봅시다.(예: 꼬깔모자, 식탁보, 지휘봉)

함께 읽으면 좋은 책

「예술 쫌 하는 어린이」(전 5권) 알렉산드라 미지엘린스카 외 지음, 이지원 옮김, 풀빛, 각 200쪽 내외, 2016
『그림이 말을 거는 생각미술관』 박영대 지음, 김용연 그림, 길벗어린이, 240쪽, 2009
『나는야, 꼬마 디자이너』 김지영 지음, 최혜인 그림, 토토북, 112쪽, 2013

084 기발하고 쓸모있는 우리 옛 도구들

『내가 원래 뭐였는지 알아?』

정유소영 지음, 남주현 그림, 창비, 180쪽, 2011

#도깨비 #수수께끼 #문화
#살림살이 #옛날과 오늘

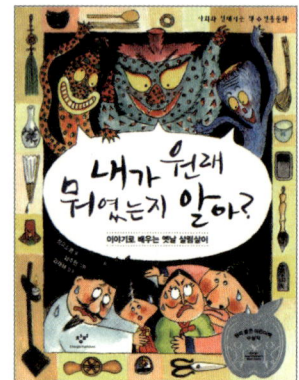

도깨비의 수수께끼를 풀어라!

정 서생의 딸들은 도깨비가 색시 삼을 것같이 못생긴 외모 때문에 '도깨비 색시'라는 별명을 가졌다. 어느 날 산에 올라갔다 낭떠러지에서 미끄러진 정 서생은 겨우 나뭇가지 하나를 붙잡고 밤새 견디다 도깨비들의 도움을 받는다. 도깨비들은 정 서생에게 목숨을 구해준 대가로 딸들을 색시로 달라고 하는데, 사실 이 모든 일은 도깨비들이 꾸민 장난이었다. 도깨비들은 사흘 동안 하루에 한 번씩 정 서생의 집을 찾아가 도깨비들이 원래 어떤 물건이었는지 수수께끼를 내고, 만약 답이 틀리면 정 서생의 딸을 색시로 맞이하겠다고 으름장을 놓는다. 정 서생은 사흘 동안 슬기로운 세 딸과 함께 수수께끼를 푼다.

이 책은 외할머니가 들려주는 것 같은 재미있는 옛이야기 속에 우리 선조들이 쓰던 다양한 살림살이와 그 쓰임새에 대한 설명을 추가했다. 부록으로 옛 그림 속에서 찾아볼 수 있는 농기구와 책을 읽고 가보면 좋을 만한 박물관도 함께 소개하고 있다. 3학년 2학기 사회과 2단원에서 다루고 있는 시대에 따라 달라진 집의 모양, 농기구, 생활 도구 등과 관련지어 함께 읽어보면 좋을 책이며, 아이들이 좋아하는 수수께끼가 책 내용에서 중요한 비중을 차지하고 있어 흥미 유발에 효과적이다.

성취 기준

[4사02-03] 옛 사람들의 생활 도구나 주거 형태를 알아보고, 오늘날의 생활 모습과 비교하여 그 변화상을 탐색한다.
[4국05-03] 이야기의 흐름을 파악하여 이어질 내용을 상상하고 표현한다.
[4국05-05] 재미나 감동을 느끼며 작품을 즐겨 감상하는 태도를 지닌다.

수업 방향

- 옛 사람들의 생활 도구나 주거 형태를 알아보고, 오늘날의 생활 모습과 비교하며 읽는다.
- 시대에 따라 달라진 집의 모양, 농기구, 살림살이를 정리하며 읽는다.

생각 나누기

- 옛날에는 사용했지만, 현재에는 사용하지 않거나 그 모양이 변한 물건은 무엇이 있나요?
- 외모와 관련한 편견에 대해 이야기를 나누어봅시다.

독후 활동

- 조각보를 그려 색칠해봅시다.
- 지우개로 떡살을 만들어봅시다.
- 우리 교실에서 사용하고 있는 물건 중 하나를 정해 수수께끼를 만들고, 친구들 앞에서 질문해봅시다.
- 책에서 소개하고 있는 박물관을 찾아가보고, 가장 인상 깊었던 물건을 설명해봅시다.

함께 읽으면 좋은 책

『모양도 쓸모도 제각각 조상들의 도구』 이영민 지음, 서은정 그림, 주니어RHK, 104쪽, 2011

『쓱쓱 쟁기 빙글빙글 물레 누가 쓰던 물건일까』 햇살과 나무꾼 지음, 강동훈 그림, 해와나무, 79쪽, 2005

『4대 명절 수수께끼왕』 박현숙 지음, 김무연 그림, 해와나무, 88쪽, 2017

 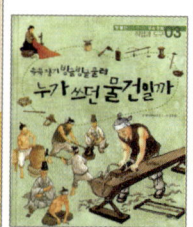 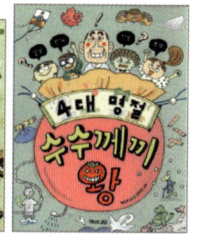

085 과도한 포장재가 지구를 위협한다!

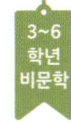

『미래를 위한 따뜻한 실천, 업사이클링』

박선희 지음, 박선하 그림, 팜파스, 144쪽, 2018

#환경 #쓰레기 #포장지 #비닐 #절약
#환경 오염 #일회용 #에코

쓰레기의 재탄생, 쓰레기 + 창의적인 아이디어 = 새로운 물건!

장난감 세트 속에 든 마린왕자와 물고기병사! 이야기의 주인공인 마린왕자는 자신이 마린왕자 '장난감'이라고 굳게 믿고 있었지만 알고 보니 '포장'에 불과했다. 그렇게 자신을 구매한 민준이와의 만남은 3초 만에 끝나버리고, 쓰레기 분리수거장으로 가게 된다. 버려진 쓰레기들은 어디로 갈까? 잠깐 사용하고 바로 버려지는 수많은 포장재가 쓰레기가 되면 심각한 환경 오염의 원인이 된다. 다행히도 이야기 속 마린왕자와 물고기병사는 아이들 손을 거쳐 멋진 물건으로 재탄생하고 새로운 삶을 살게 된다.

이 책은 마린왕자의 여정을 통해 쓰레기가 어떤 과정을 거쳐서 처리되는지 아이들 눈높이에서 설명한다. 동화 형식으로 아이들이 부담 없이 재미있게 읽을 수 있고, 뒷부분에는 쓰레기 문제와 처리 방법, 쓰레기에 새로운 가치를 주는 방법 등이 설명문 형식으로 나와 있어서 지식을 명료하게 전달해준다. 다양한 환경 문제 중에서 특히 쓰레기와 관련된 문제는 아이들이 일상생활에서 실천할 수 있는 부분이 많기 때문에 환경 분야의 한 권 읽기 도서를 찾는다면 추천한다. 관련된 뉴스나 동영상 자료를 쉽게 찾을 수 있으므로 짧은 동영상을 함께 보면서 이야기를 나누는 것도 좋다. 그리고 과학·사회 교과의 환경 관련 단원, 미술 교과의 창작 활동 등 다양한 교과와 연계하기 좋은 책이다.

성취 기준

[6국01-02] 의견을 제시하고 함께 조정하며 토의한다.
[6사08-05] 지구촌의 주요 환경 문제를 조사하여 해결 방안을 탐색하고, 환경문제 해결에 협력하는 세계시민의 자세를 기른다.
[6실05-04] 다양한 재료를 활용하여 창의적인 제품을 구상하고 제작한다.
[6미02-02] 다양한 발상 방법으로 아이디어를 발전시킬 수 있다.

수업 방향

- 쓰레기가 지구 환경과 우리에게 미치는 영향을 안다.
- 더 나은 환경을 위해 우리가 할 수 있는 일들에 대해 생각해보고 실천하려는 마음가짐을 갖는다.

생각 나누기

- 쓰레기가 계속 많아진다면 어떻게 될까요?
- 쓰레기를 줄이기 위해 우리가 할 수 있는 일은 무엇일까요? 어린이가 할

수 있는 일, 어른이 해야 할 일을 구분해서 말해봅시다.
- 쓰레기 줄이기 위해 생활 속에서 어떤 실천을 하면 좋을까요?
- 버려지는 물건을 자원으로 활용하여 만들 수 있는 물건을 생각해봅시다.

독서 활동

- 환경과 관련된 용어집을 만들어봅시다.
- [월드 카페 토론] 환경, 쓰레기와 관련 있는 다양한 의견을 모아봅시다.
- 폐품을 활용하여 작품을 만들어봅시다.
- 폐품을 이용하여 재미있게 할 수 있는 활동을 생각해보고, 투표를 통해 가장 많은 표가 나온 활동을 함께 해봅시다.
- 업사이클링 아이디어를 모둠별로 구상해봅시다.

함께 읽으면 좋은 책

『바다를 살리는 비치코밍 이야기』 화덕현 지음, 이한울 그림, 썬더키즈, 128쪽, 2019

『자본주의가 쓰레기를 만들어요』 장성익 지음, 송하완 그림, 풀빛미디어, 220쪽, 2018

086 미세 먼지, 제대로 알고 대처하기

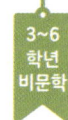

『코털 인간 기운찬의 미세 먼지 주의보』

제성은 지음, 한호진 그림, 크레용하우스,
108쪽, 2018

#미세 먼지 #코털 #예방 #수칙 #공기 #황사
#유행

미세 먼지를 막아주는 코털을 붙이시겠어요?

밖에서 뛰어놀기를 좋아하는 기운찬은 미세 먼지가 심한 날 마스크를 쓰지 않고 축구를 하다 모래와 먼지 돌풍을 맞고 긴 코털이 자라기 시작한다. 친구인 옹골찬 역시 긴 코털이 생겼다. 알고 보니 코털은 코에 미세 먼지가 들어가지 않도록 막기 위해 자라난 것이었다. 미세 먼지를 막을 수 있는 코털을 연구하던 김난다 박사는 운찬이와 골찬이의 코털을 이용해 상품을 만들어 홈쇼핑에서 판매한다. 그러자 운찬이가 그렇게도 떼고 싶었던 코털을 많은 사람들이 구매해 붙이기 시작한다. 맑은 날 마음껏 뛰어놀고 코털 없이도 맑은 공기를 마실 수 있었던 예전을 그리워하는 기운찬은 씁쓸하기만 하다.

미세 먼지를 막기 위해 쑥쑥 자라는 코털을 소재로 재미있게 미세 먼지에 대해 설명하는 책이다. 미세 먼지를 예방하는 방법, 대처하는 방법을 알 수 있다. 부록으로 미세 먼지에 대한 정보와 퀴즈가 있어 동화로 부족한 내용을 보충해준다. 언젠가부터 우리 생활에 많은 영향을 미치고 있는 미세 먼지에 대해 함께 생각해보기 좋은 책이다.

성취 기준

[4국05-02] 인물, 사건, 배경에 주목하며 작품을 이해한다.
[6과06-04] 계절별 날씨의 특징을 우리나라에 영향을 주는 공기의 성질과 관련지을 수 있다.

수업 방향

- 유행에 대해 생각해본다.
- 미세 먼지의 원인, 예방, 대처 방법 등 미세 먼지에 대해 알아본다.

생각 나누기

- 미세 먼지를 없애기 위해 우리가 실천할 수 있는 것은 무엇일까요?
- 기운찬의 코털을 보고 놀리던 사람들도 나중에는 미세 먼지를 막기 위해 코털을 붙이게 됩니다. 이처럼 많은 사람들이 하면 유행이 되는데, 내가 보기엔 이상하거나 따라 하고 싶지 않은 유행이 있나요?

독서 활동

- 동물이 서식지 환경에 따라 살아남기 위해 어떤 털색과 모양을 띠고 있는지 조사해봅시다.
- 김난다 박사의 암호 편지를 읽어보고, 암호로 편지를 써봅시다.

함께 읽으면 좋은 책

『최열 선생님의 미세먼지 이야기』 최열 지음, 서용남 그림, 다산어린이, 140쪽, 2019

『미어캣의 스카프』 임경섭 지음, 고래이야기, 32쪽, 2013

087 고궁 체험 학습 전 필요한 책

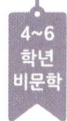

『경복궁의 동물과 문양 이야기』

박영수 지음, 풀과바람, 136쪽, 2019

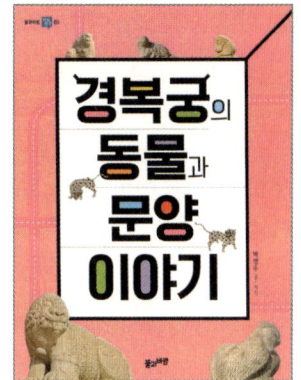

#서울 #궁궐 #경복궁 #잡상
#해치

동물과 문양으로 알게 되는 경복궁!

경복궁은 초등학교에서 체험 학습으로 가는 필수 코스다. 그러나 학생들이 사전 지식 없이 체험 학습을 간다면 당연히 기억에 남는 것이 별로 없을 것이다. 체험 학습을 가기 전에 한 권 읽기로 이 책을 읽고 가면 보이지 않던 것들이 보이기 시작한다. 경복궁 속 여러 동물과 문양이 눈에 들어오고 그 의미를 이해하는 과정에서 경복궁은 이전과 다른 느낌으로 다가오게 된다.

이 책은 아이들이 관심을 가질 만한 동물로 경복궁을 설명해 더욱 효과적으로 지식을 전달한다. 경복궁에서 섬처럼 떨어진 동십자각, 궁궐에 갈 때마다 보게 되는 잡상, 그리고 해치, 주작, 기린, 현무 등 우리나라 궁궐이라면 어디든 빠지지 않고 보이는 동물의 의미를 설명한다. 근정전 앞마당에 거친 박석을 깔아놓은 선인의 지혜도 알려준다. 학생들이 이해하기 쉽게 아주 간단하게 설명하였다.

『경복궁의 동물과 문양 이야기』로 한 권 읽기를 진행해 경복궁 체험 학습을 알차게 보내보자. 알찬 배경지식으로 재미있게 경복궁 체험 학습을 하는 학생들의 모습이 눈에 그려진다.

성취 기준

[6미01-03] 이미지가 나타내는 의미를 찾을 수 있다.
[6미03-01] 우리나라 전통 미술의 특징을 현대 미술과 비교할 수 있다.
[6미03-02] 미술 작품이 시대적 배경과 관련된다는 것을 이해할 수 있다.

수업 방향

- 많은 동물이 나오므로 동물을 모둠별이나 개인으로 나누어 조사한 후 다른 학생들과 정보를 공유한다.
- 특히 관심 있는 동물이나 문양에 대해 자세히 공부하도록 하고 현장에서 확인하게 한다.

생각 나누기

- 『경복궁의 동물과 문양 이야기』에서 나오는 정보를 활용해 퀴즈를 만들어봅시다.

독서 활동

- 책 속에서 중요한 내용을 요약하고, 체험 학습 시 필요한 사진을 찍어 자신만의 경복궁 안내 책자를 만들어봅시다.

- 직접 만든 퀴즈로 퀴즈 대회를 열어봅시다.

함께 읽으면 좋은 책

『경복궁에서 만나는 우리 과학』 김연희 글, 우지현 그림, 창비, 136쪽, 2016

『경복궁』 최인화 지음, 김태현 그림, 토토북, 96쪽, 2014

088 쉬운 이야기 속 경제 개념

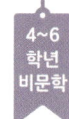

『아기 돼지 삼 형제가 경제를 알았다면』

박원배 지음, 송연선 그림, 열다, 184쪽, 2018

#경제 #전래 동화 #명작 #신화 #탈무드
#생산 #교환

전래 동화, 명작, 탈무드, 신화에서 찾아낸 경제 개념과 원리

어렵고 지루하게만 느껴지는 경제 개념과 원리를 그리스 로마 신화, 전래동화, 탈무드 이야기를 활용해 쉽고 재미있게 풀어놓은 책이다. 누구나 잘 알고 있는 아기 돼지 삼 형제 이야기를 예로 들어, 삼 형제가 집을 짓는 행위 자체를 '생산 활동'으로 보고, 집을 지을 재료로 고른 첫째 돼지의 지푸라기, 둘째 돼지의 나무는 합리적인 선택이 아니었음을 설명한다. 그저 낮잠을 자기 위해, 가까운 곳에서 쉽게 얻을 수 있는 재료를 사용해 늑대의 입김, 주먹과 발길질에 무너져버리는 집을 지었기 때문이다. 그에 비해 시간, 노력, 기술이 필요한 인공적인 재료인 '벽돌'로 집을 지은 셋째 돼지는 합리적인 선택을 했음을 언급한다. 하지만 여기에서 그치지 않고, 저자는 셋째 돼지가 합리적인 선택을 했지만, '최선의 선택'은 하지 못했음을 지적한다. 세 마리의 돼지가 협업해 더 크고, 안전하고, 쓸모 있는 집을 지었더라면 결과가 달라졌을 거라는 경제적인 교훈을 주고 있다. 이외에도 파리스의 황금 사과를 통해 희소성, 황금알을 낳는 거위 이야기로 기회비용, 곰 세 마리 이야기로 합리적인 소비와 선택에 대해 설명한다.

　　이야기를 읽으며 경제에 관한 여러 생각을 해볼 수 있어, 경제 개념과 원리가 낯설게 느껴지는 아이들이 읽으면 좋을 책이다. 전래동화, 명작, 그리스 로마 신화 등을 이미 읽고, 내용을 잘 이해하고 있는 4학년 이상의 아이들이 읽으면 더 좋을 것이다.

성취 기준

[4사04-03] 자원의 희소성으로 경제 활동에서 선택의 문제가 발생함을 파악하고, 시장을 중심으로 이루어지는 생산, 소비 등 경제 활동을 설명한다.
[4국02-01] 문단과 글의 중심 생각을 파악한다.
[4국02-02] 글의 유형을 고려하여 대강의 내용을 간추린다.
[4국03-03] 관심 있는 주제에 대해 자신의 의견이 드러나게 글을 쓴다.

수업 방향

- 전래동화, 명작, 그리스 로마 신화, 탈무드 내용을 이해하는 아이들을 대상으로 함께 읽기를 진행한다.
- 자원의 희소성으로 경제 활동에서 선택의 문제가 발생함을 파악하고, 생산, 소비 등 경제 개념과 원리를 이해하고 설명할 수 있다.

생각 나누기

- 내가 할 수 있는 경제 활동은 어떤 것이 있나요?
- 기회비용, 분배, 소비, 생산, 교환, 합리적인 선택, 협업, 분업 중에서 내가 실생활에서 직접 실천할 수 있는 경제 개념은 어떤 것이 있나요?

독서 활동

- 책에서 함께 읽은 여러 경제 개념 중 한 가지를 선택해, 나의 경험을 바탕으로 글을 써봅시다.
- 미래 직업에 대해 알아봅시다.

함께 읽으면 좋은 책

『샘의 부자 되기 대작전!』 프란시스 오로크 도웰 지음, 에이미 준 베이츠 그림, 김지현 옮김, 꿈터, 120쪽, 2017

『부자가 된 샘의 채소 기르기』 프란시스 오로크 도웰 지음, 에이미 준 베이츠 그림, 김지현 옮김, 꿈터, 120쪽, 2018

『내가 가게를 만든다면?』 김서윤 지음, 서영아 그림, 토토북, 64쪽, 2015

089 국제기구의 다양한 목적과 역할

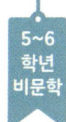
5~6학년 비문학

『세계를 움직이는 국제기구』, 『내가 국제기구를 만든다면?』

박동석 지음, 전지은 그림, 봄볕, 192쪽, 2015
김서윤 지음, 김유대 그림, 토토북, 64쪽, 2019

#국제기구 #지구촌 #평화로운 지구 만들기
#갈등 해결

함께 살아가는 지구촌을 위한 국제기구 만들기

지구촌에는 평화와 행복을 위한 다양한 국제기구가 있다. 『세계를 움직이는 국제기구』는 지구촌에 있는 다양한 17개의 국제기구를 평화와 협력을 위한 국제기구, 경제 발전을 위한 국제기구, 스포츠와 건강을 위한 국제기구, 인권 보호를 위한 국제기구, 환경과 문화를 위한 국제기구로 분류하여 설명하고 있다. 각각의 국제기구의 설립 목적, 하는 일, 관련된 사람들까지 다룬다. 지구촌의 갈등을 조정하고 평화를 유지하는 다양한 국제기구에 대하여 자세히 알아볼 수 있다.

『내가 국제기구를 만든다면?』은 『세계를 움직이는 국제기구』의 실천 편 같은 책이다. 아이들 스스로 국제기구의 목적, 이름과 로고 디자인 등을 정하고 어떤 활동을 할지 구상하도록 이끌어준다.

나라 간 평화와 갈등을 조정하기 위해 많은 국제기구가 있다는 사실이 아이들에게는 생소할 수 있다. 세계 시민 교육과 관련해 함께 읽으면, 국제기구를 조사하면서 세상을 바라보는 시야도 넓힐 수 있을 것이다. 또한 국제기구에서 하는 일을 알아보면 진로를 고민할 때도 도움이 될 것이다. 6학년 사회 2단원과 관련해 지구촌 평화를 지키는 국제기구를 알아보고 지구촌 평화와 발전을 위한 비정부기구를 설립해보는 활동과 연계하여 책을 읽으면 좋을 것 같다.

성취 기준

[6사08-03] 지구촌의 평화와 발전을 위협하는 다양한 갈등 사례를 조사하고 그 해결 방안을 탐색한다.

[6사08-04] 지구촌의 평화와 발전을 위해 노력하는 다양한 행위 주체(개인, 국가, 국제기구, 비정부기구 등)의 활동 사례를 조사한다.

수업 방향

- 국제기구가 생겨난 이유에 대하여 생각해본다.
- 다양한 국제기구가 하는 일에 대하여 알아본다.
- 지구촌 평화에 기여하는 국제기구를 만들어본다.

생각 나누기

- 국제기구는 왜 만들어졌을까요?
- 지구촌 갈등의 원인과 문제점에 대하여 토의해봅시다.
- 지구촌 갈등 해결을 위해 애쓰고 있는 사람들에 대해 이야기해봅시다.
- 각 나라들은 세계 평화를 위해 어떤 활동을 하고 있는지 조사해봅시다.

독서 활동

- 책에 소개된 국제기구 이외에 어떤 국제기구가 있는지 조사하여 발표해 봅시다.
- 현재 지구촌에서 어떤 갈등이 있는지 조사해보고 해결할 수 있는 방법을 생각해봅시다.
- 만들고 싶은 국제기구를 생각해보고 친구들과 함께 구체화해봅시다.

함께 읽으면 좋은 책

『재미있는 외교와 국제기구 이야기』 박기태 지음, 유설화 그림, 가나출판사, 180쪽, 2014

『세계를 움직이는 약속 국제조약』 박동석 지음, 이윤정 그림, 책고래, 304쪽, 2018

『국제조약, 알면 뉴스가 들려요』 김향금 지음, 김소희 그림, 사계절, 124쪽, 2016

090 신화로 세계 이해하기

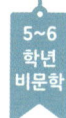

『둥글둥글 지구촌 신화 이야기』

김춘옥 지음, 윤유리 그림, 풀빛, 160쪽, 2015

#신화 #신 #세계 #지구촌 #단군
#그리스 로마 #켈트 #잉카 #인도 #마야

재미있는 신화로 배우는 세계 문화 이야기

신화는 『반지의 제왕』, 『해리포터』 등 여러 소설의 모티브가 됐을 뿐 아니라 영화, 게임 등 문화 전반적인 영역에 걸쳐 영향을 미치고 있다. 이렇게 현재까지도 널리 사랑받는 신화는 그 나라 특유의 오래된 믿음이나 전설을 담고 있다. 따라서 세계 각국의 신화를 접하고 경험한다는 것은 그 나라의 사상과 문화, 민족성을 보다 쉽게 이해할 수 있는 열쇠를 갖는 것이다.

『둥글둥글 지구촌 신화 이야기』는 다양한 관점에서 열린 눈으로 세상을 이해하고 사고할 수 있는 힘을 키워준다. 이 책에서는 우리나라의 바리데기, 단군 신화부터 유럽의 그리스 로마 신화, 켈트 신화, 그리고 아메리카와 아프리카, 오세아니아에 이르기까지 대륙별로 세계 각국의 유명 신화를 재미있게 풀어쓰고 있다.

다른 종족이 살고 있던 땅에 이주해 창세 신화가 없고 침략 신화만 있는 켈트 신화, 중요한 식량인 옥수수가 신들이 만든 자신들의 조상이라고 믿는 마야인, 1년이 왜 365일이고 달은 왜 계속 변하는지 알 수 있는 이집트 신화 등 환상적이고 신비로운 세계 각국의 신화를 읽다보면 자연스럽게 그 나라의 역사와 문화에 대한 지식을 넓혀가게 된다. 5~6학년 사회과에서 세계 문화 이해나 다문화 관련 학습 시 활용하면 좋은 책이다.

성취 기준

[6국02-01] 읽기는 배경지식을 활용하여 의미를 구성하는 과정임을 이해하고 글을 읽는다.

[6사07-04] 의식주 생활에 특색이 있는 나라나 지역의 사례를 조사하고, 이를 바탕으로 하여 인간 생활에 영향을 미치는 여러 자연적, 인문적 요인을 탐구한다.

수업 방향

- 신화 이야기와 각 나라에 대한 정보가 연계될 수 있도록 수업 활동을 구성한다.
- 신들의 관계도 그리기 등 독서 활동을 통해 내용을 정리하고 이해할 수 있도록 한다.

생각 나누기

- 세계 각국의 신화 이야기에서 찾은 공통점과 차이점에 대해 이야기해봅시다.

- 가장 마음에 드는 신이나 신화는 무엇이며 그 이유에 대해 이야기해봅시다.
- 책을 읽고 난 후 각 나라에 대해 처음과 달라진 생각이 있다면 이야기해 봅시다.

독서 활동

- 독서 전 신화 속 나라에 대해 알고 있는 내용을 이야기해봅시다.
- 내가 만약 비슈누라면 나의 아바타는 무엇으로 만들면 좋을까요? -『둥글둥글 지구촌 신화 이야기』 33쪽 참고
- 판도라의 상자에서 절대 나오지 않았으면 하는 것은 무엇인가요? -『둥글둥글 지구촌 신화 이야기』 62쪽 참고
- 북두칠성을 나만의 새로운 별자리로 만들고 이름을 지어봅시다.

함께 읽으면 좋은 책

『우리 건국신화에는 어떤 이야기가 담겨 있을까』 김경복 지음, 송향란 그림, 채우리, 160쪽, 2008

『지구 반대쪽 세상을 보여주는 남아메리카 신화』 이경덕 지음, 최문영 그림, 현문미디어, 168쪽, 2006

091 더불어 평등한 세상을 위하여

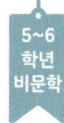

『식량 불평등』

박병상 지음, 권문희 그림, 풀빛, 104쪽, 2016

#식생활 #먹거리 #농업 혁명 #녹색 혁명
#유전자 조작 #GMO

욕심을 버리고 모두 함께 잘사는 이야기

전 세계 인구 중 10억 명 가량은 굶주리고 있다. 이런 굶주림은 힘센 나라와 약한 나라의 정치적 싸움과 기술 발전의 차이로 점점 더 심해진다. 자본과 기술이 있는 나라는 농기계를 이용해 엄청나게 큰 토지도 혼자 일굴 수 있기 때문이다. 또한 자본력 있는 몇몇 종자 회사는 가난한 나라의 농부들이 자신들이 판매하는 종자를 살 수밖에 없는 상황을 만들어 빈부 격차를 더 늘리기도 한다. 지구촌 한쪽에서는 비만과의 전쟁을 선포하는 반면, 다른 쪽에서는 굶주림으로 5초에 1명씩 죽어가고 있다니 얼마나 불공평한 일인가? 하지만 지금 풍족하게 먹고 있더라도 미래에는 식량이 부족해질 것이라고 한다. 그러니 굶주림은 더 이상 일부만의 문제는 아닌 것이다.

이 책은 식량 불평등을 해결하기 위해 우리가 무엇을 해야 하는지 다양한 접근으로 그 해결 방안을 모색한다. 유전자 조작 식품의 문제, 대량 생산을 위한 기계의 사용, 과다한 육식이 불러오는 지구 환경의 변화 등 다각도에서 식량 문제를 분석한다.

도덕·사회 시간에 세계 시민 교육을 위한 교재로 함께 읽기에 좋으며, 먹는 문제가 환경과도 밀접한 연관이 있다는 것을 알 수 있어 환경 관련 수업에도 적당한 책이다. 또한 건강한 먹거리, 미래 식량 문제 관련 수업에도 활용 가능하다.

성취 기준

[6사08-03] 지구촌의 평화와 발전을 위협하는 다양한 갈등 사례를 조사하고 그 해결 방안을 탐색한다.

[6사08-06] 지속가능한 미래를 건설하기 위한 과제(친환경적 생산과 소비 방식 확산, 빈곤과 기아 퇴치, 문화적 편견과 차별 해소 등)를 조사하고, 세계 시민으로서 이에 적극 참여하는 방안을 모색한다.

수업 방향

- 지구촌 식량 불평등 현상에 대해 생각해볼 수 있다.
- 식량 불평등을 해결하는 방법에 대해 이야기할 수 있다.

생각 나누기

- 가난한 나라 사람들이 굶주리는 이유가 무엇이라고 생각하나요?
- 유전자 조작이 무엇인지 알고 있는 대로 이야기 나눠봅시다.
- 미래에 식량 문제가 발생할까요? 해결책도 함께 생각해봅시다.

독서 활동

- 내가 좋아하는 음식에 대해 설명해봅시다.
- 제철, 제고장 농산물에 대해 조사해봅시다.
- 음식 이외에 지구촌에 어떤 불평등이 있는지 조사해봅시다.

함께 읽으면 좋은 책

『지구가 100명의 마을이라면』 데이빗 J. 스미스 지음, 셸라 암스트롱 그림, 노경실 옮김, 푸른숲주니어, 36쪽, 2011

『왜 너희만 먹는 거야?』 장성익 지음, 송하완 그림, 풀빛미디어, 220쪽, 2013

『왜 식량이 문제일까?』 캐슬린 게이 지음, 김영선 옮김, 반니, 192쪽, 2013

『영양 만점 곤충 식당』 서해경·이소영 지음, 한수진 그림, 예림당, 120쪽, 2016

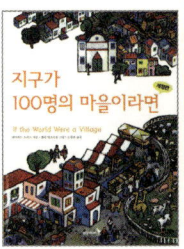

092 풍자와 해학이 넘치는 우리 옛 그림

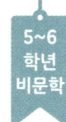

『재미로 북적이는 옛 그림 길』

최석조 지음, 시공주니어, 160쪽, 2009

#풍속화 #김홍도 #신윤복 #옛 그림
#조선 후기

옛 그림에 나타난 조상들의 삶과 예술 세계 엿보기

『재미로 북적이는 옛 그림 길』은 풍자와 해학이 넘치는 옛 그림 열여섯 작품을 사람, 동물, 웃음, 얼굴로 나눠 소개하고 있다. 유명한 김홍도, 신윤복을 시작으로 여러 작가의 그림을 볼 수 있다. 돋보기를 대듯 그림의 중요 부분을 확대하여 설명해주기 때문에 그림을 뜯어보는 재미가 있다. 그림은 역사책이라는 작가의 말처럼 매우 사실적인 그림을 보면 당시 조상들의 생활 모습을 한눈에 알 수 있다. 작가의 해설을 따라가다 보면 평소에는 지나쳤던 그림 곳곳의 재미난 상징들을 알 수 있어 조상들의 재치를 느낄 수 있다. 또한 같은 소재지만 다르게 표현한 그림을 보며 사람이 느끼는 감정과 생각은 제각기 다르다는 사실을 자연스럽게 느낄 수 있다.

못난 모습보다, 그것을 숨기는 것이 더 창피한 모습임을 알고 곰보 자국까지 있는 그대로 옮긴 그림을 보며 우리 조상들이 어떤 태도로 삶을 살았는지 생각해보면 좋겠다. 그림의 구도, 인물의 표정, 색감을 초등학생 눈높이에 맞춰 쉽게 설명하고 있고, 조선 후기 풍속화를 통해 조상의 생활상을 들여다볼 수 있는 책으로 6학년 1학기에 함께 읽기를 추천한다.

성취 기준

[4사02-04] 옛날의 세시 풍속을 알아보고, 오늘날의 변화상을 탐색하여 공통점과 차이점을 분석한다.
[4미03-03] 미술 작품에 대한 자신의 느낌과 생각을 발표하고, 그 이유를 설명할 수 있다.
[6미03-02] 미술 작품이 시대적 배경과 관련된다는 것을 이해할 수 있다.

수업 방향

- 풍속화란 무엇인지 생각해본다.
- 풍속화를 통해 당시 생활상을 알아본다.
- 옛 그림에 나타난 우리 조상의 삶에 대한 태도를 생각해본다.

생각 나누기

- 우리 옛 그림, 화가에 대해 이야기를 나눠봅시다.
- 풍속화를 보고 조선 후기 생활상에 대해 추측해봅시다.
- 화가는 어떤 마음으로 그림을 그릴까요?

독서 활동

- 가장 좋았던 그림을 선택해 발표해봅시다.
- 책 속에 나오지 않았던 풍속화를 찾아 나만의 해설을 달아봅시다.
- 조선 후기 그림과 작가에 대해 더 조사해봅시다.
- 현대를 담아내는 풍속화를 직접 그려봅시다.

함께 읽으면 좋은 책

『조선왕실의 보물 의궤』 유지현 지음, 이장미 그림, 토토북, 110쪽, 2009

『조선 화원의 하루』 조정육 지음, 배현주 그림, 문학동네, 64쪽, 2011

『한눈에 반한 우리 미술관』 장세현 지음, 사계절, 208쪽, 2012

093 경주 체험 학습 필독서

『10대들을 위한 나의 문화유산답사기 1』

유홍준 원작, 김경후 지음, 이윤희 그림, 창비, 176쪽, 2019

#경주 #신라 #불국사 #석굴암
#첨성대

신라 역사의 발자취를 밟은 경주 역사서

우리나라 체험 학습의 대표 여행지는 단연 경주다. 경주는 찬란한 신라의 문화재가 가득해 지역 전체가 신라 박물관이다. 그런데 아이들에게 경주로 체험 학습을 다녀온 후 가장 기억에 남는 것이 뭐냐고 물으면 하나같이 장기자랑이라고 대답한다. 어디에 내놓아도 뒤지지 않는 위대한 신라 시대 문화재가 친구들의 장기자랑만도 못하다니……. 그것은 아마 '아는 만큼 보인다'는 진리 때문 아닐까.

유홍준의 『나의 문화유산 답사기』를 10대 학생들이 읽기 쉽게 다시 쓴 책이 바로 「10대들을 위한 나의 문화유산 답사기」다. 기행문은 역사 지식을 너무 나열하면 지루하고, 또 다른 이야기만 많이 하면 역사적 사실을 알 수가 없다. 그런데 이 책은 모든 요소가 적절하여 학생들이 읽기에 전혀 지루하지 않다.

시리즈 중에서 특히 1권은 신라·경주에 대한 내용으로 선덕여왕, 문무왕 등 신라의 영웅들에 관한 이야기, 나라를 지키고자 하는 염원을 종교적 믿음으로 표현한 석탑들의 비교, 에밀레종의 제작 목적과 유래, 석굴암, 불국사까지 다룬다. 역사적 사실과 문화재에 담긴 유래를 읽다보면 시간 가는 줄 모를 만큼 재미있다.

성취 기준

[6사03-01] 고조선의 등장과 관련된 건국 이야기를 살펴보고, 고대 시기 나라의 발전에 기여한 인물(근초고왕, 광개토대왕, 김유신과 김춘추, 대조영 등)의 활동을 통하여 여러 나라가 성장하는 모습을 탐색한다.
[6사03-02] 불국사와 석굴암, 미륵사 등 대표적인 문화유산을 통하여 고대 사람들이 이룩한 문화의 우수성을 탐색한다.

수업 방향

- 경주에 관련된 문화재에 대해 미리 조사·학습을 하는 것이 유리하다.
- 책에 나오는 인물이나 문화재에 관련된 역사적 사실과 유래를 정리한다.
- 체험 학습을 다녀와 관람 후 소감 말하기 등의 활동과 책을 연계한다.

생각 나누기

- "종을 오래 보관하려면 조금의 충격도 주지 말아야 한다.", "종은 쳐야 녹슬지 않는 법이다." 두 가지 주장 중 어느 것이 맞다고 생각하는지 근거와 함께 대답해봅시다.
- 일본의 침략을 막지 못한 채 죽음을 눈앞에 둔 문무왕은 죽어서라도 나

라를 지키고 싶으니 자신의 묘를 동쪽 바다에 만들라고 합니다. 그의 애국심에 대해 이야기해봅시다.
- 석가탑에 전해지는 전설을 아주 슬프지만 이보다 석가탑의 수난기가 더 슬프다고 하는데요. 오래된 문화재를 보호하기 위해 어떻게 해야 할까요?

독서 활동

- 개인 혹은 모둠별로 책에 나오는 문화재에 대해 조사합니다. 이후 체험 학습 때 그 문화재 앞에서 사진을 찍고 이를 활용하여 카드 책을 완성해봅시다.
- 가장 기억에 남는 문화재를 그려봅시다.

함께 읽으면 좋은 책

『안녕, 나는 경주야』 이나영 지음, 박정은·이나영 그림, 상상력놀이터, 46쪽, 2017

『반짝반짝 신라 두근두근 경주』 국립경주박물관 지음, 김현 그림, 위즈덤하우스, 88쪽, 2018

094 나는 어떤 사람이 되고 싶은가?

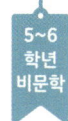

『조선의 백만장자 간송 전형필, 문화로 나라를 지키다!』

최석조 지음, 권아라 그림, 사계절, 128쪽, 2018

#문화재 #노블레스 오블리주
#훈민정음 해례본 #일제 강점기 #한국 전쟁

한국의 노블레스 오블리주를 실행한 부자 전형필의 인물전

간송 전형필은 조선 시대 최고의 백만장자로, 문화재를 진정으로 사랑한 사람이었다. 평생 놀고먹을 수도 있었지만 그는 자신만의 독립 운동을 시작한다. 바로 문화재가 있는 곳이라면 어디든지 찾아가 제 값을 주고 사들이는 일이었다. 문화재의 중요성에 대한 인식이 부족했을 시절, 1,000원에 팔겠다는 훈민정음 해례본을 전형필이 값어치만큼 제대로 돈을 주고 사야 한다며 11,000원에 구입한 일화는 아주 유명하다. 대부분 부자들은 자신의 이익을 셈하기 바쁘다. 그러나 간송은 문화재를 지키는 데 전 재산을 다 쏟아부었다. 일제 강점기 일본이 우리 문화재의 가치를 떨어뜨리고 빼돌리려는 것을 자신의 돈을 들여 막은 것이다. 해방 이후 한국 전쟁 때문에 모아두었던 문화재를 많이 잃어버렸지만 간송은 남은 재산으로 다시 문화재를 모았다. 문화재에 대한 인식이 거의 없던 시대에 문화재의 높은 가치를 알아본 간송의 노력은 현재 우리 문화재를 지키는 데 큰 역할을 했다.

『조선의 백만장자 간송 전형필, 문화로 나라를 지키다!』는 일제 강점기와 한국 전쟁, 그리고 그때 빼앗긴 문화재, 문화재에 얽힌 여러 인물의 업적, 정선과 신윤복의 그림을 함께 볼 수 있는 좋은 책이다.

성취 기준

[6사04-03] 일제의 침략에 맞서 나라를 지키고자 노력한 인물(명성황후, 안중근, 신돌석 등)의 활동에 대해 조사한다.
[6사04-04] 광복을 위하여 힘쓴 인물(이회영, 김구, 유관순, 신채호 등)의 활동을 파악하고, 나라를 되찾기 위한 노력을 소중히 여기는 태도를 기른다.

수업 방향

- 문화재에 대한 바른 인식을 심어줄 수 있도록 지도한다.
- 노블레스 오블리주를 지도하여 책임감 있는 사회 구성원이 될 수 있도록 한다.

생각 나누기

- 훈민정음 해례본을 파는 자가 1,000원에 팔겠다고 했는데 간송은 10,000원에다가 수고비 1,000원까지 더 얹어주고 삽니다. 여러분이라면 어떻게 했을까요? 이 일화를 어떻게 생각하나요?
- 간송은 문화재는 한낱 골동품이 아니라 '우리 민족의 자존심'이라고 했습니다. "문화재는 ○○이다." 빈칸을 채우며 각자 생각하는 문화재의 정의를

내려봅시다.
- 전형필은 오세창 선생님에게 호를 받습니다. 무엇인가요? 그 뜻도 함께 설명해봅시다. 그리고 자신의 호를 지어봅시다.

독서 활동

- '훈민정음 해례본 상주본'에 관한 기사를 찾아 읽은 후 간송의 일화와 비교해봅시다.
- 노블레스 오블리주를 실천한 부자 이야기를 찾아보고 만약 자신이 부자가 된다면 어떤 식으로 사회에 환원하면 좋을지 토의해봅시다.
- 우리나라가 잃어버린 문화재에 대해 조사해봅시다.

함께 읽으면 좋은 책

『간송미술관에는 어떤 보물이 있을까?』 김민규 지음, 조원희 그림, 토토북, 216쪽, 2019

『직지와 외규장각 의궤의 어머니 박병선』 공지희 지음, 김지안 그림, 글로연, 168쪽, 2011

+

「SBS스페셜: 간송이 지켜준 보물」 SBS, 2014

095 전쟁, 반복하지 않으려면 제대로 알아야 한다

『일제 강제 동원, 이름을 기억하라!』
정혜경 지음, 최혜인 그림, 사계절, 128쪽, 2017

#일제 강점기 #강제 징용
#아시아 태평양 전쟁
#일정 시 피징용자 명부 #전쟁

'일정 시 피징용자 명부'가 알려주는 전쟁 이야기

60년 동안 햇빛 한 점 들지 않는 어두침침한 창고에 갇혔던 물건이 있다. 바로 이승만 대통령 시절 만든 '일정 시 피징용자 명부'다. 이는 일본이 일으킨 전쟁에 끌려간 22만 8724명의 이름이 적힌 명부다. 이 책은 자신이 왜 갇혀 있었고 어떻게 발견되었으며 어떤 중요한 가치가 있는지 알려주는 명부의 이야기로 시작한다.

총 3부로 구성되며 1부는 명부 이야기, 2부는 명부에 나온 사람들이 입은 피해, 3부는 피해 사실을 인지하고 다시는 이런 일을 되풀이하지 않도록 노력하는 일본 사람들의 이야기다. 2부와 3부에서는 피해 당사자, 한국과 일본의 관계 회복을 위해 일하는 사람들이 직접 말하는 형식을 띠고 있어 이야기가 더 생생하게 느껴진다.

일제 강점기 우리나라는 많은 피해를 입었지만 일본은 아직도 이 사실을 반성하거나 사과하지 않는다. 때문에 더욱더 우리 스스로가 어떤 피해를 입었는지 명확히 알고 있어야 한다. 그리고 다시는 이런 일이 반복되지 않도록 노력해야 한다. 5학년 일제 강점기의 역사를 배울 때 함께 읽으면 좋을 것이다. 이 책을 통해 강제 징용에 대해 바르게 알고 갈등 해결을 위해 어떤 노력을 할 수 있는지 찾아보자.

성취 기준

[6사02-02] 생활 속에서 인권 보장이 필요한 사례를 탐구하여 인권의 중요성을 인식하고, 인권 보호를 실천하는 태도를 기른다.
[6사04-03] 일제의 침략에 맞서 나라를 지키고자 노력한 인물(명성황후, 안중근, 신돌석 등)의 활동에 대해 조사한다.

수업 방향

- 아시아 태평양 전쟁에 대해 알아본다.
- 일제 강점기 우리가 겪은 피해에 대해 알아본다.
- 역사의 거울을 닦기 위해 내가 할 수 있는 일에 대해 생각해본다.

생각 나누기

- 일본은 왜 아시아 태평양 전쟁에 우리나라 사람들을 동원했을까요?
- 이 책에 나오는 세 분의 이야기를 듣고 어떤 생각이 드나요?
- 3부에서 국가가 잘못한 일을 국민이라는 이유로 사죄하고 반성하는 일본 사람들에 대해 어떻게 생각하나요?

독서 활동

- 일제 강점기 우리나라는 어떤 피해를 입었는지 조사해봅시다.
- 일본의 역사 거울을 닦기 위해 애쓰는 일본인에는 어떤 사람들이 있는지 알아봅시다.
- 우리나라의 역사 거울을 더럽힌 사건을 조사해보고 역사 거울을 닦기 위해 나는 어떤 일을 해야 할지 생각해봅시다.
- 핫시팅 기법을 이용해 2부에 나온 피해자 세 분을 인터뷰하고, 기사를 써 봅시다.

함께 읽으면 좋은 책

『할머니의 수요일』 이규희 지음, 김호민 그림, 주니어김영사, 180쪽, 2017

『군함도』 장성자 지음, 허구 그림, 바우솔, 88쪽, 2017

096 밥에는 우정, 관계, 평화, 나눔, 사랑이 있다

『나랑 같이 밥 먹을래?』

김주현 지음, 홍선주 그림, 만만한책방
120쪽, 2019

#어린이 인문학 #따뜻한 밥은 소중해 #가치
#정약용 #떳떳함 #올바른 삶의 자세 #성찰

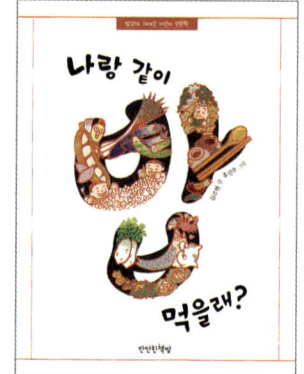

아홉 명의 선조가 전하는 '밥' 이야기

'오늘은 뭘 먹을까?', '누구랑 밥 먹지?' 우리가 살면서 가장 많이 하는 고민이다. TV만 켜면 무수히 많은 채널에서 '밥'에 대해 이야기한다. 살아가는 데 꼭 필요한 밥, 우리에게 밥이란 무엇일까?

『나랑 같이 밥 먹을래?』는 정약용, 이익, 정조 등 옛 선조들의 이야기를 통해 밥이 가진 아홉 가지 힘에 대해 말한다. 이익은 사람이 떳떳하고 착하게 살기 위해 가장 먼저 필요한 것이 '식食'이라고 했다. 작가는 선조의 사례를 빌려 밥은 우정, 정직함, 부모의 사랑, 인사, 백성, 기억의 창고, 겸손함, 나눔이라고 말한다.

어린이 인문학을 담은 이 책은 하나하나의 이야기가 짧아 쉽게 읽히지만 전달하는 내용은 묵직하다. 무엇이 옳고 그른지, 어떤 가치를 우선으로 하고 살아야 행복하고 의미 있는 하루를 보낼 수 있는지 진지한 물음에 대해 어린이의 눈높이에 맞게 '밥'을 소재로 흥미롭게 풀어냈다. 자주적인 삶, 바람직한 삶을 살아가는 자세와 방법에 대해 배우는 6학년 함께 읽기에 좋은 책이다. 단편이라 차시별로 끊어 읽고 생각해보는 시간을 갖기를 추천한다. 책 한 권을 다 읽고 나면 밥 먹는 것이 참 감사하고 중요하다는 생각과 함께 바르게 살아가는 삶의 중요성, 우정과 나눔 그리고 정의, 배려까지 여러 가치에 대해 깊게 생각할 수 있다.

성취 기준

[6도02-03] 봉사의 의미와 중요성을 알고, 주변 사람의 처지를 공감하여 도와주려는 실천 의지를 기른다.

[6도04-02] 올바르게 산다는 것의 의미와 중요성을 알고, 자기반성과 마음 다스리기를 통해 올바르게 살아가기 위한 능력과 실천 의지를 기른다.

수업 방향

- 나에게 밥이란 어떤 의미인지 생각하며 읽는다.
- 바르게 살기 위해 필요한 것은 무엇인지 생각해본다.
- 아홉 가지 이야기 속에 나타난 우리 조상들이 삶을 살아가는 태도에 대해 생각해본다.

생각 나누기

- 작가는 밥에 관계가 담겨 있다고 말합니다. 이 말의 의미는 무엇일까요?
- 어떻게 하면 사람들과 사이좋게 지내고, 바르게 잘 살아갈 수 있을까요?
- 아홉 가지 이야기 속에 담긴 가치를 정리하고 그중 내가 가장 중요하게

생각하는 가치는 무엇인지 이야기해봅시다.

독서 활동

- 나에게 밥은 무엇인지 정의해봅시다.
- 가장 마음에 드는 이야기에 대해 발표하고 등장인물에 대해서도 설명해봅시다.
- 밥 한 끼로 우정을 나눈 박제가와 박지원처럼 우정을 쌓는 방법에 대해 이야기해봅시다.
- 모둠별로 음식을 기록한 사전을 만들어봅시다.

함께 읽으면 좋은 책

『청라이모의 오순도순 벼농사 이야기』 정청라 지음, 김중석 그림, 토토북, 120쪽, 2010

『세상에서 가장 맛있는 밥』 우현옥 지음, 최미란 그림, 키위북스, 64쪽, 2015

『아름다운 위인전』 고진숙 지음, 한겨레아이들, 261쪽, 2005

097 마음과 마음이 통하는 길

『철이, 가출을 결심하다』

김선희 지음, 이현미 그림, 학고재, 128쪽, 2015

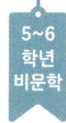

#참마음 #고전 #장자 #고전 #도 #평등
#자존감

장자의 가르침으로 풀어보는 고민과 갈등

누나와 단둘이 사는 철이는 자신이 아무짝에도 쓸모없는 사람이라고 생각한다. 낯선 아빠는 같은 공간에 있기만 해도 숨이 막히고, 매일 잔소리를 늘어놓는 누나는 철이를 싫어하는 마녀 같다. 그래서 가출을 결심하고 무작정 걷다 개이빨산에 다다르고 호랑나비를 쫓아 길이 아닌 곳으로 들어갔다 도사를 만난다. 도사는 가출한 철이가 누나에 대한 불만을 토로하자 먼저 누나를 사랑하면 안 되냐고 물으며, 장자의 '매미와 참새와 붕' 이야기를 들려준다. 그 후 둘은 철이가 힘들 때마다 이야기를 주고받게 된다. 철이의 마음과 누나, 아빠의 마음은 서로 통할 수 있을까? 철이는 도의 눈으로 사물을 볼 수 있을까?

『철이, 가출을 결심하다』는 철이의 가출로 우연히 만난 도사가 철이의 인생사를 장자의 이야기로 재미나게 푼 것이다. 고전은 어렵다고 생각해 잘 읽지 않는데 한 아이의 이야기를 소재로 꾸며놓으니 동화를 읽듯이 쉽고 재미있게 읽을 수 있다. 5~6학년 도덕 시간에 함께 읽고 한 구절 한 구절 이야기를 나눈다면 다소 어렵게 생각되는 주제도 쉽게 다가올 것이다. 특히 교사가 미리 『장자』를 읽고 다양한 이야기를 덧붙여준다면 아이들이 고전에 흥미를 갖게 되어 또 다른 고전을 자연스레 읽게 될 것이다. 속독에 익숙한 아이들은 뜻을 생각하며 자세히 읽는 재미를 알게 되며, 생각의 힘을 키울 수 있다. 옛 성인들처럼 소리 내어, 여러 번 읽으면 고전 읽기의 재미에 빠질 수 있을 것이다.

성취 기준

[6도04-02] 올바르게 산다는 것의 의미와 중요성을 알고, 자기반성과 마음 다스리기를 통해 올바르게 살아가기 위한 능력과 실천 의지를 기른다.
[6도01-02] 자주적인 삶을 위해 자신을 이해하고 존중하며 자주적인 삶의 의미와 중요성을 깨닫고 실천 방법을 익힌다.

수업 방향

- '마음을 본다'는 말의 의미를 생각할 수 있다.
- 장자의 이야기를 들으며 내 마음을 들여다볼 수 있다.
- 다양한 방법으로 읽으며 뜻을 깊이 생각할 수 있다.

생각 나누기

- 책에서 가장 기억에 남는 구절을 적고 이유를 말해봅시다.
- 장자는 '행복은 찾아 헤매는 것이 아니라 우리에게 주어진 천성을 그대로

따르는 것'이라고 말합니다. 이 말에 동의하는지 이야기해봅시다. -『철이, 가출을 결심하다』 107쪽 참고
- 나에게 행복이란 무엇인지 이야기해봅시다.
- '도의 눈으로 사물을 보라'는 말의 뜻을 생각해봅시다. -『철이, 가출을 결심하다』 111쪽 참고

독서 활동

- 플립 카드를 활용하여 나에 대해 이야기해봅시다.
- 책에서 본 장자의 여섯 가지 이론 중 하나를 골라 필사하고 액자로 꾸며 봅시다.
- 옛 과거 시험처럼 제시된 장자의 이론을 보고 시제에 대한 생각을 적어봅시다.

함께 읽으면 좋은 책

『장자 아저씨네 미용실』 이기규 지음, 조윤주 그림, 주니어김영사, 176쪽, 2016
『열 살, 채근담을 만나다』 한영희 지음, 소소림 그림, 어린이나무생각, 164쪽, 2019

098 민주 시민이 되는 첫걸음

『선생님, 헌법이 뭐예요?』

배성호·주수원 지음, 김규정 그림, 철수와영희,
176쪽, 2019

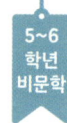

#헌법 #대한민국 #민주공화국 #법률 #권리
#정치

나라를 만드는 가장 중요한 기초, 헌법 배우기

"대한민국의 주권은 국민에게 있고, 모든 권력은 국민으로부터 나온다." 대한민국 헌법 제1조, 제2항의 내용이다. 아이들은 우리나라의 주인이 국민이라는 것을 알고 있지만 그 내용이 어디에 어떻게 표현되어 있는지 알지 못한다. 헌법을 제1조부터 읽고 함께 이해하다 보면 사회 과목에서 배웠던 내용들을 찬찬히 모두 만나게 된다. 헌법에는 대한민국이 민주 공화국으로 탄생할 수 있었던 역사적 배경과 현재 나라를 구성하는 국회, 행정부, 법원 등 중요한 기관의 요소와 역할에 이르기까지 다양한 내용이 담겨 있기 때문이다.

『선생님, 헌법이 뭐예요?』는 130조로 이루어진 헌법 조항 중 전문과 중요한 일부 조문을 추려 초등학생이 이해하기 쉽도록 설명하였다. 역사적 사건을 통해 헌법 전문을 소개하고, 헌법의 열거된 행복 추구권, 자유권, 평등권 등이 거창하고 어려운 이야기가 아닌, 실생활과 밀접한 권리임을 쉽고 다양한 예시로 설명한다. 특히 각 장의 마지막에서는 "학교에서의 휴대폰 사용 금지는 통신의 자유를 침해하는 것인가?"처럼 초등학생의 입장에서 충분히 논의 가능한 논제를 제시해 헌법의 조문을 쉽게 이해하고 적용할 수 있도록 하였다. 정독을 통해 내용을 깊이 있게 이해하고 함께 나누는 한 학기 한 권 읽기 수업의 취지를 잘 실현할 수 있는 책이다.

성취 기준

[6사02-03] 인권 보장 측면에서 헌법의 의미와 역할을 탐구하고, 그 중요성을 설명한다.
[6사02-04] 헌법에서 규정하는 기본권과 의무가 일상생활에 적용된 사례를 조사하고, 권리와 의무의 조화를 추구하는 자세를 기른다.

수업 방향

- 책 속에서 제시된 활동을 충분히 활용하여 쉽고 재미있게 내용을 이해할 수 있도록 구성한다.
- 읽기 중 활동보다 읽은 후 활동에 집중하여 내용을 깊이 있게 이해할 수 있도록 한다.

생각 나누기

- 유아 및 아동의 출입을 제한하는 노 키즈 존은 나이에 따른 차별일까요?
- 쓰기 불편한 자전거 헬멧은 나의 행복 추구권을 침해하는 걸까요?
- 선생님이 일기장을 검사하는 것은 사생활의 자유를 침해하는 걸까요?

독서 활동

- 대한민국하면 떠오르는 단어를 적어봅시다. -『선생님, 헌법이 뭐예요?』 45쪽 참고
- 내가 꿈꾸는 나라는 어떤 나라인지 이야기해봅시다. -『선생님, 헌법이 뭐예요?』 51쪽 참고
- 역사적인 인물을 교육부, 국방부, 문화체육관광부 등 정부 조직 중 알맞은 보직에 배치해봅시다.
- 우리 반 또는 우리 집에서 지켜야 할 헌법을 만들어 봅시다.

함께 읽으면 좋은 책

『어느 날, 헌법이 말했습니다』 남상욱 지음, 김일경 그림, 상상의집, 148쪽, 2017

『로자 파크스의 버스』 파브리찌오 실레이 지음, 마우리치오 A. C. 콰렐로 그림, 엄혜숙 옮김, 담푸스, 44쪽, 2013

099 꿈을 현실로 만드는 경제 교육 동화

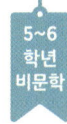
5~6학년 비문학

『열두 살에 부자가 된 키라』

보도 섀퍼 지음, 원유미 그림, 김준광 옮김,
을파소, 256쪽, 2014

#경제 #돈 #저축 #펀드 #주식 #소원 #부자 #성공

열두 살 키라에게 배우는 돈 이야기

열두 살 소녀 키라는 갖고 싶은 것이 많지만 용돈이 늘 부족해 막연히 부자가 되고 싶다고 생각한다. 그러다 우연히 말하는 개 '머니'를 만난다. 머니와 키라는 돈을 주제로 다양한 이야기를 나눈다. 부자가 되기 위한 체계적인 계획을 위해 둘은 먼저 돈이 생기면 꼭 하고 싶은 일을 세 가지로 정리하고, 어떻게 하면 그 일을 이룰 수 있을지 고민한다. 가장 먼저 키라는 자신이 잘하는 일, '다른 집 강아지 산책시키기'로 돈을 벌기 시작한다. 친구의 도움을 받아야 할 정도로 바빠진 키라는 은행에 찾아가 번 돈을 저축하고, 돈을 어떻게 관리하는지 배우기 위해 투자 클럽에 참가하고 사람들을 만난다. 이렇게 돈에 대해 배우고 성장한 키라는 늘 갖고 싶었던 컴퓨터를 손에 넣는다. 또 자신의 경험담을 친구들과 나누고 싶어 이 이야기를 책으로 펴낸다.

　이 책은 돈의 긍정적인 의미와 가치를 알려준다. 키라가 돈을 모으기 위해 실천했던 소원 상자, 성공 일기 등은 아이들이 직접 해볼 수 있어 유용하다. 독서 활동을 진행하면 자연스럽게 경제 교육과 연계될 수 있고, 두려움을 극복하고 계획을 실행하는 키라의 성장 이야기를 통해 자신의 미래를 설계하고 준비하는 진로 교육으로 확대할 수도 있다.

성취 기준

[6실03-03] 용돈 관리의 필요성을 알고 자신의 필요와 욕구를 고려한 합리적인 소비 생활 방법을 탐색하여 실생활에 적용한다.

수업 방향

- 주인공이 실천했던 사례들을 직접 실행해보는 활동을 통해 독서 몰입도를 높일 수 있도록 한다.
- 묵독하기, 나누어 읽기 등 다양한 읽기 방법을 활용하여 완독할 수 있도록 계획한다.

생각 나누기

- 머니가 말한 중국 속담 "모든 큰일은 작은 일에서 시작된다."의 의미는 무엇일까요? -『열두 살에 부자가 된 키라』 23쪽 참고
- "진정으로 좋아하는 것을 할 때 제대로 성공할 수 있다."는 말에 대해 여러분은 어떻게 생각하나요? -『열두 살에 부자가 된 키라』 92쪽 참고
- 두려움을 극복하고 무언가를 이룬 경험이 있나요? 목표를 이루지 못했다면 왜 실패했을까요? -『열두 살에 부자가 된 키라』 172쪽 참고

독서 활동

- 부자가 되고 싶다면 그 이유를 열 가지 적어봅시다. -『열두 살에 부자가 된 키라』 24쪽 참고
- 책을 읽으면서 인상 깊었던 구절이나 기억하고 싶은 내용을 적어봅시다.
- 키라처럼 초등학생인 내가 돈을 벌 수 있는 방법 찾아보고 실천해봅시다. -『열두 살에 부자가 된 키라』 64쪽 참고
- 잘 알고 있거나 좋아하는 기업을 정하고, 그 기업의 오늘 주식 시세를 알아봅시다. -『열두 살에 부자가 된 키라』 194쪽 참고
- 키라가 실천했던 소원 앨범 만들기, 소원 상자 만들기, 성공 일기 쓰기 중 하나를 골라 실천해봅시다.
- 키라처럼 나도 책을 쓴다면 어떤 주제로 쓰면 좋을까요, 어떤 이야기로 책을 마무리 지으면 좋을까요? -『열두 살에 부자가 된 키라』 250쪽 참고

함께 읽으면 좋은 책

『리틀 부자가 꼭 알아야 할 경제 이야기』 김수경 지음, 김민정 그림, 함께자람, 176쪽, 2018

『둥글둥글 지구촌 경제 이야기』 석혜원 지음, 유남영 그림, 풀빛, 192쪽, 2019

100 유전자 조작의 두 얼굴!

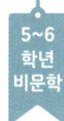

『GMO: 유전자 조작 식품은 안전할까?』

김훈기 지음, 서영 그림, 풀빛, 124쪽, 2017

#GMO #유전자 조작 #식품 #농산물
#식품 안전 #식량 문제

GMO, 유전자 조작은 우리에게 이로울까?

우리가 흔하게 접하는 GMO인 유전자 조작 식품을 아이들의 눈높이에 맞춰 쉽게 설명했다. GMO가 무엇이고 왜 만들었는지, GMO에 대한 다양한 측면의 정보를 객관적으로 소개한다. GMO를 만드는 글로벌 기업과 GMO 식품 생산자와의 문제, 안전성에 대한 연구와 사회적 논란, GMO를 수입하고 있는 우리나라의 실태까지 두루 다루었기 때문에 아이들이 유전자 조작 기술에 대해 깊이 생각할 수 있다. 각 챕터가 끝나는 부분에는 그 챕터를 전체적으로 이해할 수 있는 만화를 한 장씩 넣어 읽은 내용을 다시 한 번 정리할 수 있게 했다.

이 책은 쉽고 재미있게 읽을 수 있다. GMO에 대한 일반 지식을 적절한 예와 함께 설명하기 때문에 어렵지 않다. 특히 그 예시가 쌀이나 연어, 옥수수와 콩, 식용유와 간장, 떡볶이와 과자 등 우리가 자주 먹는 식품이기 때문에 아이들이 흥미롭게 읽을 수 있다. 읽으면서 GMO에 대해 잘못 알고 있었던 사실이나 새롭게 알게 된 사실, 다 같이 이야기 나누고 싶은 부분을 짚어가면서 읽으면 좋을 것 같다. 그리고 유전자 조작과 관련된 동화책을 선정하여 함께 읽은 후 논제를 뽑아 토론해볼 것을 추천한다.

관련 성취 기준

[6국02-01] 읽기는 배경지식을 활용하여 의미를 구성하는 과정임을 이해하고 글을 읽는다.
[6국02-03] 글을 읽고 글쓴이가 말하고자 하는 주장이나 주제를 파악한다.
[6과04-03] 우리 생활에 첨단 생명과학이 이용된 사례를 조사하여 발표할 수 있다.

수업 방향

- 과학 기술 발전이 우리에게 이로움만 주는지, 그 양면성에 대해 생각해본다.
- 각 장마다 새로 알게 된 사실과 정보를 꼼꼼하게 짚어가면서 읽는다.

생각 나누기

- 우리 주변에 GMO 식품은 어떤 것들이 있을까요?
- 유전자 조작 기술의 좋은 면과 나쁜 면을 함께 생각해봅시다.
- 유전자 조작이 계속된다면 앞으로 어떤 일들이 벌어질까요?
- GMO 식품의 부작용과 나쁜 면에 대해 우리가 할 수 있는 대처 방법은 무엇이 있을까요?

독서 활동

- 유전자, 유전자 관련한 과학 기술, GMO와 건강한 식생활 중 하나를 골라 모둠별로 조사해봅시다.
- 책에서 얻은 정보를 바탕으로 GMO 관련 정보를 전달하는 글이나 찬반 중 하나를 골라 주장하는 글을 써봅시다.
- GMO 연구가 필요한 것인지 찬반 토론을 해봅시다.

함께 읽으면 좋은 책

『지엠오 아이』 문선이 지음, 유준재 그림, 창비, 261쪽, 2005

『생명의 마법사 유전자』 이한음 지음, 김분묘 그림, 웅진주니어, 92쪽, 2010

『세상에 대하여 우리가 더 잘 알아야 할 교양 19 : 유전 공학, 과연 이로울까?』
피트 무어 지음, 서종기 옮김, 내인생의책, 108쪽, 2013

 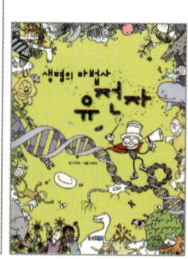 

맺는 글

아이들에게 이정표가 되어줄 인생 책

서울청계초등학교 사서교사 박영혜

얼마 전 「문제적 남자」라는 예능 프로그램의 민족사관고등학교 편, 경기영재과학고등학교 편을 보았다. MC들은 문제만 나오면 눈에서 레이저를 발사하며 짧은 시간 내 풀어내는 아이들을 보며 감탄하기 바빴다. 그들이 학생들에게 공통적으로 던진 질문이 있다. 바로 "공부를 잘할 수 있는 비결은 무엇입니까?"이다. 아이들의 대답은 한결같았다. 정답은 '책 읽기'였다. 『공부머리 독서법』의 저자 최승필 씨도 책을 제대로 읽으면 수학능력시험 언어 영역에서 좋은 점수를 받을 수 있다고 이야기한다. 게다가 책을 제대로 읽고 언어 능력이 높아지면 국어뿐만 아니라 다른 과목 점수도 덩달아 높아진다. 물론 우리가 책을 읽는 목적이 좋은 학교에 가기 위해서, 공부를 잘하기 위해서는 아니다. 하지만 민족사관고등학교와 경기영재과학고 아이들이 이구동성으로 이야기한 것은 자신의 관심 분야에 대한 책을 끊임없이 읽으며 호기심을 채우고 사고를 넓혀 가다 보니 이 자리에 와 있다는 것이었다. 우리가 잘 아는 빌 게이츠도, 현대 경영학의 창시자 피터 드러커도 책 읽기 덕분에 지금 이 자리까지 왔다고 이야기한다. 피터 드러커는 "나는 도서관에서 진짜 대학 교육을 받았다."고 이야기할 정도로 도서관에서 온갖 분야의 책을 읽었다고 한다.

『정민 선생님이 들려주는 고전 독서법』이라는 책을 보면 책 읽기는 슬기 구멍을 열어주는 일이라고 한다. 슬기 구멍이란 다산 정약용 선생님께서 말한 문심혜두文心慧竇에서 유래한다. 책을 자주 읽고 외우다 보면 글이 마음을 움직여 슬기 구멍을 열리게 한다는 것이다. 또 메이지대 교수 사이토 다카시는 아무리 바쁜 와중에도 책 읽기를 게을리하지 않은 이유에 대하여 "인생의 고비마다 책이 있었고, 생각하는 힘을 키워주고 다른 사람을 이해하는 힘이 생기게 하는 것이 독서다. 독서는 내 삶의 이정표가 되어주었다."고 이야기한다. 우리 아이들도 한 학기 한 권 읽기의 책 한 권이 마중물이 되어 삶의 이정표가 되어주는 무수한 책들을 만날 수 있기를 기대한다.

2015 개정 교육 과정에 독서 단원이 들어온 것은 정말 훌륭한 일이다. 국어, 영어, 수학 등 주요 과목을 공부하느라 우선순위에서 밀린 독서를 학교에서, 그것도 수업 시간에 할 수 있다는 것이 얼마나 감탄할 만한 일인가.

한 학기 한 권 읽기 교육 과정을 운영하면서 학교 현장에서의 가장 큰 고민은 '어떤 책을 읽힐 것인가?'이다. 아이들과 함께 지내지만 어린이 책에 관심이 없거나 잘 알지 못하는 교사들이 많고 관심이 있다고 해도 과중한 학교 업무에 치어 하루에도 수백 종씩 쏟아져 나오는 책들을 소화해내기 힘들다. 이를 가이드해줄 사서교사 또한 너무나 부족한 현실이다. 자칫 책은 다 좋은 것이니 아무 책이나 가지고 수업을 하거나 다른 학교 교사들이 추천한 책을 그대로 적용하다 보면 실패하기 쉽다. 학급마다 아이들이 다르기 때문에 제각각인 흥미를 파악하고 좋은 책을 골라 읽히는 것이 중요하다. 모든 수업에 교사의 준비가 필요하듯 한 학기 한 권 읽기 역시 철저한 준비가 필요하다.

『유배지에서 보낸 편지』에서 정약용 선생이 두 아들에게 보낸 편지를 보면 책을 그냥 읽어 내리기만 하면 백 번 천 번을 읽어도 아무 소용이 없다고 이야기한다. 생각하면서 읽고 모르는 것이 있으면 찾아보면서 읽어야 비로소 책의 깊은 뜻을 알 수 있다. 그래서 한 학기 한 권 읽기 수업을 할 때는 교사의 적절한 안내와 지도가 필요하다. 재미있는 책을 통해 책의 재미를 알게 하고 제대로 된 지도를 통해 올바르게 책을 읽는 방법을 알며 이것을 자신의 것으로 내면화하는 연습이 바로 한 학기 한 권 읽기인 것이다. 지금이 책 읽는 아이를 만들 수 있는 절호의 찬스다. 한 학기 한 권 읽기를 하면서 그냥 책 읽는 시간을 8시간, 10시간 통으로 주어도 의미 있겠지만 교사의 세심한 지도가 더해지면 아이들이 책과 눈인사 정도는 나눌 수 있지 않을까?

이 책의 모든 수업안과 추천 도서를 수업에 적용하고 피드백을 받지는 못했지만 각자 학교 현장에서 아이들에게 읽혀보고 수업 속에 녹이며 오랜 고민 끝에 완성하였다. 아이들의 눈높이에서 좋은 책이 무엇인지, 수업에 적용하면 어떤 반응을 보이는지 관찰하며 수정·보완하였다. 이 책이 교사들의 어려움을 덜어주고 좋은 독서 수업을 이끄는 마중물 역할을 할 수 있기를 기대한다. 좋은 책을 활용한 좋은 독서 수업으로 아이들이 삶에서 책을 우선순위에 두기를, 삶의 이정표가 되어줄 인생 책을 발견할 수 있기를 기대해본다.

추천 도서 100

번호	분류	대상 학년	주제, 소재	제목	찾아보기
1	문학	3~4	요리, 꿈	오늘은 글자 수프 먹는 날	13
2			기억, 추억	한밤중 달빛 식당	23
3			학교생활, 별명	꼴뚜기	29
4			가족, 마음의 병, 도전, 용기	조금만, 조금만 더	38
5			범인 추리, 상처	최기봉을 찾아라!	48
6			피난, 전쟁	그 여름의 덤더디	56
7			언어 습관	우리 반 욕 킬러	64
8			차별, 임대 아파트	절대 딱지	73
9			소문	그 소문 들었어?	83
10		5~6	장애아, 학교생활	아름다운 아이	97
11			위안부	할머니의 수요일	103
12			성장, 뜨개질	붉은 실	112
13			좋아하는 작가, 꿈	나의 린드그렌 선생님	121
14			꿈의 조건, 직업, 장인, 꿈	책 깎는 소년	129
15			이성 친구	우리 둘	135
16		3~4	반장, 성적	3점 반장	145
17			감정 조절	감정조절기 하트	148
18			선택 장애, 스마트폰	골라줘! 초이스 킹	151
19			전쟁, 협동	덕이의 행주대첩	154
20			놀 권리, 놀이	놀이터를 돌려줘	157
21			외톨이, 학교생활	우리 반에 귀신이 있다	160
22			한 부모 가정, 웃음 치료	웃지 않는 병	163
23			학급 재판, 학급자치	재판을 신청합니다	166
24			비밀, 거짓말	비밀 가족	169

25		사라지는 동네, 도시재생	시원탕 옆 기억사진관	172
26		나의 단점, 약점	울랄라 가면 사용법	175
27		친구 관계	우정 계약서	178
28		창씨개명	내 이름은 이강산	181
29		꿈, 전라도 사투리	사투리의 맛	184
30		장애, 관계	도토리 사용 설명서	187
31		가정생활, 옛날이야기	우리 집에 온 마고할미	190
32		복제 인간, 정체성	복제인간 윤봉구	193
33		차별, 주거 양식	우리 집이 더 비싸거든	196
34	3~4	가족, 부부 싸움	가족 선언문	199
35		학교생활, 우정, 물질만능	우리 반에 도둑이 있다	202
36		용기, 말의 힘, 친구	술술 립스틱	205
37	문학	저작권, 양심	표절 교실	208
38		가족, 친구, 가정통신문, 학교생활	가정 통신문 소동	211
39		학교생활, 선생님, 별명	콩가면 선생님이 웃었다	214
40		전학생, 우정	하필이면 조은조	217
41		나눔, 성형 수술	짜장면 로켓 발사	220
42		장애, 우정, 선생님	바람을 가르다	223
43		빈부 격차	귀족놀이	226
44		스마트폰 중독	도깨비폰을 개통하시겠습니까?	229
45	4~6	동물원, 동물 복지	초록 눈 코끼리	232
46		인터넷 예절	악플 전쟁	235
47		기러기 아빠, 가족	바나나 가족	238
48	5~6	자전거 국토 순례, 가족	불량한 자전거 여행	241
49		독립운동, 우리말	우리말 모으기 대작전 말모이	244
50		언론 보도, 기자 윤리	특종 전쟁	247

51	문학	5~6	우화, 가난, 꿈	드림 하우스	250
52			유전자 조작 아이	지엠오 아이	253
53			생존 법칙, 삶의 방식	푸른사자 와니니	256
54			다문화 가정, 베트남	하이퐁 세탁소	259
55			이성 친구	첫사랑	262
56			5.18 민주화 운동	오월의 달리기	265
57			사춘기, 자율성	블랙리스트	268
58			장애아, 도우미 친구	내가 김소연진아일 동안	271
59			선택, 책임, 시간 여행	4카드	274
60			우정, 사랑, 자존감	샤워	277
61			할아버지, 죽음	마지막 이벤트	280
62			야구, 꿈, 노력	플레이 볼	283
63			야구, 동아리, 문제해결	소리 질러, 운동장	286
64			성장, 고민	5학년 5반 아이들	289
65			시간 여행, 6.25 전쟁	할아버지의 뒤주	292
66			외톨이, 친구, 가정 환경	혼자 되었을 때 보이는 것	295
67			장기 기증	살아난다면 살아난다	298
68			가족, 평행 우주, 물리학	우주로 가는 계단	301
69			동물원, 동물 복지	해리엇	304
70			죽지 않는 삶	트리갭의 샘물	307
71			거짓말, 사춘기, 우정	저녁까지만 거짓말하기로 한 날	310
72			친구, 오해	너는 나의 달콤한 □□	313
73			유튜브, 크리에이터	유튜브 전쟁	316
74			가정 폭력, 왕따, 친구	나는 진짜 나일까	319
75			죽음, 가족, 일상의 소중함	분홍 문의 기적	322
76			마법, 용기, 유혹	빨강 연필	325
77			성장, 가족, 이성, 우정	어느 날 그 애가	328
78			분단, 남북한, 통일	봉주르, 뚜르	331
79			고전, 토끼의 간	토끼전	334
80			부모 면접, 입양	페인트	337
81	비문학	3~4	도로명의 유래	길이름 따라 역사 한 바퀴: 도로명 속 역사 이야기	343
82			동물, 식물, 생김새 차이	사소한 구별법	346
83			디자인, 창의, 인간 공학	디자인은 어디에나 있어!	349
84		3~6	도깨비, 수수께끼, 살림살이	내가 원래 뭐였는지 알아?	352

85		3~6	환경 오염, 포장지, 쓰레기	미래를 위한 따뜻한 실천, 업사이클링	355
86			미세 먼지, 유행	코털 인간 기운찬의 미세 먼지 주의보	358
87		4~6	궁궐, 경복궁, 잡상	경복궁의 동물과 문양 이야기	361
88			경제 동화, 전래동화, 신화, 경제 개념	아기 돼지 삼 형제가 경제를 알았다면	364
89	비문학	5~6	국제기구, 지구촌, 평화	세계를 움직이는 국제기구 / 내가 국제기구를 만든다면?	367
90			신화, 지구촌, 문화	둥글둥글 지구촌 신화 이야기	370
91			식량 문제, GMO, 기계화	식량 불평등	373
92			풍속화, 조선 후기	재미로 북적이는 옛 그림 길	376
93			경주, 신라, 문화유산	10대들을 위한 나의 문화유산답사기 1	379
94			문화재, 일제 강점기	조선의 백만장자 간송 전형필, 문화로 나라를 지키다!	382
95			일제 강점기, 강제 징용	일제 강제 동원, 이름을 기억하라!	385
96			어린이 인문학, 밥	나랑 같이 밥 먹을래?	388
97			고전, 장자, 참마음	철이, 가출을 결심하다	391
98			헌법, 민주 공화국, 권리	선생님, 헌법이 뭐예요?	394
99			경제, 저축, 성공	열두 살에 부자가 된 키라	397
100			유전자 조작 식품, 식품 안전	GMO: 유전자 조작 식품은 안전할까?	400

찾아보기

도서	페이지
『10대들을 위한 나의 문화유산답사기 1』	379
『3점 반장』	145
『42가지 마음의 색깔』	150
『4대 명절 수수께끼왕』	354
『4카드』	274
『5학년 5반 아이들』	289
『6학년 1반 구덕천』	321
『GMO: 유전자 조작 식품은 안전할까?』	400
『가방 들어주는 아이』	273
『가정 통신문 소동』	211
『가족 선언문』	199
『가족, 사랑하는 법』	171, 201
『가족을 주문해 드립니다!』	240
『가족이란 뭘까?』	171, 201
『가짜 뉴스를 시작하겠습니다』	87, 267
『간송미술관에는 어떤 보물이 있을까』	384
『감기 걸린 물고기』	32, 87
『감정 백과사전』	150
『감정조절기 하트』	148
『거리의 이야기꾼 전기수』	132
『건방진 장루이와 68일』	219, 273
『경복궁』	363
『경복궁에서 만나는 우리 과학』	363
『경복궁의 동물과 문양 이야기』	361
『골라줘! 초이스 킹』	151
『골목에서 소리가 난다』	174
『과학자들 2』	303
『괴물 이빨과 말하는 발가락』	42
『국제조약, 알면 뉴스가 들려요』	369
『군함도』	387
『굿바이 6학년』	291
『귀신 선생님과 진짜 아이들』	216
『귀족놀이』	77, 226
『그 소문 들었어?』	32, 83, 207
『그 여름의 덤더디』	56, 294
『그래서 이런 지명이 생겼대요』	345
『그림이 말을 거는 생각미술관』	351
『급식 먹고 슈퍼스타』	168
『길이름 따라 역사 한 바퀴: 도로명 속 역사 이야기』	343
『꼬마 백만장자 삐삐』	324
『꼴뚜기』	29, 216
『꽁지도사와 빼뚜로 슈퍼키드』	177
『꽃반지』	107
『꿈꾸는 코끼리 디짜이』	252
『나, 여기 있어요!』	201
『나는 설탕으로 만들어지지 않았다』	312
『나는 소심해요』	52
『나는 수요일의 소녀입니다』	107
『나는 입으로 걷는다』	189
『나는 진짜 나일까』	319

『나는 통일복서 최현미』	333
『나는야, 꼬마 디자이너』	351
『나도 저작권이 있어요!』	210
『나랑 같이 밥 먹을래?』	388
『나만 그래요?』	177
『나비가 된 소녀들』	107
『나의 라임 오렌지나무』	258
『나의 린드그렌 선생님』	121, 210
『나의 친친 할아버지께』	42
『난 뭐든지 할 수 있어』	124
『난생신화 조작 사건』	249
『내 동생은 아프리카에 살아요』	222
『내 멋대로 친구 뽑기』	162, 180
『내 이름은 삐삐 롱스타킹』	121, 124
『내 이름은 이강산』	181
『내 친구는 시각장애인』	189
『내가 가게를 만든다면?』	366
『내가 국제기구를 만든다면?』	367
『내가 김소연진아일 동안』	271
『내가 원래 뭐였는지 알아?』	352
『내가 유전자를 고를 수 있다면』	195
『내가 진짜 기자야』	249
『내가 함께 있을게』	282
『내겐 드레스 백 벌이 있어』	321
『너는 나의 달콤한 □□』	313
『너도 하늘말나리야』	116
『넘어진 교실』	138, 315

『놀이터를 돌려줘』	77, 157
『누구나 도움이 필요해요』	189
『늑대가 들려주는 아기돼지 삼형제 이야기』	219
『대단한 동물 이야기』	348
『댓글왕 곰손 선생님』	32
『덕이의 행주대첩』	154
『도깨비폰을 개통하시겠습니까?』	153, 229
『도토리 사용 설명서』	187, 225
『돌아온 진돗개 백구』	42
『돼지책』	201
『두근두근 첫사랑』	138, 264
『둥글둥글 지구촌 경제 이야기』	399
『둥글둥글 지구촌 신화 이야기』	370
『드럼, 소녀 & 위험한 파이』	100
『드림 하우스』	250
『디자인은 어디에나 있어!』	349
『딘킨 딩스: 9차원 세계에서 온 복제 인간』	195
『때 빼고 광내고 우리 동네 목욕탕』	174
『떴다! 수다 동아리』	165
『렛츠 통일: 평화와 소통』	333
『로자 파크스의 버스』	396
『리틀 부자가 꼭 알아야 할 경제 이야기』	399
『마고할미 세상을 발칵 뒤집은 날』	192
『마고할미』	190
『마당을 나온 암탉』	258

제목	페이지
『마법의 설탕 두 조각』	339
『마사코의 질문』	107
『마지막 이벤트』	280
『만국기 소년』	330
『만복이네 떡집』	16, 26
『말하기 수업』	67
『모양도 쓸모도 제각각 조상들의 도구』	354
『몰라요, 그냥』	165
『몸이 불편해도 못할 건 없어!』	189
『못다 핀 꽃』	107
『몽실 언니』	294
『무릎딱지』	324
『무인도로 간 따로별 부족』	240
『미래를 위한 따뜻한 실천, 업사이클링』	355
『미어캣의 스카프』	360
『미지의 파랑』	312
『바나나 가족』	238
『바다를 살리는 비치코밍 이야기』	357
『바람을 가르다』	223
『반짝반짝 신라 두근두근 경주』	381
『백구』	42
『별주부전』	336
『복제 인간 사냥꾼』	195
『복제인간 윤봉구』	193, 255, 270
『봉선화가 필 무렵』	107
『봉주르, 뚜르』	331
『부자가 된 샘의 채소 기르기』	366
『분홍 문의 기적』	322
『불량한 자전거 여행 2』	243
『불량한 자전거 여행』	241
『붉은 실』	112, 291
『블랙리스트』	268
『비무장지대에 봄이 오면』	59
『비밀 가족』	169
『비밀』	138
『빨강 머리 앤』	252
『빨강 연필』	204, 325
『사라, 버스를 타다』	168
『사랑에 빠진 개구리』	32
『사랑이 훅!』	32, 138, 264
『사소한 구별법』	346
『사자왕 형제의 모험』	124
『사투리 회화의 달인』	186
『사투리의 맛』	184
『산성을 구한 놀이 패 바우』	156
『살아난다면 살아난다』	298
『삶과 죽음에 대한 커다란 책』	282
『삶이란 무엇일까요?』	279
『샘의 부자 되기 대작전!』	366
『생각이 크는 인문학 2: 아름다움』	222
『생각하는 야구 교과서』	285
『생명의 마법사 유전자』	402
『샤워』	277
『선생님, 헌법이 뭐예요?』	394
『세계를 움직이는 국제기구』	367
『세계를 움직이는 약속 국제조약』	369
『세상에 대하여 우리가 더 잘 알아야 할 교양 19 : 유전 공학, 과연 이로울까?』	402
『세상에 대하여 우리가 더 잘 알아야 할 교양 21: 안락사, 허용해야 할까?』	300
『세상에 대하여 우리가 더 잘 알아야 할 교양 51: 동물원, 좋은 동물원은 있을까?』	306
『세상에서 가장 맛있는 밥』	390
『세상에서 젤 푸릇푸릇한 식물책』	348
『소녀 이야기』	105, 107
『소녀의 눈물』	107
『소리 질러, 운동장』	286
『소문 바이러스』	87

『소희가 온다!』	162
『수상한 우리 반』	213
『수상한 학원』	32
『순재와 키완』	303
『술술 립스틱』	177, 205
『쉿! 엄마에겐 비밀이야』	171
『스마트폰 끄고 재미있게 노는 방법 100』	153, 159
『스마트폰과 절교한 날』	231
『스마트폰을 공짜로 드립니다』	153, 336
『스마트폰이 먹어 치운 하루』	231
『시간 가게』	26
『시원탕 옆 기억사진관』	172
『식량 불평등』	373
『쓱쓱 쟁기 빙글빙글 물레 누가 쓰던 물건일까』	354
『아기 돼지 삼 형제가 경제를 알았다면』	364
『아름다운 아이 샬롯 이야기』	100
『아름다운 아이 줄리안 이야기』	100
『아름다운 아이 크리스 이야기』	100
『아름다운 아이』	315
『아름다운 아이』	97
『아름다운 위인전』	390
『아빠 보내기』	324
『아빠가 내게 남긴 것』	324
『아홉 살 첫사랑』	32
『악플 전쟁』	235
『악플을 달면 판사님을 만날 수 있다고?: 법학』	237
『안녕, 나는 경주야』	381
『안녕? 한국사』	156
『앤서니 브라운의 마술 연필』	327
『야곱, 너는 특별해!』	147
『양파의 왕따일기』	321
『어느 날 그 애가』	264, 328
『어느 날, 헌법이 말했습니다』	396
『어린 만세꾼』	246
『어린이를 위한 감정 조절의 기술』	150
『언제나 소중한 너에게』	107
『얼렁뚱땅 크리에이터: 유튜브 나도 해 볼까?』	318
『엄마에게』	59
『엉뚱이 소피의 못 말리는 패션』	210
『엘 데포』	225
『여행 가는 날』	282
『역사가 된 그림』	107
『열 살, 채근담을 만나다』	393
『열네 살이 어때서?』	312
『열두 살에 부자가 된 키라』	397
『열세 번째 아이』	255, 270
『열세 살, 내 마음이 왜 이러지?』	270
『열세 살의 타임슬립』	276
『영양 만점 곤충 식당』	375
『예술 쫌 하는 어린이』	351
『오늘부터 문자 파업』	231
『오늘은 5월 18일』	267
『오늘은 글자 수프 먹는 날』	13
『오늘의 날씨는』	116, 330
『오월의 달리기』	265
『온양이』	59
『왕따 선생님 구출 작전』	52
『왕창 세일! 엄마 아빠 팔아요』	339
『왜 5.18 제대로 모르면 안 되나요?』	267
『왜 6·25 전쟁이 일어났을까?』	59
『왜 너희만 먹는 거야?』	375
『왜 식량이 문제일까?』	375
『요술 연필 페니』	327
『요술 항아리』	204
『욕 시험』	67
『우리 가족이 살아온 동네 이야기』	174
『우리 건국신화에는 어떤 이야기가 담겨 있을까』	372

제목	쪽
『우리 둘』	135
『우리 마당으로 놀러 와』	348
『우리 반 욕 반장』	67
『우리 반 욕 킬러』	64, 207
『우리 반에 귀신이 있다』	160
『우리 반에 도둑이 있다』	202
『우리 반에 악플러가 있다!』	237
『우리 반에서 유튜브 전쟁이 일어났다!』	318
『우리 집에 온 마고할미』	190
『우리 집이 더 비싸거든』	77, 196
『우리 학교 뜰에는 무엇이 살까?』	348
『우리가 박물관을 바꿨어요!』	168
『우리가 사는 한옥』	198
『우리들의 따뜻한 경쟁』	276
『우리들의 시간은 흐른다』	138
『우리말 모으기 대작전 말모이』	186, 244
『우리에겐 놀이터가 필요해요』	159
『우정 계약서』	178
『우주로 가는 계단』	301
『울랄라 가면 사용법』	175, 207
『웃지 않는 병』	163
『유통 기한 친구』	225
『유튜브 스타 금은동』	318
『유튜브 전쟁』	316
『유튜브 좀 아는 10대』	318
『이 멋진 세상에 태어나』	138
『이름 짓기 좋아하는 할머니』	345
『일제 강제 동원, 이름을 기억하라!』	385
『일투성이 제아』	219, 297
『잃어버린 일기장』	273
『자본주의가 쓰레기를 만들어요』	357
『작은 눈이 어때서?』	222
『잘못 뽑은 반장』	147
『장자 아저씨네 미용실』	393
『재미로 북적이는 옛 그림 길』	376
『재미있는 외교와 국제기구 이야기』	369
『재판을 신청합니다』	166
『저녁까지만 거짓말하기로 한 날』	310
『절대 딱지』	73, 198, 228
『정의의 악플러』	237
『조금 남다른 개미』	210
『조금만, 조금만 더』	38
『조선 화원의 하루』	378
『조선에서 가장 재미난 이야기꾼』	132
『조선왕실의 보물 의궤』	378
『조선의 백만장자 간송 전형필, 문화로 나라를 지키다!』	382
『조지와 빅뱅』	303
『조커, 학교 가기 싫을 때 쓰는 카드』	216
『주병국 주방장』	330
『지구 반대쪽 세상을 보여주는 남아메리카 신』	372
『지구가 100명의 마을이라면』	375
『지금 해도 재밌는 한국 풍속 놀이 33가지』	159
『지엠오 아이』	253, 270, 309, 402
『직지와 외규장각 의궤의 어머니 박병선』	384
『진짜 거짓말』	52
『진짜 친구를 만드는 관계의 기술』	162
『짜장면 로켓 발사』	220
『책 깎는 소년』	129
『책 빌리러 왔어요』	132
『책과 노니는 집』	132
『처음 한국사 9』	183
『처음으로 쓴 편지』	246
『철이, 가출을 결심하다』	391
『첫사랑 쟁탈기』	138, 264
『첫사랑』	138, 262

『청라이모의 오순도순 벼농사 이야기』	390
『초딩, 자전거 길을 만들다』	168
『초록 눈 코끼리』	232, 306
『최기봉을 찾아라!』	48, 204
『최열 선생님의 미세먼지 이야기』	360
『추리 탐정 학교 1: 어둠을 조심하라』	52
『축구왕 이채연』	288
『친구가 안 되는 99가지 방법』	162
『친구사용설명서』	180
『캡슐 마녀의 수리수리 약국』	16, 26
『코털 인간 기운찬의 미세 먼지 주의보』	358
『콩가면 선생님이 또 웃었다?』	216
『콩가면 선생님이 웃었다』	213, 214
『토끼전』	334
『통일이 분단보다 좋을 수밖에 없는 12가지 이유』	333
『트리갭의 샘물』	307
『특종 전쟁』	247
『페인트』	337
『편견』	279
『평화의 소녀상』	107
『평화의 소녀상을 그리다』	107
『표절 교실』	208
『푸른 사자 와니니』	234, 256, 306
『푸른 축구공』	285
『플란다스의 개』	42
『플레이 볼』	283, 288
『피터 팬』	309
『하이퐁 세탁소』	259
『하필이면 조은조』	217
『한눈에 반한 우리 미술관』	378
『한밤중 달빛 식당』	16, 23
『할머니와 수상한 그림자』	219
『할머니의 레시피』	16
『할머니의 수요일』	103, 183, 387
『할아버지의 뒤주』	292, 303
『해리엇』	234. 304
『혼자 되었을 때 보이는 것』	295
『화내지 않고 상처받지 않는 어린이 감정 사전』	150
『황금 깃털』	294

사서교사가 뽑은
초등 한 학기 한 권 읽기 **추천도서 100**

한 학기 한 권
무엇을 읽을까

1판 1쇄 발행 2020년 4월 6일
1판 2쇄 발행 2021년 9월 27일

지은이	박은하, 박영혜, 유승희, 김혜영, 이순주, 신유경, 민기연, 백지혜, 김유진
펴낸이	한기호
책임편집	김지민
편집	여문주, 오선이, 서정원, 박혜리
본부장	연용호
마케팅	윤수연
경영지원	김윤아
디자인	블랙페퍼디자인
인쇄	예림인쇄

펴낸곳	(주)학교도서관저널
출판등록	제2009-000231호(2009년 10월 15일)
주소	121-839 서울시 마포구 동교로 12안길 14(서교동) 삼성빌딩 A동 3층
전화	02-322-9677
팩스	02-6919-0818
전자우편	slj9677@gmail.com
홈페이지	www.slj.co.kr

ISBN 978-89-6915-069-1 (03370)

이 도서의 국립중앙도서관 출판예정도서목록(CIP)은 서지정보유통지원시스템 홈페이지(http://seoji.nl.go.kr)와
국가자료종합목록 구축시스템(http://kolis-net.nl.go.kr)에서 이용하실 수 있습니다. (CIP제어번호: CIP2020013375)
책값은 뒤표지에 있습니다.